AF229575

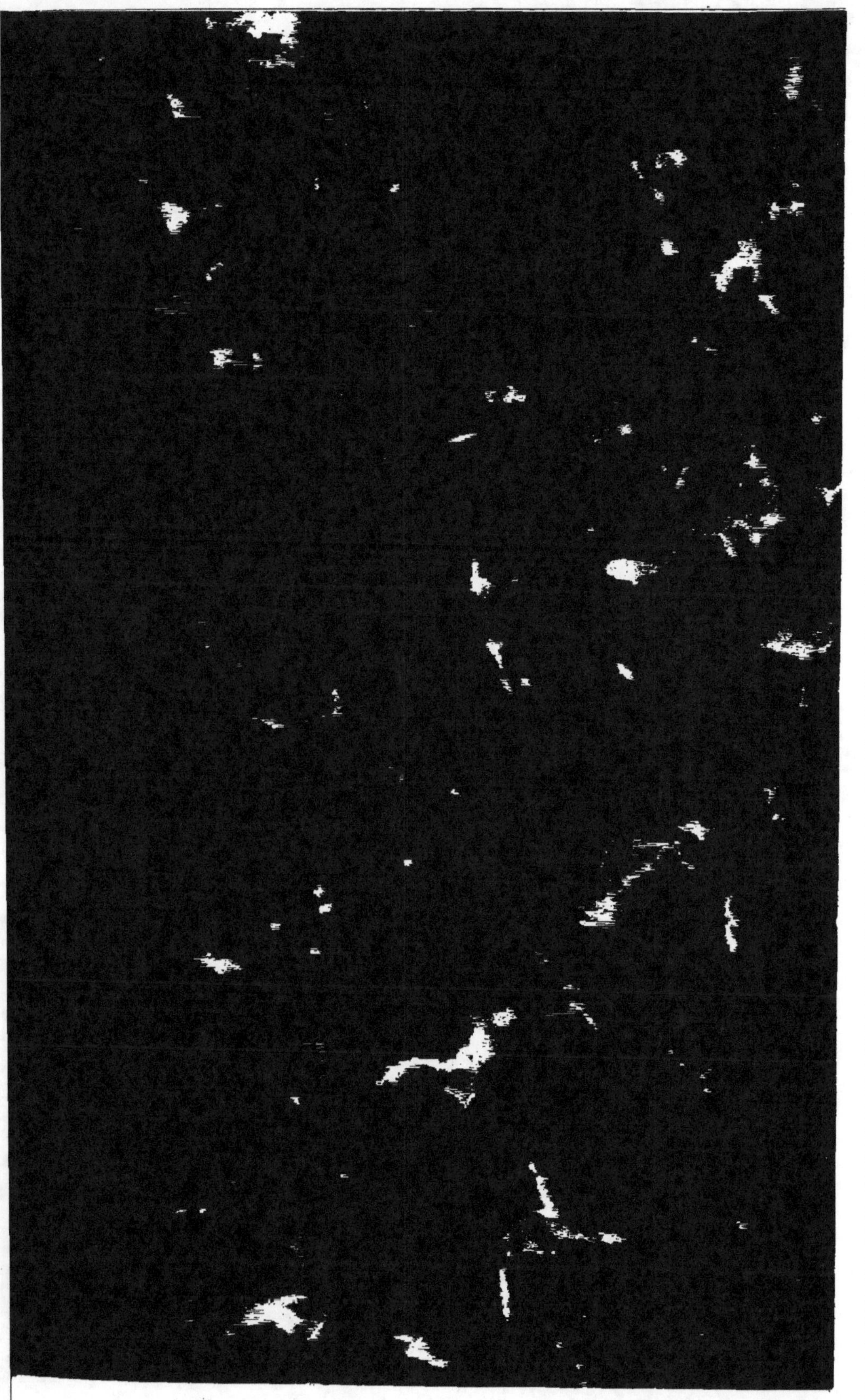

RANDEYNES & FILS

MARIE-LOUISE FROSSARD

ENFANT DE MARIE

ÉLÈVE DE LA CONGRÉGATION DE NOTRE-DAME

—

C. de N.-D.

Excelsior !.....

DEUXIÈME ÉDITION

PARIS

BRAY ET RETAUX, LIBRAIRES-ÉDITEURS

82, RUE BONAPARTE, 82

—

1884

Droits de traduction et de reproduction réservés

MARIE-LOUISE FROSSARD

MARIE-LOUISE FROSSARD

ENFANT DE MARIE

ÉLÈVE DE LA CONGRÉGATION DE NOTRE-DAME

C. de N.-D.

Excelsior ! ...

DEUXIÈME ÉDITION

PARIS

BRAY ET RETAUX, LIBRAIRES-ÉDITEURS

82, RUE BONAPARTE, 82

1884

AVERTISSEMENT

Cher lecteur, croyez-vous aux mystères et aux prodiges des attraits divins dans les âmes privilégiées?... — Si, non: ce livre n'est pas pour vous; si, oui: il pourra vous faire quelque bien, ou du moins faire jaillir de votre cœur un acte de louange à la gloire du Dieu si bon qui se complaît au milieu des lis de l'innocence, et qui choisit ses amis les plus chers parmi ceux que le monde ignore.

Cependant, il faut le dire, ce livre s'adresse de préférence aux Enfants de Marie; à celles surtout qui appartiennent à la Congrégation de Notre-Dame [1],

---

[1] L'Ordre des chanoinesses régulières de saint Augustin, *de la Congrégation de Notre-Dame*, — canonîquement établi dans l'Eglise en vertu des bulles des papes Paul V, 1615, 1616 — Urbain VIII, 1628 — Innocent X, 1645, — doit son origine au Bienheureux Pierre Fourier et à la vénérable Mère Alix le Clerc.

Dans son amour pour les âmes, par cette puissance créatrice qu'il avait à un si haut degré, le Bienheureux P. Fourier — que des personnages éminents n'ont pas craint de nommer un des plus grands hommes de son pays et de son temps — eut, il y a trois cents ans, l'iniet plus particulièrement encore à celles qui, dans ce monastère du Grand-Ménil, à Lunéville, ont vécu de la même vie que la pieuse héroïne de cette simple histoire, et même l'ont connue.

De plus, il est destiné à perpétuer dans sa famille le précieux souvenir de cet ange, qui a passé au milieu d'elle en faisant le bien.

Qu'on ne s'étonne donc pas de trouver parfois des détails de moindre importance peut-être pour des lecteurs étrangers au milieu où s'est écoulée cette rapide et édifiante vie. Ces détails, du reste, donnés le plus souvent par elle-même — dans les lettres qui, pour la plupart, sont des modèles de style épistolaire — complètent agréablement sa physionomie, et ne pourront qu'ajouter au récit un intérêt de plus.

Marie-Louise n'a eu ni le temps, ni la facilité de faire rien d'extraordinaire ; mais les sentiments élevés

---

tiative de presque toutes les œuvres philanthropiques de notre époque.

En même temps qu'il donnait à cet homme de génie, à ce saint, de grandes vues sur les besoins de la jeunesse et les moyens d'y apporter remède, le Seigneur s'emparait du cœur de la jeune Alix le Clerc et y allumait la flamme de l'apostolat et le zèle pour l'éducation des jeunes filles.

Un jour, ces deux grands cœurs se rencontrèrent : *la Congrégation de Notre-Dame* était fondée. — On s'occupe en ce moment très activement, à Rome, des travaux préliminaires du procès de canonisation de l'humble religieux. Quant à sa sainte fille, Mère Alix, qui, elle aussi « est incontestablement une des gloires de la Lorraine, les poursuites d'un procès préparatoire à la béatification, commencées sous les auspices et par la volonté du duc François II, furent interrompues par la mort de l'évêque de Toul, puis ajournées par les malheurs de la Lorraine. — Deux siècles, cependant, n'ont pu effacer les souvenirs qu'a laissés la vertu héroïque de cette grande servante de Dieu ; aussi d'éminents prélats espèrent-ils la voir un jour placée sur les autels, à côté du Bienheureux Père Fourier. »

et ardents qu'à toute occasion elle exprime pour Dieu, la générosité et l'esprit de foi qui dominent et dirigent tous ses actes pendant les dernières années de sa vie, en font un agréable modèle pour la jeunesse pieuse et fervente.

AUX ENFANTS DE MARIE

C'est pour vous surtout, chéres enfants, que nous avons recueilli ce précieux héritage de votre sœur en Marie. Beaucoup d'entre vous l'ont connue ; beaucoup ont pu recevoir et goûter sa douce et bienfaisante influence ; mais en est-il beaucoup qui aient pressenti les trésors d'abnégation, de générosité, de foi et d'amour divin que recélait — dans la pratique des plus humbles vertus — cette âme magnanime ?

Véritable enfant de notre bienheureux Père, elle réalisa dans sa vie le type parfait de l'élève de Notre-Dame.

Faire sur la terre beaucoup de bien : telle avait été l'aspiration constante du cœur généreux de Marie-Louise. — Peu d'âmes de jeunes filles, il faut le dire, furent plus libéralement douées de toutes les aptitudes, les qualités et les vertus nécessaires pour atteindre ce noble but. Aussi, en la voyant si vaillante dans les premières luttes de la vie, et — à l'occasion — si pleine d'une sage et heureuse initia·tive, nous aimions à plonger notre regard dans l'avenir, contemplant par avance les merveilles de grâce dont cette fidèle petite servante du bon Dieu pourrait un jour devenir l'intelligent et docile instrument.

Cependant les pensées de Dieu ne sont pas nos pensées [1]; il peut, quand il lui plaît, condenser dans une courte vie tous les éléments d'une longue et féconde carrière ; et toujours, lorsqu'il veut cueillir une des fleurs de son choix, il la saisit au plus beau jour de son épanouissement : ainsi fit-il pour Marie-Louise.

Mais ne croyons pas que nos espérances et ses vœux tout apostoliques soient descendus avec elle dans la tombe. Sa belle âme — mise aujourd'hui à découvert — parle plus éloquemment, plus haut et plus loin que n'eussent pu faire ses travaux et ses exemples voilés d'humilité et de modestie, et circonscrits sur un seul point du monde. Cette vie si courte n'est-elle pas un flambeau ardent, lumineux ; assez lumineux, assez ardent pour embraser beaucoup d'autres âmes d'élite, pures, généreuses comme elle, et les entraîner à sa suite dans cette voie des saints, qu'elle parcourait déjà d'un pas si ferme et si résolu... Alors, le bien que sa généreuse ardeur avait

---

1. Non enim cogitationes meæ, cogitationes vestræ. (Isaïe, ch. 55, v. 8.)

tant de fois entrevu dans de fervents projets d'avenir, se trouvera centuplé, et l'on pourra dire une fois de plus que Dieu ne manque jamais à sa gloire.

Enfants de Marie, c'est à vous qu'il appartient de relever ce noble héritage de votre angélique sœur. Voudrez-vous le laisser passer en d'autres mains plus vigilantes, plus courageuses ?...

A la famille, il faut des anges, qui portent la paix, qui éclairent, qui consolent ; à la France, il faut des saints qui fassent revivre les antiques vertus de simplicité, d'abnégation, de foi, — la gloire de nos aïeux ; à la société, il faut des victimes, qui, par l'amour et la pratique du sacrifice, s'interposent sans cesse entre la justice et la miséricorde ; au monde enfin, il faut des apôtres, qui par la prière et par l'exemple — non moins que par la parole — fassent rayonner partout le nom adorable du Seigneur Jésus — ce nom divin, tant méconnu, tant outragé ! et le seul cependant qui peut, qui doit un jour renouveler la face de la terre.

Soyez donc, chères enfants, ces anges, ces saintes, ces victimes, ces apôtres. Puisse la lecture de ces pages vous inspirer la force de ces nobles et mâles vertus, qui, en édifiant et sanctifiant le monde, feront en même temps votre salut et votre gloire.

Puisse la digne mère de Marie-Louise retrouver dans cette esquisse tous les traits de l'enfant qui lui a été sitôt ravie ; puisse-t-elle y trouver aussi la con-

solante conviction que, — toute puissante aujour-
d'hui, — Marie-Louise peut se livrer sans réserve à
son ardente passion du bien, et qu'au Ciel — plus
encore que sur la terre — elle est, et pour toujours,
l'ange de sa famille bien-aimée.

Lunéville, 2 mai 1883.

INTRODUCTION

———

Et erunt sicut Angeli...

Toute la vie de Marie-Louise semble parfaitement résumée dans cette parole de nos Saints-Livres : *Et erunt sicut Angeli...*

« C'était un de ces êtres prédestinés dont la vocation appartient exclusivement au Ciel, et que Dieu montre un instant à la terre pour y témoigner des merveilleux effets que sa grâce sait opérer dans l'âme de ses élus... [1] » — Comme un *ange*, elle passa au milieu de nous ; tous ceux qui l'ont connue, et qui ont senti sa bienfaisante influence, ont retrouvé en elle les traits que la foi et la piété prêtent aux esprits célestes.

Le privilège par excellence de la nature angélique, c'est la *pureté*. — Pourrons-nous jamais exprimer

---

[1] R. P. Vautier, S. J. Lettre à notre Mère Supérieure.

l'attrait puissant de Marie-Louise pour cette belle vertu ?... Elle la cultivait avec un soin jaloux ; aussi un saint prêtre, qui a connu tous les secrets de son âme, a-t-il pu écrire à la Mère — doublement désolée à cause de la soudaineté de la mort de sa chère enfant : — « Marie-Louise n'était pas de ces jeunes filles qui ont un passé à refaire ; *elle a paru devant son Juge avec l'innocence de son baptême :* voilà ma conviction... »

Le *zèle* est le second trait caractéristique des Anges. — Il ne manquait pas à cette enfant de bénédiction : âme de feu, auprès de laquelle on ne pouvait demeurer indifférent, et dont la maladie ne put affaiblir l'ardeur infatigable, « elle avait faim et soif de dévoûment, et, dans ce triste siècle, où chacun ne pense qu'à soi et ne vit que pour soi, elle ne pensait qu'aux autres, et n'avait de bonheur qu'à se dévouer pour eux... [1] »

Enfin, nous nous plaisons à prêter des ailes aux Esprits bienheureux. — Marie-Louise planait, pour ainsi dire, au-dessus de ces mille riens du monde qui entraînent et captivent tant de jeunes filles ; elle avait — pour nous servir d'une expression de notre saint évêque [2] — le mal des grandes âmes, la

---

[1] R. P. V... Lettre déjà citée.

[2] Mgr Turinaz n'a pas connu Marie-Louise ; mais ce trait — que nous empruntons aux paroles élevées adressées par sa Grandeur à nos élèves, lors de sa première visite — fut, pour un grand nombre d'entre nous, comme une évocation de l'âme séraphique de notre chère enfant.

nostalgie de l'infini. Sa vie tout entière fut une aspiration vers le Ciel ; aspiration résumée dans cette belle devise, qu'elle avait adoptée, et à laquelle elle conforma si parfaitement sa courte existence : *Excelsior !*

Le lecteur aura l'occasion de remarquer et d'admirer la puissante vigueur de cette âme d'enfant, si pénétrée de l'élément surnaturel, qu'il remplit et domine la plus importante moitié de sa vie, et cependant si jalouse de cacher à tout œil humain les privilèges et les faveurs du Seigneur, que ses plus proches eux-mêmes n'auront pas la pensée que tant de charmes, et surtout une si persévérante vertu pussent avoir d'autre source que la nature — nature d'élite, il est vrai.

Nous n'avons pas eu ici à remplir le rôle d'historien. Toute notre tâche s'est bornée à réunir et à coordonner les nombreux documents que nous avions sous les yeux, et nous nous contenterons de partager avec ses amis les trésors qu'elle nous a laissés : *ses pensées intimes* et *ses lettres*, où son cœur ardent et pur se peint lui-même avec tant de simplicité et d'abandon.

Une division naturelle se présente dans cette vie de dix-neuf années — si courte et cependant si remplie : 1° *L'enfance de Marie-Louise*, couronnée par les divines émotions d'une première communion toute céleste ; 2° sa précoce initiation à la vie réelle pendant *une année d'épreuve*, qui se terminera par une douloureuse catastrophe : la mort de son digne père, le général Frossard, et donnera à sa vie — marquée désormais du sceau de la croix — une direction toute nouvelle ; 3° *son passage dans cette maison de Notre-Dame*, où, suivant son expression, elle a tant aimé ; 4° enfin sa dernière étape ici-bas ; *ces trois années de souffrance*, où se révélèrent le cœur de la mère et celui de la fille, avec leurs trésors de dévoûment inépuisable d'exquise tendresse.

MARIE-LOUISE FROSSARD

PREMIÈRE PARTIE

(1862-1874)

ENFANCE. — PREMIÈRE COMMUNION

Naissance de Marie-Louise. — Ses premières années à Châteauvillain chez ses grands-parents. — Elle suit ses parents à Paris. — Marie-Louise pendant la guerre. — Sa correspondance avec son père exilé. — Retour du Général. — Rentrée à Paris. — Marie-Louise à la pension de Mlles C... — Assiduité pleine d'ardeur au catéchisme pendant les deux années de préparation à la première communion. — Son amour du devoir. — Retraite préparatoire à la première communion. — Notes de Marie-Louise. — Le grand jour. — Ferveur angélique de Marie-Louise. — Son amour pour la Sainte-Vierge. — Elle reçoit la confirmation.

enriette-Marie-Louise Frossard naquit à Châteauvillain (Haute-Marne), le 29 mai 1862, à l'heure des vêpres. Elle arrivait au monde pour chanter le *Magnificat*. C'était le jour de l'Ascension, fête d'un mystère glorieux ; de celui qui devait, pendant les années de son adolescence et jusqu'à son dernier jour, si puissamment ravir son âme.

Elle fut baptisé le lundi de la Pentecôte, 9 juin,

par M. l'abbé Dantigny, curé de la paroisse par intérim. Elle eut pour parrain son second frère Henri, et pour marraine Marguerite, sa sœur aînée.

Toutes les félicités et les joies de la vie entourèrent ce berceau : les sourires des grands-parents et les gâteries des frères et sœurs, avancés déjà dans la vie, vinrent se joindre aux tendresses d'un père et d'une mère que Dieu, par ce nouveau présent — dont ils ne connaissaient pas encore toute la valeur — bénissait manifestement alors.

La grand'mère, madame Goyard, revendiqua le droit de maternité sur ce cher Benjamin, ou plutôt la disputa avec tant de grâce à son heureuse fille, qu'il fallut céder : Marie-Louise va donc être pendant cinq ans la propriété presque exclusive de ses dignes aïeuls ; et cette chère enfant — qui aura plus tard à un si haut degré la passion de faire le bien — sera déjà dès son aurore une bienfaisante étoile, illuminant d'une douce lueur le soir paisible de ces deux vénérables et précieuses existences.

« .....La petite Marie-Louise, écrit le Général à cette époque [1], est une jolie petit fille, venant à merveille, et qui clora dignement la liste. Elle est le bijou de ses sœurs et de ses frères ; Albert est très tendre pour elle ; mais c'est Maxime surtout qui se fond en tendresse pour cette enfant, qu'il considère comme étant sous sa protection spéciale,

---

[1] Lettre à sa sœur, mère Marie-Madeleine, religieuse de la Congrégation de Notre-Dame.

parce qu'elle est la seule plus jeune que lui. »

Sa première enfance fut l'enfance simple et douce de la vie à la campagne. Il ne faut pas oublier de plus que, « en qualité de sixième, cette petite a passé dans la famille peut-être un peu moins remarquée que les autres. Quand il s'agit des premiers-nés, tous leurs faits et gestes sont relevés, admirés ; on les trouve facilement de petits prodiges. Pour la chère Marie-Louise, elle a fait plus modestement son entrée dans la vie : mais Dieu, qui aime les moins fêtés, les moins appréciés, se l'est bien sûr réservée comme ses dernières fleurs gardées précieusement pour la parure de l'autel »[1].

C'était une enfant vive et gaie, dont les spiri-tuelles saillies ne furent pas moins précoces qu'une raison et une réflexion étonnantes pour son âge. — « A quatre ou cinq ans, nous écrit la sœur Émé-rentiane[2], à cet âge où les enfants sont légers, Marie-Louise était déjà réfléchie ; et j'ai souvent entendu dire à sa maîtresse qu'elle avait une raison au-dessus de son âge. En trois mois, elle avait appris ce que d'autres apprennent en trois ans ; elle sut bientôt lire couramment, et comprenait ce qu'elle lisait. Les enfants de son âge l'aimaient beaucoup, parce qu'elle était bonne et compatissante. — En récréation, elle était gaie, mais calme ; jamais d'é-

---

[1] Lettre de madame Frossard à mère Marie-Madeleine (avril 1882).

[2] Supérieure alors du pensionnat de Châteauvillain (dirigé par les Sœurs de la Providence de Langres).

clats de rire, jamais de tapage : en un mot, c'était une charmante petite élève, dont j'ai conservé le plus délicieux souvenir. »

En 1867, elle alla pour la première fois à Paris avec ses parents, qu'elle ne devait plus quitter que par intervalles. Sa mère écrivait cette même année : « Marie-Louise sort tous les jours avec nous, voit toutes choses, visite l'Exposition ; rien ne lui échappe et elle ne s'étonne de rien. » — Sans perdre de son ingénuité, elle savait déjà se mettre à l'unisson de ses sœurs beaucoup plus grandes qu'elle. — « J'aime autant, disait une amie de la famille, causer avec Marie-Louise qu'avec une grande personne ; elle a toujours quelque chose d'intéressant à dire. »

La lecture faisait ses délices, et lorsqu'elle voyait d'autres petites filles ne rien comprendre à ce qui la remplissait d'enthousiasme, elle s'écriait : « Elles ne pensent donc pas même toutes les dix minutes ! » — Cela ne l'empêchait pas d'être très ardente au jeu.

Pendant l'été de 1869, nous la trouvons à Châtillon, chez madame Cailletet, cousine de sa mère ; tandis que madame Frossard, accompagnée de ses deux filles aînées, suivait le Général au camp de Châlons, dont il était commandant cette année-là.

On peut déjà commencer à citer quelque chose de la correspondance de l'aimable enfant. Ses lettres, dès maintenant, offrent un agréable mélange d'enjoûment, d'esprit, de raison, de naturel : les tendresses du cœur y ont bien quelquefois leur place ; mais c'est toujours la raison qui domine.

Nous verrons plus tard comment la foi vint se joindre à la raison et la surpasser, — donnant même à son cœur quelque chose de tendre qui paraissait moins dans la première enfance.

« Ma chère maman,

« J'attendais une lettre de toi... mais je vois que vous ne pensez plus à moi au camp de Châlons... si tu ne me réponds pas, je m'en vais tâcher de vous oublier aussi, et je ne vous écrirai plus... Que fait donc Maxime ? et Blanche ?... Elle m'a une fois écrit un tout petit bout de lettre comme à une poupée ; et depuis elle se repose, et ne pense plus qu'à ses belles toilettes. »

Toute la lettre — qui est beaucoup plus longue qu'une lettre de poupée — continue sur ce ton.

Au mois d'octobre suivant, Marie-Louise fit avec sa mère et ses sœurs un voyage en Bretagne. C'est alors surtout que son esprit d'observation se fit remarquer ; — non seulement elle y prit intérêt et plaisir, mais on fut étonné des idées précises et du souvenir exact qu'elle en avait conservés longtemps après.

Lorsque ces dames revinrent à Paris, le temps des vacances était passé, et la jeune enfant allait commencer la vie studieuse : dans le courant de novembre, elle fit son entrée dans le pensionnat de mesdemoiselles C... — Ce fut pour elle un beau jour ! Pour cette nature intelligente, expansive et généreuse, il n'était pas indifférent de voir l'horizon s'élargir, et de trouver autour de soi beaucoup d'émules de sa jeune ardeur.

L'avenir souriait à cette enfant, et tout semblait lui présager une existence douce et heureuse — brillante même. Elle vit de près les grandeurs du monde [1] ; mais avec son sens droit, son esprit large et judicieux, tout cela passait devant elle sans attirer son attention, ou du moins sans la captiver, l'éblouir, même seulement l'étonner. On n'en trouve aucune trace dans sa correspondance — ni maintenant, ni plus tard. Dieu, la destinant à une élévation plus vraie, lui faisait déjà pressentir le vide des grandeurs créées. Du reste il ne les lui fit qu'entrevoir, comme s'il était jaloux de soustraire bien vite à une influence dangereuse le trésor qu'il voulait pour lui seul.

La malheureuse guerre de 1870-1871, qui apporta dans un si grand nombre de familles la désorganisation et· la douleur, devait commencer la série des épreuves qui achevèrent de tremper vigoureusement l'âme de la chère enfant. — On en sait les désastres et les conséquences, tant pour la France elle-même que pour ceux qui prirent aux événements une part plus active et plus importante.

Bientôt le Général fut fait prisonnier à Metz ; il

---

[1] Le Général comme aide-de-camp de l'Empereur, puis comme gouverneur du Prince Impérial avait ses appartements aux Tuileries. — Sa famille l'y avait suivi au printemps de cette année 1870.

passa le temps de sa captivité à Cologne avec son second fils Henri et son gendre, l'un et l'autre ses aides-de-camp. Madame Frossard s'était retirée à la campagne, à Châteauvillain, qu'elle ne quitta pas jusqu'au retour des exilés.

Pendant ce temps de retraite et d'étude, la petite Marie-Louise entretenait avec son père une gracieuse et naïve correspondance. Nous ne pouvons résister au plaisir d'en citer quelque passages.

Châteauvillain, 29 novembre 1870.

« Mon cher papa,

« J'ai été bien contente de savoir que tu te portes bien, et que tu n'as pas été blessé à la guerre. Je voudrais bien te voir avec Henri et Jules ; mais il paraît que Cologne est très loin, et que nous ne pouvons pas y aller à présent. »

« Je ne me suis pas ennuyée depuis que je suis ici ; je couche dans la chambre de maman, et le matin je travaille. »

« Il y a beaucoup de soldats prussiens ; mais je n'en ai pas peur ; ceux qui viennent chez nous n'ont pas l'air méchant ; le docteur D..., qui est logé à la maison, dit même qu'il veut me conduire à Cologne pour vous voir. »

« Maxime n'est pas si heureux que nous, parce qu'on fait la guerre à Châtillon ; on a peut-être brûlé ses livres et toutes ses affaires... »

« Nous, avons eu plusieurs fois des lettres de

Marguerite et de Blanche ; ce qui est drôle, c'est qu'elles sont venues en ballon. Nous voudrions les voir, ces chères sœurs, et leur porter des provisions, car il paraît qu'elles n'ont que du cheval à manger — ce qui ne doit pas être très bon. »

« Ici nous avons encore à manger ; mais pas trop, parce qu'*il en faut beaucoup* pour les Prussiens qui sont dans la ville. Tous nos poulets sont tués ; mais nous avons encore un lapin. Le jardin est bien laid maintenant, et nous n'allons plus nous promener au mail, parce que les Prussiens y vont. Je m'amuse tous les jours avec Louisette Duchesne, qui est très gentille. Le petit chat blanc qu'on m'a rapporté de Mourmelon [1] couche dans ma chambre ; j'ai grand soin de lui, parce que Marguerite me l'a bien recommandé... »

« Adieu, mon cher papa, etc... »

Dans la lettre qu'elle écrivait quelques semaines plus tard à l'occasion de la nouvelle année, on rencontre cette curieuse et naïve remarque : « ... je trouve que c'est bien ennuyeux d'être toujours ici, où il fait si froid : voilà la neige pour la troisième fois ; on a beau faire du feu, il gèle toujours... »

L'isolement et l'éloignement de son cher papa et de ses frères et sœurs lui deviennent de plus en plus pénibles : « C'est bien triste, cher papa, de ne plus te voir, ni Jules ni Henri...; et ce pauvre

---

[1] Village dans les environs du camp de Châlons.

Maxime ! il ne nous écrit pas, probablement parce qu'il y a toujours la guerre par là... Si nous étions près de vous, nous serions bien contentes ; mais il faut que nous attendions Albert, Marguerite et Blanche pour y aller tous ensemble... »

Ce fut une grande joie quand le Général put rejoindre les siens après cette longue et douloureuse absence ; cependant comme la correspondance de l'enfant était encore assez restreinte, nous n'avons rien qui rappelle ce souvenir.

La famille fut un instant toute réunie à Châteauvillain ; puis à la fin de l'été on se retrouva de nouveau à Paris. Dans l'intervalle, Marie-Louise fit avec Maxime un petit séjour à Châtillon.

C'est de là qu'elle écrit le 16 mai 1871.

« Mon cher papa,

« Il y a bien longtemps que je ne t'ai vu et que je ne t'ai embrassé ; je suis bien fâchée de ne pas être à Châteauvillain pendant que tu y es... Je m'amuse beaucoup à Châtillon, j'y ai beaucoup de petites amies... Maxime fait très bien la menuiserie ; nous avons un joli aquarium, où il y a de gentils petits poissons... Nous travaillons dans une jolie salle d'étude à côté de la chimie de Louis... tous les matins je fais une dictée, un verbe, et j'apprends la géographie... »

Dans toutes ses lettres, elle parle de ses petits plaisirs ; mais il y a toujours une place pour ses études. Elle se préoccupe en particulier de la manière dont elles se continueront à son retour à Paris ; à cette occasion, elle donne le 4 août 1871, un souvenir affectueux à ses anciennes maîtresses...

— Notre nouvel appartement est-il près de mesdemoiselles C...? Je pense que je retournerai à leur pension et que je pourrai y passer toute la journée. Ces chères demoiselles C...! que je voudrais les voir !...

Elle y retourna en effet à la rentrée scolaire, et il y eut désormais une suite plus sérieuse dans ses études. — C'était de plus la première année des catéchismes de préparation à la première communion.

Mais laissons ces excellentes maîtresses nous dire quel souvenir elles ont conservé de leur petite élève: leur témoignage rappellera celui de la digne Supérieure de Châteauvillain, et ne fera que devancer ce que nous aurons à dire nous-mêmes pour les années qui suivirent :

— « D'un naturel doux et réservé, elle parlait sensément et se faisait aimer absolument de tout le monde ; elle était pleine d'égards et d'attentions pour ses compagnes, qui parlent toujours d'elle avec une grande affection ; — elle était consciencieuse, intelligente, studieuse ; avait une attitude, on peut dire en quelque sorte, recueillie. Bonne, aimable pour tous, elle nous charmait surtout par un complet oubli d'elle-même, qualité bien rare, qui — dans l'enfant — trahissait déjà une nature d'élite. »

En mars 1872, madame Frossard écrivait : — « Marie-Louise devient grande fille et raisonnable : elle ne pense qu'à ses leçons et à son catéchisme ; aussi n'a-t-elle pas le temps d'écrire des lettres. Quoique ce soit sa première année de catéchisme, elle fait de très longues analyses... En ce moment elle est en train d'apprendre la Passion tout entière, bien qu'on ne l'exige pas. Mais que voulez-vous ! *dignité oblige :* elle est l'une des deux intendantes![1] et elle ne voudrait pas être prise en défaut d'ignorance ou de négligence... »

Malgré son ardeur à l'étude et ses pieuses préoccupations, Marie-Louise n'avait rien perdu de sa gaîté et de son aimable enjoûment, témoin la lettre suivante, écrite de Saint-Dizier, où elle allait cette année passer la première partie de ses vacances :

Jeudi, 18 juin, 1873.

« Ma chère maman,

« Je ne t'ai pas écrit plus tôt, parce que je voulais te raconter la partie que nous avons faite hier.

« 1° Le matin je me suis levée par une pluie ennuyeuse ; j'ai mis quand même la robe bleue

---

[1] « Dans nos catéchismes, nous nommons intendante celle qui nous paraît plus digne, c'est-à-dire qui fait très bien toutes choses. Elle recueille les analyses et récite au nom de toutes, les formules de consécrations. Elle doit servir de modèle, de telle sorte que nous soyons en droit de dire aux autres : en faisant comme elle, vous aurez toujours bien fait. » (M. l'abbé Gallet.) — « M. l'abbé Gallet, curé de Saint-Pierre-de-Chail-

qu'on m'a faite, et qui est très gentille. A peine l'avais-je, voilà que j'y fais plusieurs grosses taches: bien vite on la nettoie et l'on n'y voit plus rien... A huit heures nous montons en wagon... tout le monde se trouvait au rendez-vous. — A Eurville nous avons pris le bateau ; il était grand et traîné par un cheval. — Le soleil était revenu, il faisait très beau.

« Arrivés à Fontaine nous trouvons un joli endroit, où Louis avait fait mettre une table par un de ses gardes, qui apporta aussi couteaux, fourchettes, verres, etc. On s'installe bien, après avoir mis le couvert... Madeleine, Thérèse et moi, nous nous mettons sur l'herbe près de la fontaine. » — Elle donne ici avec une curieuse minutie le détail de ce que chaque groupe de convives avait apporté pour ce repas champêtre — « au beau milieu du déjeûner, je vais nettoyer mon assiette à la fontaine... piff, paff, je tombe dedans: c'était un endroit marécageux. Je suis toute trempée ; on me déshabille et l'on me conduit au village chez la femme du garde. On me sèche, on repasse ma robe, mes bas, etc... Bien séchée, je reviens ; nous nous promenons un peu toutes les trois ; nous allons pêcher au bord d'un ruisseau... je me mou-

lot, depuis le 24 août 1882, était en 1873 deuxième vicaire de Saint-Augustin et directeur des catéchismes. — Cet ouvrage était sous presse lorsque la mort subite de ce prêtre distingué est venue jeter dans le deuil sa nouvelle paroisse et l'Eglise de Paris tout entière. Ses vertus sacerdotales, ses aimables et précieuses qualités sociales lui avaient gagné le cœur de tous, et « il a été pleuré comme peu sont pleurés. »

che, on me pousse, et pour comble de malheur mon mouchoir tombe dedans : on le cherche, on ne le trouve plus !... »

Ce joyeux récit — qui ramène la société sur ses pas ne s'arrête qu'à l'arrivée à Saint-Dizier. — En terminant cette lettre, elle mentionne pour la première fois son amie Cécile, que — vers la fin de sa vie — elle nous dira lui être, entre toutes, la plus chère. Marie-Louise s'attachait difficilement ; mais elle avait un cœur fidèle. — « Je vois bien souvent Cécile L., qui est très gentille, et qui me prête des livres. — Nous jouons sur le foin, nous courons, nous nous promenons à cheval, etc... »
« Adieu, chère Maman...

Ta petite fille qui t'aime. »

Voici comment cette charmante enfant aborda sa nouvelle amie : « Je suis contente de faire votre connaissance, parce que je sais que vous n'aimez pas les poupées. Moi, je les déteste, et la première chose que j'ai faite lorsqu'on n'en a donné une, a été de la mettre au fond d'une armoire. »

Cependant les frères et les sœurs s'étaient mariés successivement, et bientôt il ne restera plus à la maison que les deux plus jeunes : Maxime et Marie-Louise. Entre eux s'établit désormais une intimité pleine de charmes pour l'âme aimante de la jeune enfant ; son frère lui devient comme nécessaire, et — s'il est absent — elle le réclame, ou lui fait dire mille gentillesses.

En 1873, Marie-Louise avait été jugée digne de faire sa première communion. — « Elle possédait déjà *cette beauté spirituelle, morale, surnaturelle, qui,* selon la gracieuse expression de saint François de Sales, — *rend toujours le regard plus beau que les yeux, le sourire plus doux que les lèvres, l'accent plus harmonieux que la voix, la physionomie plus vivante que la figure, la lumière plus brillante que le flambeau, et l'âme supérieure à tout ce qui doit finir* [1] ».

Cependant l'âge était un obstacle : la chère enfant dut attendre un an encore. Mais la première communion fut la pensée qui dès lors domina toutes les autres ; elle se révélait dans toute sa conduite. — « Marie-Louise est bien gentille, écrivait son père [2] en 1874, bien pieuse, bien travailleuse, observant tous ses devoirs. »

Le devoir en effet avait pour elle un invincible attrait et des droits sacrés. Un seul fait suffira pour en donner une idée.

Ses douze ans approchaient, et en même temps le *grand jour* qu'appelaient ses pieux désirs. Une autre fête de famille devait le devancer de quelques semaines : on se disposait au mariage du second frère. La tendresse maternelle n'avait rien épargné dans la préparation de la toilette de la

---

[1] M. l'abbé Gallet. Lettre à notre Mère Supérieure.
[2] A. M. Marie-Madeleine.

chère petite fille d'honneur... Mais le jour fixé était précisément celui d'une réunion importante du catéchisme. Le cœur généreux de l'enfant ne balança pas ; d'elle-même elle pria ses parents de vouloir bien ne faire aucune démarche pour obtenir une dispense.

Le Général, tout fier de l'énergie de Marie-Louise, écrivait à ce sujet : — « La petite ne veut pas s'absenter, ni manquer à quoi que ce soit. Elle fait le sacrifice de n'être pas à la noce de son frère. Nous ne pouvons, je l'avoue, la blâmer de comprendre ainsi le sentiment du devoir. Elle avait pourtant sa toilette toute prête. [1] »

La première communion eut lieu à Saint-Augustin, sa paroisse. La retraite préparatoire fut prêchée par M. l'abbé Sibon, curé de Saint-Joseph. La pieuse et persuasive éloquence de ce saint prêtre toucha profondément le cœur des enfants ; Marie-Louise fut remuée jusqu'au fond de l'âme, et désormais ses sentiments religieux ne feront que grandir et se fortifier. La lecture des notes qu'elle écrivit pendant ces jours de grâce, nous fera pénétrer dans le sanctuaire intime de ce

[1] Ce n'est pas la première fois que le Général témoigne son estime pour la foi pratique et la vraie piété. C'est lui qui, alors capitaine, écrivait à son père : — « Pourquoi donc, mon cher père, refuser à ma sœur la jouissance d'être de la Congrégation de la sainte Vierge, puisqu'elle le désire ?... Tu parais craindre que cela ne compromette son avenir ; loin de là, je te l'assure : c'est bien plutôt un honneur, et je ne connais pas un homme sérieux, qui, cherchant l'épouse que Dieu lui destine, craindrait de fixer son choix au milieu des cierges d'une procession. »

cœur, où déjà régnait en maître le divin Cœur de Jésus.

Dimanche soir, 3 mai 1874.

« O mon Dieu, c'est aujourd'hui qu'a commencé la retraite, la grande préparation au plus beau jour de la vie. Mon Jésus, combien je sens que, sans cette retraite, je serais indigne de vous recevoir ! Le prédicateur nous a parlé ce soir de la retraite, de ses avantages, de ses grâces et des dispositions qu'on doit y apporter. Il nous a dit que la retraite est une *grâce de repos*; car, loin de toute dissipation, nous nous trouvons seuls avec Notre-Seigneur ; *une grâce de retour à Dieu*, parce que nos cœurs touchés des paroles de son ministre, doivent regretter toute leur légèreté, et revenir à Dieu si plein de bonté.

« Nous avons tous pris la résolution d'assister à la retraite avec attention et d'y apporter de la générosité : c'est-à-dire que nous devons ôter de nos cœurs tout, exactement tout ce qui peut déplaire à Marie et à son adorable Fils ; — puis encore des sentiments de joie, car la retraite doit nous préparer au plus grand des bonheurs, à recevoir Jésus, et à le recevoir dignement.

M. l'abbé nous a montré ensuite toute l'horreur d'une communion sacrilège, et tout le bonheur de ceux dont la communion a été fervente.

Lundi matin 4 mai.

Nous avons commencé aujourd'hui par la prière du matin. Oh! qu'elle était bonne cette prière faite en commun ! Ensuite nous avons fait la méditation, et après la sainte Messe, M. Sibon nous a parlé du salut éternel : il nous a dit que lorsque sur la terre on néglige de s'y préparer, tout est perdu.

J'ai été très émue quand il nous a raconté l'histoire d'une petite fille qui, étant entièrement disgraciée de la nature, avait fait son salut en acceptant avec soumission à la volonté de Dieu toutes ses souffrances ; et l'histoire d'un jeune homme riche quittant tous les plaisirs du monde pour se faire religieux et sauver son âme.

Il nous a dit que pour faire son salut, il fallait en avoir la ferme volonté.

J'ai pris la résolution de faire toutes mes actions en vue de Dieu et de mon salut ; car dans la vie, il n'y a que cette seule chose à laquelle nous devons constamment aspirer : faire son salut..

O ma bonne Vierge, je mets cette résolution sous votre protection, daignez la bénir et m'accorder la grâce de l'accomplir fidèlement.

Lundi soir, 4 mai.

Avant la prédication nous avons chanté les vêpres ; c'était la première fois que je les chantais tout entières; et puis M. Sibon nous a fait un sermon

2

sur le péché ; il nous a dit qu'il est comme un ser-
pent qui veut toujours nous mordre ; mais nous
devons tous nous armer de bonnes résolutions et le
repousser avec courage. Je sanglotais lorsque M. le
Prédicateur nous a raconté l'histoire d'un petit
garçon à qui il avait fait faire la première communion. Ayant perdu tous ses parents, il s'était
laissé entraîner au mal par de mauvais camarades,
avait volé et avait été mis en prison. J'ai pris la résolution de ne jamais me laisser entraîner par le ser-
pent du péché, car mon salut éternel en dépend.

O mon bon ange gardien, ne me laissez jamais
oublier cette résolution.

Mardi matin, 5 mai.

Nous avons commencé par la prière, la méditation et la sainte Messe. Il me semble que plus
j'approche du jour de ma première communion,
mieux j'entends la messe, et mieux je comprends le
mystère qui s'y opère.

M. Sibon nous a fait sur la mort un sermon si
touchant, que je sanglotais : mais mes larmes
étaient des larmes d'amour pour vous, Jésus, car
je sens que la mort me réunira à vous, et qu'alors
je vous posséderai éternellement si ma première
communion est fervente, et si ma vie est remplie
d'actions faites en vue de la vie éternelle.

O mon Dieu, je ne sais quand la mort terminera
mon exil sur la terre ; mais je sais que si je suis
bien préparée, **elle ne me surprendras ja-**

mais, car je l'attendrai. J'ai donc pris la résolution de penser souvent et sans horreur à la mort, et de m'y préparer par une pieuse première communion.

Mardi soir, 5 mai.

L'instruction de M. l'abbé Sibon a été sur le jugement dernier, sujet bien grave et bien triste ; mais qui n'effraye pas ceux qui aiment Jésus. La description de ce jugement, que nous a faite M. le Prédicateur, m'a bien émue ; je me disais : O Marie, ma Mère, je veux si bien régler toutes mes actions, que Jésus puisse me dire cette parole délicieuse : Viens, viens dans le royaume céleste, que je t'ai préparé depuis le commencement.

Ma résolution, ô ma sainte patronne Vierge Marie, est de faire une bonne première communion ; que Jésus ne m'abandonne jamais et me soutienne dans les tentations.

Mercredi matin, 6 mai.

J'ai fait la prière et la méditation avec plus de ferveur que jamais, car c'est demain le Grand Jour ; j'ai suivi la sainte Messe mieux aussi que jamais, puisque je ne l'entendrai plus avant le jour si beau, si grand de demain. M. Sibon nous a parlé sur l'absolution, et nous a dit qu'après l'avoir reçue, nous retrouverons notre robe d'innocence ; il nous a raconté d'une manière si touchante la parabole de l'Enfant prodigue, que, ô mon Jésus, il me semblait vous voir la racontant à vos disciples. Puis nous nous sommes tous agenouillés devant l'autel pour baiser la divine image du Maître adorable, dont le corps a été percé de toutes parts pour nous racheter de l'esclavage du péché. Je me suis sentie si émue, que je ne pouvais retenir mes larmes.

En sortant, je suis allée au tribunal sacré, et là, ô mon Dieu, j'ai reçu le pardon de tous mes péchés. Je l'ai retrouvée, ô Jésus, cette innocence de mon baptême ; je ne puis exprimer tous les transports de joie, les sentiments d'amour qui se pressaient dans mon cœur, dans mon âme, quand M. l'abbé Gallet m'a dit : Allez en paix, tous vos péchés sont pardonnés. Je me souviendrai toujours de la première fois que j'ai entendu cette parole de pardon. Ensuite j'ai été à la chapelle de la sainte Vierge mettre toutes mes résolutions sous la protection de cette bonne Mère.

Rentrée à la maison, maman m'a embrassée et m'a pardonnée ; je suis allée près de papa, qui m'a pardonné aussi, me disant que jamais je ne lui avais causé de peine, et il m'a bénie en me marquant du signe de croix sur le front. Oh ! que de bonheurs à la fois ! Les anges, comme M. Sibon l'a dit, sont maintenant nos frères et nous sommes aussi purs qu'eux.

Mercredi soir, 6 mai.

Nous avons eu une dernière réunion, dans laquelle M. Sibon nous a parlé de notre état d'innocence, de notre bonheur. En rentrant, j'ai lu un beau chapitre de l'Imitation, j'ai dit bien pieusement mon chapelet. Le soir, je me suis endormie les bras croisés sur ma poitrine, ma petite croix sur mon cœur, et jai pensé à mon Jésus, aux premiers chrétiens ; j'ai rêvé de Tarcisius, de Cécile ! Que j'aurais voulu être avec eux ! »

Le 7 mai, pour Marie-Louise, fut donc réellement un grand jour. Mais laissons-la nous raconter elle-même tous les détails de cette émouvante solennité et ses propres impressions.

Jeudi, 7 mai.

Le plus beau jour de ma vie ! Oh ! comment pourrais-je dire tout ce que je ressentis en ce jour délicieux! Je me réveillai de très bonne heure, en répétant le nom de Jésus. Il faisait à peine jour. Je redisais doucement les paroles de ce beau cantique que j'aime tant :

Mon Bien-aimé ne paraît pas encore, etc.

Enfin cette aurore arriva. Après qu'on m'eut habillée, j'allai à la chapelle, où nous fîmes notre prière et notre méditation. Je puis le dire: *pas un de nous n'eut une distraction ;* nous étions si heureux ! On nous donna nos cierges et nous montâmes à l'église, où une foule immense était réunie. On nous fit encore un beau sermon, que je trouvai trop long : il retardait mon bonheur... On dit les actes et enfin l'heureux moment arriva. Nous nous agenouillâmes tour à tour au banquet céleste. Depuis l'élévation déjà, mon cœur battait bien fort. Enfin le prêtre s'avança ; j'étais la première : Jésus se fit l'hôte de mon cœur!... Je revins alors à ma place, et, pendant les deux heures que dura la communion, je versai de bien douces larmes, agenouillée devant mon banc, la tête cachée dans mon voile... Il me semblait que mon cœur allait se briser... c'était si fort le bonheur que j'éprouvais ! Enfin je dis tout à mon Bien-aimé, je lui demandai mille choses et surtout **une grâce bien chère à mon cœur ;** car on nous a dit que Dieu ne pouvait rien refuser à 'un enfant le jour de sa première communion. J'aurais voulu rester encore, mais il fallait partir. Nous nous retrouvâmes aux vêpres, où je dis l'acte de consécration à la sainte Vierge. En rentrant je me retirai un peu dans ma chambre pour prier et écrire, car il y avait un grand dîner le soir. Enfin, et c'est avec joie que je l'écris, je pus me trouver seule. Je me couchai, repassant dans mon cœur tout mon bonheur. Je pleurai encore et je m'endormis en demandant à Jésus de me garder toujours bien vif le souvenir de ma première communion. Je demandai à Marie de me protéger encore plus et toujours, puisque je deviens son enfant. »

Vient ensuite son petit règlement auquel elle a été bien fidèle, comme la suite le montrera.

Au bas, on lit ces lignes, écrites de la main de

M. l'abbé Gallet lui-même ; « résumé, nous dit-il, de ce que je pensais déjà de notre petite sainte : — Amie du ciel, ange de la terre, soyez toujours au sanctuaire de la famille cette chose précieuse que nos Livres sacrés, dans leur beau langage, appellent *le rayon qui éclaire, la fleur qui embaume, l'anneau qui lie, la harpe qui calme et adoucit, la voix qui console, le sourire qui réjouit, le regard qui charme et purifie, la main qui donne, le bras qui soutient, l'ange qui garde et qui sauve* ».

Tous les membres de la famille présents à Paris assistèrent à l'auguste cérémonie et prirent part à la joie de la chère enfant. Le soir, comme elle nous le dit elle-même, elle prononça d'une voix émue et pénétrée l'acte de consécration à la Sainte Vierge, qu'elle aimait si tendrement. C'est bien ici le lieu de rappeler que de ses trois prénoms, Louise est le seul qu'on lui donna d'abord ; mais longtemps avant sa première communion, elle désira être nommée Marie-Louise, par affection pour sa bonne Mère du Ciel [1].

---

[1] C'est au foyer paternel, on peut le croire, que Marie-Louise puisa son tendre amour pour la sainte Vierge. — Le Général, son père, au moment du départ pour l'expédition de Crimée — dont il faisait partie en qualité de commandant du génie du 2e corps — avait reçu, de la part de mains amies, une médaille de la sainte Vierge et la copie du Memorare : il mit l'un et l'autre dans son portefeuille, et quelque temps après, il écrivait du champ de bataille: — « Je ne quitte pas mon portefeuille ; il est là sur ma poitrine ; c'est à mes précieux talismans, à n'en pouvoir douter que je dois attribuer les grâces de préservation vraiment miraculeuse dont je rends

Dans sa fervente action de grâces, Marie-Louise avait demandé à Notre-Seigneur « une grâce bien chère à son cœur » : l'accent de la piété filiale est tout puissant sur le cœur de Dieu ; la révélation suivante nous le prouvera une fois de plus :

« La première communion de Marie-Louise fut le jour de salut pour son père » — nous dit encore M. l'abbé Gallet, à qui nous laissons la parole — « Je le vois encore ce tendre père, contemplant sa chère enfant tout embaumée de candeur, de grâce et d'innocence, et l'enveloppant de ce long regard attendri où l'émotion religieuse se mêlait à la tendresse paternelle, et je l'entends me dire : — « M. l'abbé, cette petite fée convertirait Jupiter ! Elle veut que je communie avec elle !... Je communierai ; mais plus tard ; je suis trop fatigué en ce moment ; et puis je craindrais de le faire plus pour elle que pour Dieu. » Ce scrupule touchant disparut bientôt, et je pus lui donner la sainte communion avant son départ pour la campagne : c'était quelque temps avant sa mort [1]. »

La première communion fut donc le moment

grâces à Dieu... » et il racontait que sa capote avait été traversée de part en part par les balles, qui avaient effleuré sa jambe sans lui faire une égratignure. — Dans une autre circonstance, il venait de quitter sa baraque, sans autre but que de voir ce qui se passait dans le camp... il n'était qu'à une très faible distance, lorsqu'eut lieu, à deux pas de la tente qu'il venait de quitter, la terrible explosion d'une poudrière. Son aide-de-camp, qui ne l'avait pas suivi, fut gravement atteint, et perdit un œil.

[1] Lettre déjà citée ; 20 juin 1882.

béni où cette belle âme s'épanouit aux chaudes et puissantes influences du soleil divin. Semblable à la fleur qui doit à l'astre du jour la fraîcheur, l'éclat, le parfum, elle reçut alors une vigoureuse empreinte, et conserva toujours le reflet céleste de la douce et bienfaisante lumière qui avait illuminé l'aurore de sa vie.

Dès le lendemain de la première communion, nouvelle grâce ! le bon Dieu sembla vouloir se hâter de sceller une alliance qui dut être si agréable à son cœur, en marquant sans retard du sceau des forts cette enfant de son choix. Elle reçut donc, avec une émotion nouvelle, des mains de son Éminence, le cardinal Guibert, archevêque de Paris, le sacrement de confirmation.

L'âme de Marie-Louise était prête pour le combat ; et, tandis que, dans toute la plénitude de sa ferveur et de son angélique piété, elle goûtait ces joies célestes, l'ange de la douleur s'apprêtait à frapper sa famille.

DEUXIÈME PARTIE

(1874-1875)

Goût de Marie-Louise pour la piété. — Ses belles qualités naturelles y gagnent un charme de plus. — Premières atteintes du mal qui doit enlever le Général à sa famille. — Vacances de 1874. — Réunions de famille à Châteauvillain, à Lunéville. — Retour à Paris. — Catéchisme de persévérance. — Marie-Louise suit des cours. — Ses premières pâques. — Anniversaire de la première communion. — L'état de santé du Général s'aggrave. — Séjour à Châteauvillain. — Progrès rapides de la maladie du Général. — Sa fin chrétienne et édifiante. — Détermination généreuse de madame Frossard au sujet de Marie-Louise.

Marie-Louise venait de franchir un grand pas. Son âme candide avait expérimenté des douceurs inconnues jusqu'alors, et pour elle désormais les joies de la piété seront ses meilleures et ses plus douces joies.

Dès le 11 mai, elle se trouvait de nouveau au milieu des compagnes de son bonheur : tous les enfants de la première communion de Saint-Augustin avait été convoqués par leur digne curé, M. l'abbé Taillandier, à Notre-Dame-des-Victoires.

Après une messe d'actions de grâces, les heureux enfants retrouvèrent, dans les paroles émues de leur zélé pasteur, toutes les suaves émotions du grand jour.

Le catéchisme, pour les enfants à l'esprit intelligent, au cœur pur, a généralement un attrait remarquable, qui révèle des affinités puissantes, irrésistibles, entre cette science divine et la nature humaine. Et si l'on sait que cet enseignement était alors donné, à Saint-Augustin, par un prêtre tel que M. l'abbé Gallet, — à « l'éloquence facile et communicative, à la diction imagée, à la voix émouvante ; sachant faire appel aux sentiments simples et naturels du cœur » [1], — on comprendra mieux encore que Marie-Louise dut en être fortement éprise, d'autant plus qu'au catéchisme de la première communion succédait le catéchisme de persévérance, qui devait lui offrir un intérêt toujours croissant : jamais elle n'aurait voulu le manquer par sa propre faute.

Ces réunions hebdomadaires entretenaient sa ferveur et ses bonnes résolutions ; aussi la voyait-on pendant la semaine assister à la sainte Messe auprès de sa mère et souvent y communier. Son attitude angélique édifiait tous les assistants.

On serait grandement dans l'erreur si l'on croyait que la piété croissante de cette enfant de bénédiction lui eût ôté de son enjoûement et sa

[1] *Semaine Religieuse* de Paris. — Nécrologie, 23 février 1883.

gaîté. Et c'est peut-être ici le lieu d'attirer l'attention sur un fait remarquable, qui témoigne d'une force morale et d'une réserve extraordinaires dans une jeune personne. Quelles que soient les émotions de son âme, il n'en paraîtra rien dans sa correspondance, à peine même dans ses relations journalières. Plus tard, avec ses plus intimes amies seulement, avec celles qu'elle sait être, comme elle, plus privilégiées de la grâce, elle se permettra quelque épanchement à cet égard : encore ne sera-ce que rarement et par des traits rapides ; car, disait-elle à l'une d'elles, trois ans plus tard : « Il y a des choses qu'on ne peut faire passer par les lèvres sans les profaner. »

Quelques fragments des lettres écrites à l'époque où nous sommes encore, nous montrent que c'était toujours bien la même aimable et gracieuse enfant.

Orsay, 22 juillet 1874.

« Ma chère maman,

« Je t'entends d'ici dire : Cette petite n'écrit pas ! — Que veux-tu ? Ce n'est pas ma faute, et pour que tu sois sûre que je n'ai pas fainéantisé, je vais te dire ce que je fais chaque jour et tout ce qu'il m'advint. »

Elle raconte assez plaisamment toutes les péripéties du voyage.

« Enfin arrivés à Orsay, nous trouvons Titine [1]

____
[1] Titine ou Mathilde, cousine et amie de Marie-Louise.

au lit avec la fièvre. Je me couche et j'arrive au lendemain. Titine va un peu mieux ; nous allons à la messe et vers une heure, à l'église, pour le baptême. »

« Lundi, le temps était lourd ; aucun air, aucun vent ; le soleil était d'une chaleur !... L'après-midi se passa en leçons pour Mathilde et pour moi... »

« Enfin, vers 7 heures, une brise légère se fait sentir, l'astre des nuits éclaire la terre, de brillantes étoiles apparaissent dans la voûte azurée du firmament ; on n'entend plus que la voix mélodieuse du rossignol chantant l'hymne du soir, le roucoulement mélancolique de la tourterelle, le bruissement des feuilles : tout se tait ; nous allons prendre du repos, pour recommencer demain la même chose qu'aujourd'hui... Assez de descriptions !... »

« Le lendemain, Titine était plus mal, ne mangeant rien, rien (au reste, c'est comme moi), sérieuse, ne bougeant pas, dormant toute la journée ; et moi, érigée en garde-malade, ayant mal à la tête comme un vieux rat... Une sœur vient la voir... Prenant mon courage à deux mains, j'entraîne Mathilde dans le jardin, je la pousse, je la tape, si bien que l'appétit nous revient, et que nous sommes tout étonnées de manger du potage, une côtelette, haricots, cerises en compote, etc... »

Hélas ! cette aimable et heureuse insouciance de Marie-Louise ne tardera pas à être assombrie, et désormais ses plus douces jouissances vont porter l'empreinte de cette tristesse attachée à toutes les félicités d'ici-bas.

Il n'y avait pas jusqu'alors de vide dans la famille : c'était un grand bonheur ; et les vacances scolaires de 1874 la réunirent encore tout entière autour de son chef tant aimé et si digne de l'être.

La chère enfant jouissait au milieu de ses frères et sœurs, beaux-frères et belles-sœurs, qui la chérissaient tendrement. Ses petits neveux et nièces faisaient ses délices : leur ingénuité était si bien comprise de son âme candide ! il y avait entre eux une réciprocité qui les rendait inséparables. Pas de bonne partie, si tante *Milise* n'en prenait la direction ; elle s'y prêtait avec une grâce et un entrain charmants, mais n'allait jamais jusqu'à compromettre sa petite dignité...

Si heureuse que fut cette réunion, elle n'était cependant pas complète, et le 20 août elle devait se reformer en partie au couvent de Notre-Dame de Lunéville, pour visiter le digne membre absent, la chère tante, qui a toujours conservé dans le cœur des siens une très grande place.

Mgr de Sussex [1] venait de terminer la retraite des religieuses ; il fit connaissance avec la famille, qui reçut une impression profonde de son accueil plein de grâce, de distinction, de bénignité tout apostolique. Monseigneur, de son côté, s'était mon-

---

[1] Mgr de Sussex, prélat romain, chanoine de la Basilique de N.-D. de Lorette, fut camérier secret et ami du glorieux Pie IX.

tré heureux de cette rencontre ; il avait remarqué cette petite Marie-Louise à la physionomie ouverte et rayonnante d'intelligence et de candeur. Deux ans plus tard, il devait avoir le plaisir de couronner, à la distribution des prix, ses nombreux et brillants succès.

Au retour des vacances, Marie-Louise se remit avec plaisir et assiduité à tous ses devoirs : son ardeur pour le catéchisme ne s'était pas ralentie, et ses études, en général, étaient devenues plus sérieuses. Elle suivait des cours sous la direction de sa mère, qui, jusqu'alors, n'eût volontiers remis à personne l'éducation de cette chère enfant.

Elle commença l'année 1875 en prenant pieusement part à la communion générale des jeunes filles de Saint-Augustin.

Pendant le carême, elle fit avec ferveur les exercices du grand jubilé, toujours accompagnée de sa bonne mère. Toutes deux se joignirent à la foule immense que formèrent les fidèles de leur paroisse, pour accomplir processionnellement les trois stations prescrites. Au milieu du pieux enthousiasme qui animait ces chrétiens fervents, Marie-Louise marchait d'un pas alerte et joyeux ; elle était ravie, transportée.

Tous les jours saints furent consacrés aux exercices religieux. Le 28 mars, jour de Pâques, elle était debout dès le point du jour : la grande communion générale de sa paroisse devait être à une heure matinale, et, pour tout au monde, elle n'eût voulu y manquer : on la vit donc encore, pieuse et recueillie, à côté de sa mère, accomplissant ce saint devoir.

Le jour même, il y eut à midi, à la chapelle des Barnabites, une messe militaire, célébrée par le père Montigny, aumônier de la caserne de Penthièvre. Le Général, malgré son état de santé, très mauvais déjà, voulut être présent[1]. Il y avait une nombreuse assistance militaire et quelques invités. Marie-Louise était de cérémonie ce jour-là, avec une petite amie, Antoinette d'A...

Elles étaient en avant sur des prie-Dieu, et durent à l'offrande accompagner le pain bénit. Le bon père jouissait et suivait d'un regard attendri les innocentes enfants, s'acquittant de leurs pieuses fonctions avec une grâce et un naturel si pleins de charmes. Peut-être pressentait-il que, pour la dernière fois, il voyait en honneur son cher petit Benjamin.

L'anniversaire de la première communion, avec la répétition des mêmes cérémonies, amena un redoublement de ferveur. Le mois de mai, commencé pieusement à Paris, se termina à Chateauvillain, où Marie-Louise avait accompagné sa mère et le Général, dont la maladie s'était aggravée. La paroisse, pour elle, avait changé de nom ; mais le bon Dieu qui l'habite, était toujours le même ; et la meilleure distraction qu'elle sut trouver au milieu des inquiétudes dont elle se sentait entourée, fut

---

[1] Le Général avait ressenti, dès le mois de décembre 1874, les premières atteintes du mal qui devait l'enlever si rapidement.

de s'occuper des reposoirs qu'on préparait en ce moment tout près de la maison pour la prochaine Fête-Dieu ; elle le fit avec l'ardeur qu'elle apportait à toutes choses, surtout lorsqu'il s'agissait directement du bon Dieu. Ses parents furent un instant doucement distraits de leurs tristes préoccupations par la piété aimable et active de leur chère enfant. Cependant on ne pouvait plus se faire illusion, le moment de la séparation approchait. Après une saison aux eaux de Saint-Honoré, l'état du Général avait empiré ; il revint à Paris, où l'attendait madame Frossard.

Pendant cette courte absence de sa mère, Marie-Louise resta à Châteauvillain, avec une de ses sœurs, près d'un oncle et d'une tante, M. et madame Delaunay, très dévoués à la famille Frossard ; puis les suivit à Châtillon. Elle y écrivit encore quelques lettres, où se peint une vague inquiétude ; mais chez les enfants, surtout quand ils n'ont pas encore connu le malheur, les impressions pénibles passent vite ; on la retrouve encore spirituelle et rieuse, insousciante même, comme on l'est à cet âge:

Nous citerons seulement la suivante :

Châtillon, 24 août 1875.

Ma chère Maman,

« Je t'écris une courte lettre pour te demander des nouvelles de mon cher papa ; depuis son retour va-t-il bien ? Je suis impatiente de le savoir. J'ai tout préparé à la maison pour vous recevoir ; j'ai

fait arranger le jardin, les chambres ; j'ai confectionné des prunes à l'eau-de-vie, des conserves de
mirabelles, j'ai acheté des poulets, envoyé Seurette [1] aux champs ; bref quand vous viendrez,
j'espère que tout sera en ordre. Je suis en ce moment à Châtillon ; mais comme je suis pressée de
vous voir, je reviendrai à Châteauvillain avec mon
oncle, c'est-à-dire vendredi, ou samedi.

Nous avons vu des fêtes magnifiques : feu d'artifice, illuminations, concert et cavalcade éclairée
à la façon d'Auxerre (ce qui était admirable) ;
enfin ascension en ballon par mademoiselle Fanny
Godard. Cette dernière représentation m'a donné
des idées tout à fait aériennes ; j'étais charmée de
mademoiselle Fanny. Ces ballons, c'est tout simplement ravissant ; si l'on pouvait se diriger,
j'irais volontiers ; mais la perspective de ne plus
redescendre m'effraye. »

« Que devient donc Maxime ? Un silence
immense plane autour de lui. Est-il chez nous ?
arrive-t-il à Châtillon ? Je suis bien peu habituée à
vous quitter tous ; c'est ennuyeux de ne rien
entendre de lui, mon bon grand frère. »

« Je vais écrire demain à Marthe. Elle dit qu'elle
va venir ici bientôt et m'emmènerait à Montargis ;
mais je veux lui répondre que, quand on a un père
et une mère qu'on n'a pas vus depuis une éternité,
c'est bien le moins qu'on coure près d'eux....... »

---

[1] Seurette, vieille bonne dévouée qui l'a élevée, ainsi que
ses frères et sœurs, et qui est dans la maison depuis cinquante
ans.

Pauvre enfant, malgré ses craintes elle ne se doutait pas que l'heure du sacrifice fût si proche ! Quelques jours plus tard, elle avait rejoint à Châteauvillain ses parents bien-aimés. — Il n'y avait plus à se faire illusion : tout espoir était perdu....

Le samedi qui précéda sa mort, le Général fit écrire à ses fils aînés pour les appeler près de lui. Inquiète de voir sa mère redoubler d'assiduité auprès du cher malade, et remarquant peut-être elle-même que son état empirait, Marie-Louise, le soir du même jour, de sa propre inspiration, pressa, par dépêche, ses deux frères d'arriver au plus tôt. C'est ainsi qu'elle donnait déjà une preuve de cette initiative ferme et prévoyante qui fut plus tard en elle un trait caractéristique, et qui faisait pressentir avec bonheur l'active et salutaire influence que cette âme bien trempée pourrait exercer un jour.

Le 30 août, à 10 heures du soir, le Général, — dont la vie avait été si féconde, — après avoir béni sa famille, demandé lui-même et reçu les derniers sacrements, rendit son âme à Dieu, avec le courage tranquille qu'il avait montré si souvent sur les champs de bataille [1].

Si écrasant que fût ce coup, madame Frossard ne

---

[1] Lettre de M. Albert Frossard à sa tante, M. Marie-Madeleine, lui annonçant la mort de son père.

Châteauvillain, 1ᵉʳ septembre 1875.

...... J'avais reçu, il y a huit ou dix jours, une lettre de ma mère m'annonçant le retour des eaux — qui n'avaient nullement amélioré l'état de mon père — son arrivée à Paris et

se laissa pas abattre. Après avoir donné les premiers instants à une si profonde et si légitime douleur, et réglé les choses les plus pressantes, elle tourna ses pensées vers les deux enfants que cette perte immense atteignait directement. Rien ne l'avait préparée à la pensée de se séparer de sa chère petite fille, et cependant, cette généreuse mère entrevit rapidement les conséquences qui pourraient résulter pour une si jeune enfant, d'un séjour habituel sous ce toit désolé, où, pendant les premiers temps au moins, elle ne saurait lui offrir que le silence et les larmes. Elle résolut donc de nous confier son trésor. — « Je crois suivre une bonne inspiration en vous faisant cette demande,

son prochain départ pour Châteauvillain. Samedi soir, on nous a appelés, Henri et moi, à Châteauvillain, sur son ordre exprès, sa situation s'étant fort aggravée. En effet nous l'avons trouvé dimanche très mal, à la suite de crises d'oppression accablantes; puis son état de faiblesse était si grand, que tout était à redouter. Nous sommes restés ici dans cette cruelle attente, et notre pauvre cher père a cessé de souffrir tout à l'heure.

Il a fait une belle mort. Avant de quitter Paris, il s'était confessé, il l'a fait ici de nouveau et a communié vendredi. Enfin il a reçu l'Extrême-Onction hier en pleine connaissance. Il a dû bien souffrir de se voir ainsi miné depuis plusieurs mois, et il ne se faisait pas d'illusion sur son état. Au moins il a pu bénir ses enfants réunis autour de lui à ses derniers moments, sauf Marguerite et Blanche, qui ne pouvaient voyager, et qu'on va prévenir avec tous les ménagements possibles. Il nous a adressé pour elles et pour toi ses dernières pensées. Quelle douleur pour nous tous en présence d'un coup si inattendu! Je l'ai enseveli avec les bonnes sœurs, ma mère et le fidèle Lemoine, qui lui a donné ses soins si dévoués jusqu'au dernier jour. Tout est fini; il est là dans sa chambre, avec sa figure martiale, sereine, mais si amaigrie! Pauvre cher père! Il est mort dans la chambre où nous sommes nés. Il a voulu mourir ici et y être enterré.........

écrivait-elle à la R. M. Supérieure ; du reste, Marie-Louise se trouvera encore en famille, puisqu'elle connaît déjà la maison et qu'elle sera près de sa tante : pour moi, je crois ne pouvoir lui donner de meilleure destination ; je remplis en même temps un des vœux de son père, qui appréciait l'éducation du Couvent de Lunéville, et avait souhaité que sa dernière fille y fût élevée. »

Le 17 septembre suivant, la chère enfant écrivait elle-même à sa tante :

Châteauvillain, 17 septembre 1875.

Ma chère tante,

« Je viens d'avoir un si grand chagrin, que je n'ai pas eu le courage de t'écrire. Je suis bien malheureuse d'avoir perdu un père si bon et qui m'aimait tant ; cependant il faut que je tâche de me consoler en pensant qu'il est bien heureux au ciel, d'où il veille sur nous. J'ai encore une autre consolation, c'est de passer une année près de toi et des bonnes Mères du couvent. Je te remercie beaucoup de tous les détails que tu as bien voulu nous donner. Nous partirons sans doute le 24 d'ici, pour Paris, et j'arriverai le 7 octobre à Lunéville avec mon petit bagage..... »

Ces lignes simples et modestes peignent bien la chère enfant, qui, plus tard, comprendra et pratiquera d'une manière remarquable l'art si rare et si difficile de se cacher et de disparaître en quelque sorte, pour faire aux autres la place plus large et plus belle.

TROISIÈME PARTIE

(1875-1878)

PREMIÈRE ANNÉE

Entrée de Marie-Louise. — Elle est admise à la 2ᵉ classe. — Ses premières impressions. — Visite de Mgr Foulon. — Ardeur de Marie-Louise à l'étude, premier examen trimestriel. — Retraite prêchée par le R. P. Becker. — Estime de Marie-Louise pour la règle. — Puissance et richesse de son imagination : elle cède quelque temps à ses entraînements. — Juste mesure qu'elle sait garder dans ses petits écarts. — Fête du 7 juillet. — Marie-Louise montre toutes les ressources de son esprit et de son cœur dans la préparation à ce beau jour. — Distribution des Prix : succès. — Vacances.

En octobre 1875, Marie-Louise entrait comme pensionnaire au couvent de la Congrégation de Notre-Dame. Ce n'était pas la première fois, nous l'avons vu, qu'elle pénétrait dans cette solitude, où son passage a laissé de si touchants souvenirs. Elle y était déjà connue et aimée, et, tout en conservant à sa famille la place immense qu'elle avait toujours occupée dans son cœur, cette chère enfant s'attacha bientôt à celles qu'elle aima plus tard à nommer ses secondes mères.

Ardente au travail, Marie-Louise suivit brillamment les cours de la deuxième classe, où se trouvaient des émules dignes d'elle. Dès le début, elle se dédommagea de la séparation par une correspondance hebdomadaire très suivie et très intéressante avec sa mère bien-aimée, la tenant au courant, pour ainsi dire jour par jour, de tout ce qui se passe dans le nouveau monde qu'elle habite, et de tout ce qui le concerne. Pour cet esprit observateur et plein de vie, rien ne reste inaperçu, et dès les premiers jours, tout a de l'importance, tout, jusqu'aux plus petits détails. C'est un mélange de bon esprit, d'appréciations judicieuses, de fines et plaisantes remarques et de traits rapides faisant honneur en même temps à son esprit et à son cœur.

A l'aide de ces lettres et de son petit journal, il nous sera facile de reconstituer, en quelque sorte, la vie de Marie-Louise pendant ces trois années ; les souvenirs de ses compagnes viendront combler les lacunes et compléter le récit. Laissons-là donc immédiatement nous dire ses impressions au sujet de son changement de vie.

Lunéville, mardi 12 octobre 1875.

Ma chère Mère,

« ... Henri m'a conduite au couvent dimanche. Toutes les mères sont bien bonnes pour moi, particulièrement la Mère Supérieure et Mère Préfète. Je suis bien contente d'en avoir retrouvé plusieurs que je connaissais déjà, surtout ma tante ; elle aussi est bien bonne, elle me rappelle tant mon pauvre père ! Du reste, je vais prendre des leçons de dessin avec elle : ce qui me ravit. »

« La mère Supérieure m'a fait entrer dans la seconde classe ; elle espère que je pourrai la suivre... Je croyais le couvent beaucoup plus terrible ; mais je vois qu'on y est très bien... Mère Préfète, qui m'entoure d'attentions, m'a dit qu'on croirait vraiment que j'y suis depuis un an. Et puis les petites filles sont très gentilles ; elles cherchent toutes les occasions de me faire plaisir. Il n'y a qu'une seule chose qui me fasse de la peine, c'est de ne plus te voir... »

Dimanche, 18 octobre 1875.

« Ma chère Mère,

« J'ai encore bien plus de choses à te dire que l'autre fois ; les sujets sont abondants... J'ai pris samedi ma première leçon de musique. M. Caspar, qui paraît très bon, m'a dit que cela marcherait et que j'étais déjà assez avancée. Puis le dessin, c'est mon bonheur, j'en suis ravie ; mais malheureusement ce n'est pas assez à mon gré ; c'est pourtant bien, cinq quarts d'heure par jour.

Pour l'allemand, Mère Préfète a dit que, pendant un mois ou deux, je prendrais des leçons particulières, afin de pouvoir suivre le premiers cours. Quant au français, ma maîtresse est si bonne, si douce, si affectueuse, que je suis très contente dans cette classe... »

« J'ai reçu une lettre de Marthe qui me recommande de lui faire part de ma prise d'habit... Je lui répondrai que le couvent est pour moi très agréable ; mais que j'aurais encore plus de bonheur à être près de toi... »

« Je vais tâcher de bien employer mon temps, afin de te revenir bien accomplie... »

Dans les derniers jours d'octobre, Mgr Foulon, alors notre évêque [1], vint, par une courte visite, bénir les prémices de l'année scolaire. Avec la bienveillance toute paternelle à laquelle il nous avait dès longtemps habituées, il parcourut les rangs des enfants, voulut qu'on lui présentât en particulier les nouvelles élèves ; pour toutes, il avait une affectueuse parole, toujours délicieuse d'à-propos. Bientôt ce fut le tour de Marie-Louise. Monseigneur avait déjà jeté sur elle un regard plein d'intérêt : il lui demanda son nom, lui fit quelques autres questions, et, charmé du naturel et de la gracieuse ingénuité qui accompagnaient les réponses, prit plaisir à prolonger le dialogue. L'enfant, avec une douce et modeste aisance, et le sourire sur les lèvres, se mit à lui faire brièvement l'énumération et l'histoire de ses frères et de ses sœurs, à la grande satisfaction du bon et saint Prélat.

Aux nouvelles élèves, le 1er trimestre est quelquefois à peine suffisant pour éloigner les sou-

___

[1] Aujourd'hui archevêque de Besançon.

venirs de nature à entraver le travail, vaincre les difficultés inséparables de tout commencement, enfin se mettre au courant de la règle et de l'esprit de la maison. Pour Marie-Louise, surmontant les regrets que lui causait l'éloignement de sa famille, elle se mit, comme toujours, sérieusement à l'œuvre. Il semblait qu'elle n'eût jamais connu d'autre vie : si puissante était sa nature, qu'elle savait déjà parfaitement, — sans la connaître, — mettre en pratique cette sage maxime : « Soyez où vous êtes, faites ce que vous faites. » — Écoutons-la plutôt au lendemain des compositions et du premier examen trimestriels.

Lunéville, 24 décembre 1875.

Ma chère Maman,

« Enfin les compositions et l'examen sont terminés ! c'est d'une manière un peu plus calme que je t'écris. »

« Voici mes places : 4ᵉ en histoire, 4ᵉ en grammaire, 2ᵉ en orthographe, 6ᵉ en calcul. Pour cette dernière branche, notre classe est divisée en deux : cinq sont très fortes, et six sont faibles ; je suis donc la 1ʳᵉ des faibles. Je crois que cette science rentre un peu en faveur ; mon esprit y est plus attiré. — Je suis encore 1ʳᵉ en géographie, mon plaisir favori ! Si la géographie me plaît tant, c'est sans doute parce que j'aime à courir, vagabonder, voyager. Aussi suis-je contente de ma place, quoique maman [1] Marie Fourier m'ait dit que la place de calcul te fera sans doute beaucoup plus de plaisir. Je suis 5ᵉ en instruction religieuse, sur trois classes, et j'ai une marque de satisfaction. »

« Enfin me voici sortie de ce labyrinthe de places! Autre chose encore : l'examen. J'ai été interrogée sur la littérature, branche que j'aime tout particulièrement ; maman Marie-Fourier m'a dit que j'avais bien répondu... Pour conclure, tout s'est bien passé, j'en suis charmée. »

Marie-Louise dès le début était donc déjà une bonne élève dans toute l'acception du mot; aussi put-on de très bonne heure lui donner de petites missions de confiance — ordinairement le privilège des enfants qui ont fait leurs preuves pendant un certain temps. — Elle s'en acquittait toujours avec une rectitude, une conscience qui défiait tout reproche, et l'on put bientôt avoir l'assurance que ses jeunes compagnes étaient, entre ses mains, aussi bien en sécurité qu'avec une des mères.

Dans ces petits emplois, elle apportait l'esprit d'ordre et la gaîté qui était dans le fond de sa nature. Un jour, ayant été chargée d'accompagner une demi-douzaine d'enfants plus jeunes qu'elle, elle les arrête, les fait mettre deux à deux (c'était du reste conforme à l'usage) puis frappant dans ses mains : En avant, marche ! — On sourit, mais on continua à garder le silence, tant était fort l'ai-

---

[1] C'est ainsi que les élèves nomment la R. M. Supérieure.

mable ascendant qu'elle avait déjà, et qu'elle conserva sur toutes sans exception jusqu'à la fin.

La retraite, cette année, contrairement à l'usage habituel, s'ouvrit au mois de janvier seulement. L'âme de Marie-Louise, si bien faite pour la piété, y goûta des instants de joie céleste : on retrouve dans ses impressions la même foi, le même désir du ciel qu'à l'époque bénie de sa première communion : « Mon Dieu, accordez-moi la grâce de passer une bonne retraite, afin que je fasse, pendant cette année, un grand pas vers le Ciel.... Que cette vie calme et réglée me plaît !.... je voudrais être toujours en retraite.... Je combattrai désormais mon défaut dominant, l'amour-propre. Oh ! que je voudrais être humble, comme une petite violette, cachée aux regards du monde, répandant le parfum suave de la douceur, de la modestie, de la piété. Je voudrais, ô Jésus, faire partie de votre bouquet céleste. Je sens, ô mon Dieu, que vous m'appelez à devenir *une grande chrétienne;* j'accepte toutes les croix que vous m'enverrez.... Faites que je reste pure au milieu du monde, réalisant cette devise de notre Bienheureux Père : *Faire du bien à tous et ne nuire à personne.*

« Aujourd'hui le Père nous a parlé de la mort. O Jésus, je ne veux pas craindre la mort ; faites que j'y pense souvent.... »

Ce goût que Marie-Louise exprime pour la « vie calme et réglée », était déjà un fruit de la grâce ; car, au témoignage de celles de ses compagnes qui l'ont le mieux connue, ce ne fut pas sans peine qu'elle se fit à cette vie régulière et dépendante du couvent. Cependant il n'en est jamais question dans ses relations intimes : il était si peu dans son caractère de chercher à attirer l'attention ; moins encore de s'apitoyer sur elle-même ! Mais nous aurons occasion de revenir sur ce sujet.

En attendant, la lecture d'une petite composition littéraire, qu'elle fit avec quelques élèves de sa classe (à peu près à cette époque), montre comment déjà elle avait compris le règlement et l'esprit de la maison, et l'estime qu'elle en faisait.

Le ton martial et chevaleresque qui règne dans toute cette gracieuse allégorie, n'étonnera personne, si l'on sait qu'en Marie-Louise, le port, l'allure, la noblesse des pensées, la vigueur d'âme trahissaient sa double origine [1]. A ces qualités viriles, se joignait une agréable et gracieuse douceur, qui leur prêtait un charme de plus [2].

Marie-Louise était sortie de la retraite avec d'excellentes dispositions, et cependant elle dé-

---

[1] Son aïeul paternel était chef d'escadron dans la garde impériale de la grande armée, et son aïeul maternel commençait une carrière militaire qui s'annonçait brillante, lorsqu'il fut blessé grièvement à Waterloo, à l'âge de 29 ans : il était capitaine, également de la garde impériale. Obligé alors de quitter le service, il n'en conserva pas moins sa valeureuse ardeur.

[2]   UN PETIT ROYAUME INCONNU.

Il existe au sein de notre belle France un petit royaume, dont la paix n'a pas été troublée par les dissensions qui agitent et bouleversent actuellement notre société ; et, tandis que

clara depuis n'avoir pas été convertie à cette époque. Quelles étaient ces fautes et ces erreurs qu'elle déplora plus tard comme saint Louis de Gonzague pleura les imperfections de son en-

notre chère Patrie se débat sous l'étreinte d'une lutte déses-pérée entre le bien et le mal, ce petit état, loin de s'affaiblir, poursuit heureusement sa destinée dans la paix et l'union, grâce à la tendre sollicitude de la Reine, et au bon esprit des sujets.

Mais il ne suffit pas d'en connaître l'existence ; et, quoique l'histoire bien sûr n'en ait jamais fait mention, peut-être ne serait-il pas hors de propos d'initier un peu le lecteur à sa belle organisation, à ses coutumes, à ses mœurs.

LÉGISLATION. — POUVOIR EXÉCUTIF.

Parlons d'abord de ses lois : elles sont comme le pivot qui sert de base, de mobile et de soutien à tout ce bel ordre de choses. Les plus sages législateurs de la Grèce et de Rome n'ont rien à faire ici ; une puissance et une sagesse bien supé-rieures ont présidé à cet admirable travail : Dieu lui-même a promulgué ce chef-d'œuvre par la bouche d'un de ses fidèles serviteurs, le Bienheureux Pierre Fourier ; et cette loi im-muable, à laquelle nous sommes si fières d'être soumises, est la même qui, depuis trois cents ans, régit les nombreuses générations qui nous ont précédées sur ce sol béni. Dieu donc, dans cette monarchie, est le souverain Roi ; c'est lui qui tient le sceptre avec Marie, la Reine des Anges... et il donne la puissance à une âme d'élite, qu'il s'est choisie dès l'éternité, et dans le cœur de laquelle il verse une tendresse, une suavité divines, qui nous la rendent bien chère, à son double titre de Reine et de Mère.

S'étonnera-t-on maintenant si, en tête de ce code céleste, se trouve — à côté du mot de devoir — celui d'amour ?... Si parmi nous, la crainte n'est pas entièrement bannie, ce sen-timent l'amour, est le premier mobile du devoir ; amour à Dieu d'abord, puis à ceux qui nous le représentent ; à nos parents, à notre Reine, à nos chefs dévoués ; c'est un aimant divinement magique, capable d'entraîner aux plus difficiles victoires.

La Reine est secondée dans son gouvernement maternel par de zélés ministres, choisis aussi de Dieu. Unis à elle, ils

fance ? — Marie-Louise avait déjà fréquenté le monde, dans la juste mesure qui convenait à son âge, et que sa prudente mère savait maintenir, malgré les entraînements qu'aurait pu causer la

ne font qu'un pour veiller avec amour et vigilance sur les sujets confiés à leurs soins, et leur apprendre à marcher dans le chemin de l'honneur et du devoir.

OPÉRATIONS MILITAIRES.

Dans ce petit royaume, tous les citoyens sont soldats et la guerre est permanente. Deux sortes de combats les occupent sans les partager ; 1º la *guerre intellectuelle*, scientifique, littéraire et artistique ; 2º la guerre spirituelle ou *guerre sainte*. Sur le champ de bataille de l'intelligence, les armes offensives et défensives sont : d'abord la prière ; puis le crayon, la plume, l'aiguille, le pinceau, etc, sans parler des ressources mnémoniques et oratoires. — Dans la guerre sainte, la prière est encore le premier et plus puissant auxiliaire ; puis, par-dessus tous les autres, l'usage fréquent de ces petits et puissants projectiles qui naissent à chaque instant de l'esprit de sacrifice. Seulement un peu de bonne volonté dans le maniement de ces deux armes, et l'on obtient l'insigne faveur d'aller puiser force et courage à l'inépuisable et précieux arsenal du Cœur de Jésus, dans la communion réparatrice.

COSTUME.

Le costume des citoyens de Notre-Dame a pour principal ornement la simplicité. La mode, d'âge en âge, est invariablement la même, quelles que soient les bizarreries et les caprices de celles qui régissent le monde. La sévérité de la robe noire est relevée par l'éclat du ceinturon, affecté à chacun des différents corps d'armée : par le large ruban de moire, auquel sont suspendues les croix d'honneur décernées à la victoire, et par d'autres décorations très enviées dans notre heureux royaume... Et rien n'égale la noble fierté du jeune soldat, quand, aux jours des grandes revues, il apparaît revêtu de tous ses insignes. Il ne donnerait pas son costume pour les plus riches parures.

ARMÉE.

Chez le petit peuple de cet Etat modèle, ce n'est ni la fortune, ni la naissance qui distinguent ; la valeur dans les com-

différence d'âge entre elle et ses sœurs. Elle y
était gracieuse, aimable, enjouée, et s'était déjà
attiré ses louanges, auxquelles, naturellement,
elle ne pouvait être indifférente, pas plus qu'aux

bats, la noblesse du cœur, la force et la grandeur d'âme : tels sont les seuls titres à l'estime, aux distinctions, aux honneurs.

S'agit-il de la guerre intellectuelle ? La force, la capacité, le mérite font diviser l'armée en sept corps, distingués les uns des autres généralement par la taille des individus, et plus exactement par la couleur des ceinturons : les exercices militaires sont proportionnés à la force de chaque corps.

Le 6e corps (violet) se compose des petits enfants de troupe. Leur champ de bataille est couvert de terribles ennemis : voyelles, consonnes, chiffres, pleins et déliés... autant de barbares inconnus, que ces jeunes commensaux de la gloire savent déjà un peu vaincre et soumettre.

Le 5e corps (amarante) offre des soldats plus robustes. Vainqueurs des ennemis que leurs jeunes frères d'armes combattent encore, ils s'en servent comme d'esclaves, pour courir à de nouveaux triomphes ; et on les voit de temps en temps s'aventurer timidement sur le champ de la géographie et de l'histoire, et dresser des batteries sur celui de l'arithmétique.

Attention ! nous voici au 4e corps (vert). Ne nous y trompons pas... Ce ne sont plus des enfants de troupe, gardonsnous de le croire ; ce sont des soldats avancés, plus expérimentés dans l'art militaire, un corps d'armée aguerri enfin ; les nombreux traits de bravoure que nous offre cette vaillante et nombreuse division, nous disent assez quel courage et quelle adresse on sait y déployer dans la lutte, quel bonheur on y trouve dans la victoire.

Les combattants du 3e corps (bleu) voient la lice s'élargir plus encore ; il leur faut faire de longues marches forcées dans les vastes plaines de l'histoire, explorer les abords arides des sciences exactes, les mathématiques, la physique, etc. La guerre devient plus sérieuse, les batailles sont multiples et la victoire est souvent peut-être plus disputée. Mais le courage, l'adresse, guidés par des lumières plus distinctes et plus certaines, maintiennent ces généreux soldats à la hauteur de leur tâche, et produisent des résultats consolants et glorieux, dignes d'être consignés dans les fastes de notre histoire ; —

plaisirs, simples encore cependant, qu'il lui avait offerts. De plus, il lui était arrivé de rencontrer — non dans sa petite bibliothèque, sagement choisie pour elle — un livre un peu trop avancé pour son

car elle s'écrit tous les jours, et notre journal l'*Union*, nous en fait tous les trois mois le récit.

Quant au 2e corps, il se divise en deux sections : 1º les jaunes proprement dits, qui, tout en voyant l'horizon se développer de plus en plus, continuent sur une plus vaste échelle, la lutte que préparent les champions du 3e corps ; 2º les vétérans. Ceux-ci sont engagés dans une lutte plus terrible, qui sert de préparation à un combat formidable, sur le champ de bataille de l'Académie de Nancy. Des juges étrangers sont appelés à prononcer de la victoire. Moins heureux que nous, nos frères d'armes ne peuvent être assurés d'avance que le succès, ou pour le moins la récompense, couronnera leurs efforts ; car, ces efforts, on les ignore ; et ils peuvent rencontrer une mauvaise chance !...

Le 1er corps d'armée (rouge), qui se recrute parmi les anciens, n'existe pas cette année. Aussi passons-nous immédiatement au corps supplémentaire, se composant pour la plupart d'anciens vétérans du 2e et du 1er corps, qui forment l'Académie polyglotte du royaume, et peuvent rendre d'éminents services au ministre des affaires étrangères. Ces intrépides lutteurs sont particulièrement aux prises avec la littérature d'Outre-Rhin, sans négliger pour cela de s'aventurer dans les sentiers frayés par le Tasse et Shakspeare. Deux d'entre eux, qui ont déjà remporté les lauriers accumulés de l'étude, de la science et de la vertu, se préparent encore à recevoir une nouvelle couronne, que tous leurs confrères leur assurent d'avance.

Parlons maintenant de la guerre sainte. Pour celle-là, il n'y a jamais d'armistice ; elle est de tous les instants, et se poursuit avec ardeur sous les auspices de Jésus, Marie, Joseph. Ici, il n'y a plus qu'un seul champ de bataille, qu'une seule armée : c'est la Milice Pontificale ; et notre Reine veut en être plus particulièrement le général en chef.

Tous combattent à différents titres, depuis le plus petit enfant de troupe, le simple soldats, jusqu'à l'ardent légionnaire et au valeureux zouave. Quand ils ont fait leurs armes comme membres de l'armée régulière, pendant plusieurs mois, plu-

âge, et de le lire à la dérobée. Pendant les premiers mois de son séjour au couvent, ce souvenir, qui avait beaucoup occupé son esprit, lui revint ;

sieurs années peut-être, leur bravoure soutenue fixe l'attention des chefs, des ministres ; et un jour, jour heureux ! la Reine sépare de la masse les soldats d'élite, et leur ouvre alors les rangs du bataillon sacré, militant sous la bannière des Saints Anges. Ce premier succès ne fait qu'augmenter leur zèle ; un poste plus éminent encore, un titre plus envié, et surtout plus chèrement acheté leur reste à conquérir ; mais c'est le lot du petit nombre, et rien n'égale l'honneur et le bonheur de celui qui est appelé à entrer dans la phalange de Marie.

GRANDES REVUES. — RÉCOMPENSES MILITAIRES.

Jamais revue militaire n'a produit un effet plus saisissant que ne l'est celui de nos grandes réunions hebdomadaires. Notre Reine, entourée de ses ministres, préside elle-même cette imposante assemblée, qui a toujours lieu le dimanche. Un jour, c'est la petite guerre, ou résumé des exercices de la quinzaine ; le dimanche suivant, la grande revue : revue des armes, compte-rendu des défaites et des succès de chaque soldat en particulier. Qui pourrait dire alors ce que produit sur le jeune guerrier la proclamation de ces numéros si parlants : 3. 4. 5. 6... ! A l'exemple du bon roi saint Louis, la gloire de notre France, notre Reine aime à rendre elle-même la justice, à récompenser le mérite. Aussi la séance se termine-t-elle par la distribution des croix d'honneur ; elles sont toujours accompagnées d'un sourire, d'une bonne parole qui dit : « Je suis contente... » Alors on se sent enflammé d'un nouveau courage, et l'on défierait volontiers toute une armée rangée en bataille.

Nous venons de parler des croix d'honneur ; il faut y joindre encore le grand cordon, dont la valeur est de beaucoup supérieure, et qui ne se donne qu'à un mérite longtemps éprouvé. Parlons encore des ordres de chevalerie, créés depuis quelques années par notre bien-aimé Pie IX, en faveur des jeunes soldats qui combattent pour sa cause : l'*Ordre de la croix de Saint-Pierre,* qui compte parmi nous plusieurs chevaliers et officiers, et un commandeur ; et l'*Ordre de la Tiare,* que des exploits de valeur dont nous sommes les témoins, nous font espérer de revoir bientôt.

Mais il est temps de laisser tomber le voile... Nous voici

la chère enfant le fortifia en le communiquant, comme elle l'avoua plus tard.

Elle se trouvait ainsi lancée dans un monde un peu idéal, comme on le rêve facilement à cet âge ; il ne manquait pas, dans le milieu où elle vivait, de jeunes imaginations toutes prêtes comme elle à s'enflammer au moindre contact. Un jour de sortie, l'une d'elles avait rapporté quelques fragments de poésies un peu nuageuses de Lamartine et autres, qu'elle s'était amusée à copier ; Marie-Louise les lut. L'ombre même du mal fait sur les âmes innocentes des impressions plus profondes et souvent fâcheuses : Marie-Louise, pour un moment, envisagea la vie sous un tout autre aspect ; elle se prit à éprouver de vagues aspirations, une indéfinissable tristesse, le désir de trouver dans son entourage, parmi ses mères ou ses compagnes, un cœur qui pût et qui voulût satisfaire l'immense besoin qu'elle éprouvait d'être aimée. Elle était tombée dans le piège qui faillit perdre sainte Thérèse, ainsi que la sainte le dit elle-même dans sa vie. Un œil expérimenté pouvait deviner qu'il se

arrivées à ce jour des solennelles récompenses *. Toutes ne peuvent prétendre à l'honneur d'être distinguées de la foule ; mais toutes se réjouissent du bonheur des heureuses élues comme d'un bonheur personnel : c'est ainsi que nos mères nous apprennent à nous aimer. Heureuses cependant celles qui auront la joie, en recevant ce précieux témoignage de contentement de nos bonnes mères, de préparer à leurs familles la plus douce des consolations.

* La proclamation solennelle des cordons d'honneur. Le cordon d'honneur est la récompense accordée aux élèves dont la conduite peut être proposée comme modèle à tout le pensionnat.

passait quelque chose d'inaccoutumé dans cette âme candide, jusqu'alors si calme.

Voici ce qu'elle écrivait à cette époque :

« Tu me demandes si mes goûts ont changé ; rassure-toi, je ne suis pas si variante : la lecture, la poésie, la musique, tout cela est toujours pour moi plein d'attraits et de charmes. Mon journal[1] est mon plaisir, ma plus chère distraction ; malheureusement mes bonnes mères, trouvant que ce cher journal m'absorbait trop (quoique pourtant jamais je ne l'aie lu aux études, mais dans mon lit — où je me réveillais souvent à quatre heures pour le savourer), me l'ont enlevé, et ne me le donnent que le dimanche. Grand a été mon désespoir !... Comme tu le sais, la patience et la soumission ne sont pas mes vertus, aussi pendant quelques jours je me suis vraiment désolée. »

« Te parlerai-je de poésie ? Que t'en dirai-je ? Que j'en copie souvent de fort belles, de Lamartine surtout, et que plusieurs de mes compagnes (une entre autres) font de très jolis vers. Tu vois que je suis dans une société de mon goût. L'autre jour, il est arrivé une petite aventure plaisante, que je veux te narrer. C'était pendant une nuit d'insomnie, il était à peu près deux heures ; tout à coup j'entends un froissement de papier : je regarde, et j'aperçois non loin de moi un de mes poètes qui, bien enfoncé dans son oreiller, griffonnait je ne sais quoi.... le plus doucement possible

---

[1] Le *journal de la Jeunesse*.

(pour ne pas éveiller les élèves et surtout les mères qui couchent au dortoir). Je l'appelle ; elle me répond, avec un certain embarras, qu'elle faisait des vers... Et sur quoi ?... Je te le donne en cent !. — Sur la mort !... Quel sujet triste ! me diras-tu. — Que veux-tu ? la poésie se prête à tous les sujets. »

« J'espère que tu es en bonne santé, que tu travailles à force, que tu écris, que sais-je !... je voudrais m'envoler un instant et passer une journée avec toi ; quelles délicieuses causeries ferions-nous ! Te rappelles-tu nos folies passées, la belle rose du désert, le vieux... (le nom m'échappe) qui n'avait pour toute richesse que son perchoir à dindons ? Tous ces souvenirs du bon vieux temps me reviennent comme un parfum de liberté [1]. »

Dès que Marie-Louise aura vu le danger auquel l'avait exposée ses petites imprudences, et compris que le cœur de Dieu pouvait seul satisfaire pleinement toutes les aspirations du sien, nous la verrons réagir avec l'énergie qu'elle savait apporter à toutes choses, et personne ne s'étonnera maintenant de lire dans ses notes, dès le premier jour de la retraite de 1876, des paroles comme celles-ci :

« Nous sommes faits pour Dieu... nos yeux ne devraient fixer que des choses capables de nous porter au bien, et nous nous en sommes servis pour offenser Dieu, en lisant des livres dangereux, en regardant des objets qui pouvaient jeter le trouble

[1] Lettre à Cécile.

dans notre âme... Notre cœur, lui aussi, était fait pour Dieu, et il s'est usé dans de vaines affections ; et lorsqu'il a voulu trouver de l'amour pour Dieu, ce cœur était vide, froid, indifférent, ennuyé même... — Quand je pense à mes folies d'autrefois, je me fâche ; ah ! pauvre cœur où étais-tu donc entraîné ?... que tu étais aveugle !... — Moi, comme une petite Madeleine, ici dans la retraite, aux pieds de mon Sauveur, je renoncerai aux affections, aux plaisirs mondains ; Jésus changera mon pauvre cœur égaré, en un cœur tout brûlant d'amour pour lui... J'irai aux pieds de son ministre, et là je lui ouvrirai mon cœur ; je lui dirai mes fautes, mes tristesses, mes changements. »

Quoique ce retour fût sérieux, que les convictions de la chère enfant se fussent plus profondément enracinées de jour en jour, et que la raison et la foi eussent acquis sur elle un grand empire, elle eut jusqu'à la fin à lutter contre cette puissance dangereuse : — « L'imagination, écrivait-elle peu de temps avant sa mort, est la plus belle faculté dont Dieu ait doué l'esprit humain ; mais qu'elle est difficile à gouverner !... [1] »

Pour ne pas revenir sur ce sujet, nous avons anticipé quelque peu. Retournons sur nos pas, et écoutons le jugement que porte de cette époque de la vie de Marie-Louise une de ses compagnes, un peu plus jeune qu'elle, mais que des analogies d'aptitude, de goûts, d'élévation de pensées

[1] Lettre à Cécile.

unirent à elle graduellement jusqu'à l'intimité.

« Bien que la chère Marie-Louise fût peu communicative, nous nous aimions beaucoup ; notre amitié cependant ne date réellement que de la seconde année de son séjour au couvent. Jusqu'à ce que le bon Dieu nous rapprochât en lui, notre affection n'avait guère été qu'une association de folies : pas de folies bien méchantes du reste ; car en cela même Marie-Louise apportait une sorte de retenue qui m'impatientait souvent. Que de fois lui ai-je dit qu'il était impossible de s'amuser avec elle, parce qu'elle refusait de perdre son temps ou de manquer au règlement de façon à mériter de mauvais numéros ! »

L'imagination, si puissante qu'elle fût en cette enfant, ne régnait donc cependant pas en souveraine : le sérieux et la raison revenaient bien vite à l'occasion reprendre leur place : tout pour elle avait de l'importance, les jeux comme les études ; car elle était positive et pratique avant tout. Nous le voyons dans la lettre suivante :

Jeudi, 2 mars 1876.

« Ma chère Mère,

» Je ne puis tarder davantage à t'écrire, j'en ai été empêchée jusqu'à présent par les fêtes des jours gras. Je veux d'abord avant aucune narration t'envoyer mes plus doux baisers. »

« Lundi ont commencé les réjouissances ; dans la journée, on a fait le tirage de la loterie. Le lendemain matin, concert où j'ai exécuté sans trop de maladresse trois morceaux. Il y a eu, dans l'après-midi, charade [1] allemande, charade française, très intéressantes . . . .

. . . .

Enfin notre chanson comique, qui était très gentille (toute flatterie à part). Nous étions très bien costumées : Madame de V. avait fait faire à Jeanne, pour la circonstance, un charmant déguisement avec un énorme bonnet normand ; quant à moi, j'avais une robe de gaze jaune pâle, toute garnie de velours noir, un petit corsage blanc en mousseline et un corselet en cachemire rouge ; puis un tablier de soie noire, des bas à jours, de petits souliers décolletés, un grand bonnet (60 cent. au moins) de dentelle blanche, garni de ruban rouge, une croix à la Jeannette, etc. Nous avons bien chanté, à ce qu'il paraît ; je n'avais nullement peur, quoique l'assemblée fût nombreuse : toutes les mères, les pensionnaires, les demi-pensionnaires et beaucoup d'anciennes. Le soir fut court, la nuit plus courte encore, et le carême arriva. Adieu les réjouissances, il faut faire pénitence. »

« J'ai reçu ce matin, à la classe, une humiliation partagée avec deux de mes amies. On a fait une composition de grammaire, et toutes trois nous sommes restées muettes, incapables de dire quoi que ce fût ; la cause de cela était que la veille au

---

[1] L'usage de la maison est de donner le nom de charade à toute espèce de petites représentations.

soir, à l'étude, comme trois petites étourdies et folles, nous avons cherché nos problèmes et anagrammes du journal, et appris notre leçon seulement une demi-heure, ce qui d'ordinaire est plus que suffisant. Enfin !!!.....

Je compte les jours avec impatience ; dans quarante-trois jours seulement seront les vacances. Ce temps me semble un siècle, je suis comme sur des épines, tant je trouve long le temps que j'ai à passer sans te revoir. La comparaison n'est pas jolie, mais elle exprime bien ce que je ressens. Enfin la patience est une belle chose, et je crois que je ne ferais pas mal d'en faire une petite provision..... »

On aime à lire ce qu'elle ajoute en post-scriptum au sujet de ses chers catéchismes de sa paroisse Saint-Augustin, qui lui ont laissé de si profonds et doux souvenirs :

« Je regrette beaucoup mon catéchisme de persévérance : c'était si agréable ! [1] Toutes les grandes s'en vont ; elles seront remplacées peu à peu par des jeunes, que je ne connaîtrai plus.... Quoique à cent lieues de Paris, je ne perds pas de vue ce

---

[1] L'attachement des disciples pour ces pieuses réunions ne surpassait pas celui du maître, qui en avait fait l'une de ses œuvres de prédilection. — « Ses chers catéchismes, » comme les appelait M. l'abbé Gallet lui-même — « ont, dans son testament, l'une de ses dernières pensées ; et son dernier travail, le jour même de sa mort, fut consacré à une allocution qu'il devait adresser le lendemain au catéchisme de persévérance des jeunes filles de Saint-Augustin — si longtemps dirigé par lui. » *Semaine religieuse de Paris*, nº déjà cité.

qu'on y fait ; je fais des suppositions sans fin ; je voudrais bien voir comment tout se passe.... enfin Pâques réalisera mes vœux, mes désirs les plus sincères. »

Avec cette juste retenue qu'elle savait garder en tout, elle trouvait moyen, sans positivement se mettre en défaut, de donner quelque latitude à son humeur spirituelle et joyeuse. — « Quoique nous fussions de la même classe, raconte une amie, nous ne trouvions jamais assez de temps pour causer ; aussi, avions-nous imaginé un télégraphe au dortoir ; nous agitions nos fichus de différentes façons, et nous étions dans le ravissement quand nous avions saisi une phrase entière. »

« Je lui ai bien souvent entendu dire plus tard que le plus grand sacrifice qu'elle pût faire au bon Dieu, était celui de sa volonté. Elle savait le faire cependant, quand il s'agissait de montrer son affection. Aussi, lorsqu'arriva la double fête de notre B. Père et de notre chère maman, elle fut une de celles qui eurent à offrir le plus grand nombre de journées parfaites [1], et cela lui avait bien coûté ; car, soit à dessein, soit autrement, notre bonne mère préfète lui avait donné à l'étude, au réfectoire, dans les rangs, une petite voisine avec laquelle elle causait assez volontiers ; mais dès le premier jour, Marie-Louise lui avait dit : « C'est fini pour le moment ; après le 7, nous en profiterons de temps en temps : jusque-là

____

[1] Journées où le silence a été parfaitement observé.

ne nous regardons pas, pour éviter la tentation. »

Laissons-la rappeler elle-même le souvenir de ces jours de fête, auxquels elle s'était déjà si bien préparée.

Dimanche 9 juillet 76.

Chère Mère,

« . . . . »

« Je vais te raconter avec détails nos petites fêtes. Jeudi, on a d'abord donné les numéros. Figure-toi que j'ai 6 à l'étude et à la classe, 5 à la conduite et au réglement, c'est-à-dire, deux parfaits et deux très bien. »

Nous avons souhaité la fête à une heure. La réunion commença par des chants magnifiques. Autour d'une statue de notre B. Père, — présent d'une ancienne élève, — étaient groupées plusieurs représentantes de chaque classe, habillées en anges ; elles chantaient de délicieux couplets, que toutes reprenaient en chœur. »

Nous avons offert un bel ornement d'église brodé d'or. La soie blanche était, il y a quelque mois, la parure d'une novice au jour de sa prise d'habit : son changement de destination était tout à sa gloire, contrairement au sort ordinaire des parures. — Trois dessinatrices et moi, puissamment aidées par une mère, nous avions fait pour notre bouquet un beau tableau du Sacré-Cœur au pastel. »

« Nous avons accompagné nos mères chez les

enfants de la classe gratuite, qui ont souhaité la fête très gracieusement. »

« Le lendemain était la fête pieuse, la fête proprement dite de notre B. Père : grand'messe en musique et communion générale. . . . . .

. . . . »

« Hier enfin, grand congé. J'ai joué un assez long rôle, que j'ai, à ce que l'on dit, bien rempli.......... »

« La foire devait avoir lieu sous la charmille ; mais la pluie nous a obligées de la faire dans les vastes cloîtres de la maison. Les petites boutiques étaient très bien garnies, aussi j'ai acheté force images, un calepin, un petit jeu de lettres, des bonbons, etc., etc.......... »

D'après tout ce qui précède, on l'a compris, Marie-Louise était bien toujours la même enfant, la même belle et bonne nature que nous connaissons déjà : touchée par la foi, mais pas encore transformée. Aussi les vacances qui suivirent furent-elle un peu le temps des rêves, et d'une vie agréable, à peu près abandonnée aux caprices du moment ; pour l'ordinaire, spirituels et charmants caprices.

Selon toutes les apparences, c'est alors qu'elle fut si occupée d'un journal qu'elle voulait fonder, et dont il n'a jamais paru qu'un numéro. — « Elle avait composé à cette intention, raconte son amie Cécile, un récit de voyage et une fable charmante : *Le Héron et la Limace*, qui malheureusement n'ont pas survécu. » Elle s'amusait aussi à faire des vers, ou plutôt à cette époque, ce ne pouvait être que des bouts-rimés ; elle en avait, à ce qu'il paraît, un calepin rempli ; mais, comme la plupart des poètes prématurés, elle cachait soigneusement ses œuvres, et disait: « Mon calepin est un abîme ; rien de ce qui y entre n'en sort ! »

A Châtillon — où, à toutes les époques de sa vie, Marie-Louise passa de si heureux instants — il y avait dans le jardin de M. Cailletet, un gros arbre, dans lequel elle grimpait au moyen d'une échelle, et où elle passait de longues heures à lire. C'est probablement à la descente de cette demeure aérienne, qu'elle écrivait :

« Qui dirait qu'une *jaune* [1] joue à la solitaire, se fait une maison dans le bois, fait du charbon et s'enfuit sur un arbre avec un livre ?... Oui, Marie, j'ai fait tout cela ; j'ai beaucoup lu. Puis je me sauvais avec Maxime dans la barque ; nous remontions le cours de la Seine en lisant, en causant agréablement... »

« .... Je m'amuse beaucoup, je vis de musique, de lecture, de visites à une très aimable jeune fille M. de G. ; mais tout cela ne me fait pas oublier celle que j'aime, ma grande Mimi, qui ne doit plus m'aimer après un tel silence ; mais qui, si elle savait comme je pense à elle, me pardonnerait tout de suite. »

---

[1] Les élèves se désignent souvent par la couleur de leur teinture.

« Je pense bien souvent au couvent, je voudrais
me revêtir des plumes d'un petit oiseau pour aller
vous chanter et partir avec vous là-bas, bien loin
dans la Lorraine.... »

...... « Adieu, ma petite fleur embaumée, aimez-
moi comme je vous aime. » — ... « Je suis allée à
Montargis avec Maxime ; notre voyage a été charmant : nous étions seuls en wagon à lire, à poé-
tiser, à rêver.... » [1].

[1] Fragments de lettres à ses amies.

DEUXIÈME ANNÉE

C'est avec son énergie habituelle que notre chère petite rêveuse laissa les songes dorés pour reprendre, au mois d'octobre, la vie sérieuse et occupée du pensionnat. Elle était entrée dans la première classe. Alors commença, pour elle, cette année qu'elle aima plus tard à regarder comme la plus précieuse de sa vie. Époque bénie, où cette âme si pure et si belle entra résolûment dans la voie de la piété la plus généreuse.

Laissons encore la parole à la compagne citée plus haut.

« La fin des vacances la ramena dans les mêmes dispositions de bien travailler, de ne suivre le règlement que juste ce qu'il faut pour avoir une bonne moyenne dans les numéros, et de ne déployer sa sagesse que dans les grandes occasions. Mais *Marie-Louise proposait*, et, sans l'en prévenir, le *bon Dieu disposait* autrement. Cela se fit sans secousse. L'année précédente, elle était entrée en retraite avec la bonne volonté de tout le monde ; dès qu'il fut question de la retraite du 8 décembre 1876, elle désira ardemment la voir arriver, et s'y prépara par beaucoup de petits sacrifices, qui devaient bien lui coûter, parce que c'étaient des sacrifices du cœur. »

Mais ne devançons pas cette heure fortunée, et laissons encore parler Marie-Louise elle-même.

« Je n'ai pas une minute de libre, écrit-elle à sa chère Cécile, l'allemand, l'italien, la musique, le dessin m'absorbent ; sans oublier nos classes qui sont très intéressantes : beaucoup de littérature, d'histoire, de charmantes lectures ; enfin nos études sont fort attrayantes. Tu me demandes comment je fais pour tant travailler ; je te dirai que tout est si bien arrangé que chaque minute doit produire quelque chose. L'ennui ne trouve pas d'issue avec un tel règlement, et quand on aime ses études, on trouve moyen de se distraire ; ainsi pour moi la littérature, l'histoire, la géographie sont des récréations bien douces. Puis nous préparons une très jolie fête pour la Sainte-Catherine ; des ombres vivantes qui parleront, des chansons comiques, enfin mille choses très agréables. Nos mères sont si bonnes pour nous, qu'elles cherchent tous les moyens de nous récompenser de notre travail. »

La lettre suivante complète agréablement les indications données dans la précédente.

« Ma chère et bonne Maman,

« Je t'écris tout en somnolant, j'ai les membres endoloris et la tête lasse... c'était hier la Sainte Catherine, et je me suis tant démenée, que je n'en puis plus. Les premières heures de la matinée ont été consacrées à un agréable travail pour les pauvres ; puis a eu lieu un petit concert. . . .

 . . . . »

« A quatre heures et demie la grande représentation. Toute la salle était dans l'ombre, la scène seule était éclairée. Bientôt commença une série de scènes plaisantes, jouées par des ombres derrière le rideau. C'était à mourir de rire ; car les personnages avaient des proportions extraordinaires, et nous faisions mille drôles de gestes. J'étais presque de tous les actes (13 sur 23). A peine un était-il fini, qu'il fallait se précipiter dans une

chambre voisine, s'affubler à la hâte, remonter sur
la scène, puis parler, gesticuler. De temps en
temps, on interrompait ces scènes par un peu de
musique, de jolies et spirituelles chansons . . »

« La séance s'est terminée par une apparition
de sainte Catherine, qui raconta son histoire . .
. . . . »

« J'espère que là-bas tu ne t'ennuies pas trop.
Que je voudrais donc aller t'égayer un peu, maman chérie ; je serais si gentille, qu'il faudrait bien
que tu ne fusses plus triste. Mais comme je me
dédommagerai, quand je retournerai près de toi,
en redoublant d'amabilité et d'attentions. »

« Je viens de recevoir ton excellente lettre, qui
m'a fait grand plaisir. Je te remercie de tes bons
conseils ; je te promets bien d'en profiter [1] . . .
. . . . »

« Ces jours derniers nous avons eu une belle
fête, la Présentation de la sainte Vierge. Toutes
les enfants des SS. Anges ont passé une journée
délicieuse, commencée par la sainte communion.
Nous avons chanté des cantiques ravissants [2]. »

Marie-Louise n'était pas la moins fervente dans
ces pieuses réunions de la Congrégation des SS.
Anges ; reçue comme associée peu de temps
après son entrée au pensionnat, elle avait été
admise au second degré, le 2 août de la même
année. A partir du 21 novembre, ses pensées

[1] Lettre du 26 novembre.
[2] Lettre à Cécile.

furent captivées par le désir de faire une bonne retraite ; et, fidèle à la résolution prise par les congréganistes, elle ne passait pas un jour sans offrir au bon Maître quelques sacrifices à cette intention. Celui qui aime les âmes de désirs, fut touché de sa bonne volonté, et, pendant ces jours bénis, il semble que les trésors de la grâce aient été versés avec une divine prodigalité dans le cœur de la généreuse enfant.

Elle fut du reste pour le Pensionnat tout entier une ère vraiment céleste, cette retraite de 1876. Et bien des âmes, sœurs de celle de notre chère enfant, y reçurent ces pures et ineffables impressions dont les échos doivent se prolonger jusque dans les cieux.

Écoutons le souvenir que conserve encore de cette mémorable époque une de ses compagnes.

« Quelque temps avant la retraite il a commencé à passer sur une grande partie du Pensionnat un vent de changement. Des choses qui nous avaient été dites bien des fois déjà sans nous faire une grande impression, nous frappèrent beaucoup. Je me souviens que les derniers numéros donnés avant le 3 décembre furent meilleurs en général : on avait dû beaucoup prier pour nous toutes. »

« N'est-ce pas votre opinion, ma Mère, que cette retraite, sans la préparation qu'on y apporta, n'aurait été décisive, ni pour Marie-Louise, ni pour d'autres ? »

Dès la première heure de ces jours de grâce, on avait senti le souffle du Saint-Esprit ; la parole forte

et douce du R. Père tombait comme une précieuse
semence dans ces cœurs bien disposés.

« Enfin ce fameux 3 décembre arriva, continue
notre aimable correspondante ; nous nous perdîmes
de vue, ne nous retrouvant qu'aux heures de récréation, où elle conservait une attitude si recueillie, qu'on la sentait toujours près du bon Dieu.
Je la vois encore le 7 au soir, et l'air profondément heureux et ému avec lequel elle chantait.
« Toujours, toujours ravissante journée... » et
surtout ces deux vers :

> « Loin, monde impur, ta coupe enchanteresse,
> « A toi jamais... à mon Jésus toujours ! »

« Lorsque la clôture nous réunit, ce n'était plus
la même Marie-Louise : le bon Dieu, en se faisant
sentir à elle comme il ne l'avait jamais fait, l'avait
empreinte d'un mystérieux reflet tel que sa vue
seule nous recueillait. »

« Pendant les temps qui suivirent l'Immaculée-
Conception et plus tard après ses communions,
elle semblait pénétrée d'une paix si céleste, que
nous nous sentions meilleures en l'approchant ; et
bien des personnes étrangères, qui ne l'ont vue
qu'une fois, me parlent encore de la sympathie
qu'elle faisait naître. »

Voilà l'effet qui se produisait à l'extérieur ; mais
grâce au cher petit cahier confident de ses pensées
les plus intimes, nous pouvons admirer le travail de
la grâce dans le cœur de Marie-Louise, et pénétrer
le mystère d'une si remarquable transformation.

RETRAITE DE L'IMMACULÉE CONCEPTION

Dimanche soir.

Dieu seul !.. « La retraite est un temps précieux, dans lequel Jésus nous parle cœur à cœur. Avec une voix pleine de douceur, il nous dit : Ma bien-aimée, quitte ces vaines préoccupations qui t'ont distraite, viens, je te conduirai dans la solitude : *requiescite pusillum.* La retraite est un temps de lumière... de conversion... de préparation à la mort.

« L'ange de la mort a reçu un ordre de Dieu : il frappe ! il frappe toujours : le vieillard, l'homme mûr, la jeune fille, l'enfant, rien ne l'arrête. C'est comme une moisson humaine qui tombe sous sa cruelle faux. Quand il viendra nous frapper, cet ange, serons-nous prêtes ?... Question terrible ! C'est en la méditant que les saints ont acquis ce calme parfait au dernier moment, cette attente soumise de la mort. — Qui sait ? Dieu ordonnera peut-être que je meure cette année... plus tôt encore... Mais je tâcherai, ô Jésus, d'être prête, et quand viendra ma dernière heure, je lèverai les yeux au Ciel, et mes lèvres murmureront cette parole de l'amour héroïque : *Fiat ! fiat !*

« Enfin la retraite est un temps de grâce par excellence. Jésus dilate son cœur adorable et fait pleuvoir sur les âmes une abondante rosée de miséricorde. A l'âme qui ne lui refuse rien, Jésus ne peut rien refuser ! »

« Je crois que je ferai une bonne retraite, car je sens en moi un sentiment inconnu, une paix délicieuse... Je ne demande pas mieux de souffrir ; j'ai soif de dévoûment. O Jésus, envoyez-moi toutes les peines que vous voudrez, commandez-moi tous les sacrifices... »

Lundi.

Je suis faite pour Dieu ! O mon cœur, sache donc que rien, rien sur la terre ne pourra te contenter : c'est plus haut qu'il faut chercher ! *Sursum corda !* Là haut est le beau, le vrai, l'amour divin. Ne te traîne plus en bas : *Sursum corda !*

« Mon intelligence aussi est faite pour Dieu et j'en ai fait trop souvent un objet de vanité et d'orgueil. Il est si beau d'apprendre!... Mais il est mille fois plus beau de *ne savoir que Jésus et d'être modeste*. Oui, tout en nous est fait pour Jésus, et tout doit lui être donné. »

Mardi.

N'ai-je pas dit, moi aussi, comme les anges rebelles : « *Non serviam !* O mon Sauveur, c'est donc moi qui vous ai crucifié ! Les Juifs n'étaient que les instruments de votre passion, c'est moi qui vous ai mis à mort. Mes péchés d'orgueil vous ont percé les pieds et les mains ; mes péchés de sensualité vous ont abreuvé de fiel ; mes désobéissances vous ont flagellé. — O Jésus ! je ne pleure pas nuit et jour en pensant à mon inconcevable malice : donnez-moi, mon Sauveur, donnez-moi des larmes, donnez-moi de la tendresse, de l'amour, du repentir... Je fais plus encore : je vous traite en captif dans mon cœur, quand, par un excès d'amour, vous quittez le saint Tabernacle pour me visiter. — Je pèche continuellement et de gaîté de cœur ; j'aime ce qui a détrôné les anges, dépeuplé les cieux, crucifié Jésus. Où donc est ma raison, où donc est mon cœur ?... folle que je suis, je ne fuis pas les occasions de vous offenser ; je prends plaisir à ces lectures qui me transportent dans un monde de rêves... à ces amitiés dont vous n'êtes pas le lien et qui partagent mon cœur... et ces révoltes de mon orgueil !... »

« O mon Dieu, donnez-moi pour le péché les sentiments d'horreur que sainte Catherine de Sienne portait si avant dans son cœur. Non seulement je ne veux plus commettre le péché mortel ; mais j'éviterai avec le plus grand soin le péché véniel, puisqu'il blesse votre cœur, ô Jésus, et que moi aussi je vous aime trop pour vous offenser désormais volontairement. »

L'heure du premier appel avait sonné ; tout était prêt, et Jésus, se révélant à cette enfant privilégiée dans toute la plénitude de sa tendresse et de sa divine jalousie, posa sa main sur ce cœur de quatorze ans et lui dit tout bas : *Sequere me !*

La parole du Maître fut accueillie avec amour,

nous en avons le gage dans cette confidence à son petit journal.

« O Jésus, la même pensée me poursuit sans relâche !... Que voulez-vous que je fasse ?

« Mon Sauveur, dites-moi s'il est bien véritable ce désir de vous aimer *seul* ?

« J'ai tout confié à une de mes mères, qui m'a répondu : « Je ne dis pas, mon enfant, que ce soit un appel, mais c'est un avertissement : le bon Maître vous demande de garder votre cœur bien pur et bien libre, jusqu'à ce qu'il en dispose ; mais Dieu seul peut vous éclairer... Il faut prier ! » — Maintenant il me semble que je suis bien heureuse ; j'attendrai doucement la voix céleste, et je m'efforcerai de remplir fidèlement et pieusement mes devoirs : « *Mon secret est à moi !* »

« Mais pour répondre à N.-S. il me faudra vaincre le sot orgueil qui me tente, et bien graver en mon cœur ces paroles : « *A la suite du Verbe incarné, on monte en descendant.* »

« J'ai pris pour patronne la bienheureuse Marguerite-Marie ; dès ce moment, je veux l'invoquer toujours, lui demander d'allumer dans mon cœur la flamme de l'amour divin. J'ai pris pour résolution de ne pas manquer à l'examen particulier, de ne pas passer un jour sans travailler à la réforme de mon caractère, de penser souvent à la mort, et de m'y préparer. »

Mon secret est à moi ! avait dit l'heureuse petite choisie de Jésus : elle avait compté sans son cœur.

La nuit qui suivit cette journée bénie, une de ses mères, faisant la surveillance du dortoir, l'entendit s'écrier avec un indéfinissable accent : « *O Jésus, je vous donne mon cœur! je vous le donne sans partage, pour toujours !* » La mère s'approcha : Marie-Louise dormait profondément... Comme l'épouse des cantiques, elle aurait pu dire : « *Je dors, mais mon cœur veille !* »

Mercredi.

Le Père nous a fait un sermon saisissant sur la mort : il nous a dépeint d'une manière frappante les deux genres de mort : celle d'une jeune fille mondaine, et la mort ravissante de la jeune fille pieuse, cette bien-aimée de Dieu que les anges viennent chercher et emportent jusqu'aux pieds de Jésus. Je ne pouvais m'empêcher de pleurer : Louise [1], ma pauvre Louise me revenait sans cesse à l'esprit. O mon Dieu, conservez-lui la vie, donnez-lui la patience et la douceur : rendez-la moi, Jésus... — Je me sens plus calme maintenant; mon cœur est en paix : Jésus, je vous aime ! »

Conférence sur le défaut dominant. — Mon Goliath à moi, c'est l'orgueil avec toutes ses branches : l'amour-propre, la vanité, l'estime de moi-même ; puis l'impressionnabilité, l'exaltation de

---

[1] Louise Duchêne, affectueuse et aimable enfant, cousine et première amie d'enfance de Marie-Louise. C'était aussi une fleur choisie, qui demandait le soleil des cieux pour s'épanouir... ; elle était alors atteinte très gravement du mal qui devait plus tard enlever Marie-Louise. .

l'imagination ; j'ai aussi un peu de légèreté : eh bien ! mon Jésus, je ne veux plus de ces vilains défauts qui vous blessent au cœur ; je vais commencer par attaquer l'orgueil. Que suis-je moi ? une pauvre petite pécheresse, que le bon Dieu n'aime plus à cause de ses fautes... Que dis-je ?... mon Jésus m'aime encore ; il m'aimera toujours, puisqu'il est mort pour moi. Si j'ai quelques talents, un peu d'esprit, qu'est-ce que cela ? Et puis c'est Dieu qui m'a tout donné ; il peut me l'enlever d'un instant à l'autre, et je devrai me taire !... Je ne dois m'enorgueillir de rien ; si je suis bien humble, Jésus m'aimera encore plus, me comblera de ses grâces, me sanctifiera !... « O ma bien-aimée, me dit cet adorable Sauveur, apprends de moi que je suis doux et humble de cœur. »

MES RÉSOLUTIONS

1° Je prends la résolution de faire tous les jours l'examen particulier sur mon défaut dominant ;

2° De combattre ma volonté, de la briser ; de veiller en tout sur mon caractère ;

3° D'observer le règlement en tous les points, même dans les plus petites choses ;

4° De faire mes exercices de piété avec le plus de recueillement possible ;

Et si je viens à manquer à mes résolutions, je ne me découragerai pas. »

Nous ne trouvons rien à la date du 8 décembre, mais nos cœurs ont gardé le souvenir de cette fête toute divine. C'était un de ces jours que la terre semble emprunter au ciel ; les enfants, transportées de bonheur, ne pouvaient s'arracher de l'Autel ; les lieux souvent témoins de leurs joyeuses récréations ne retentissaient que du beau cantique, véritable expression des sentiments qui se pressaient dans leurs âmes : *Toujours, toujours ravissante journée !...* (comme il a été mentionné plus haut).

Quand on arrivait à ces lignes si touchantes du 5ᵉ couplet : ·

« Vivre en t'aimant, c'est vivre sans alarmes ;
Même mourir à la fleur de ses jours,
C'est s'endormir d'un sommeil plein de charmes.
Mourir est doux à qui t'aima toujours. »

la voix et le visage de Marie-Louise prenaient une telle expression, que ses mères et celles de ses compagnes qui l'ont remarquée alors, croient la voir et l'entendre encore.

« A partir de ce moment, dit une élève de sa classe, sa fidélité au règlement devint remarquable et constante ; sa santé délicate ne lui parut jamais un prétexte de s'en dispenser, si elle n'y était invitée par nos mères, et elle l'observait en tout temps avec la même aisance et la même bonne humeur : c'est avec une énergie chevaleresque qu'elle entra désormais dans la voie du sacrifice. — Dès lors plus de difficulté qui lui parût insurmontable, et son extrême vigilance faisait la guerre aux moindres imperfections pour les réparer ou même les prévenir. »

Le 10, elle rend compte à sa mère de ce qui s'est

passé, mais avec une joie contenue, qui ne laisse rien soupçonner des grâces dont elle a été inondée pendant ces jours bénis. Cependit on lit avec plaisir cette lettre, qui montre la généreuse enfant ne pensant qu'à « reprendre sa vie ordinaire avec encore plus d'ardeur... » Que désirerait-elle autre chose ? elle sait que par là elle peut plaire à son bon Maître, devenir même une sainte : cela lui suffit. — Écoutons-la.

Ma chère Mère,

« . . . .

« Nous avons passé une semaine toute de piété; car dimanche soir a commencé une retraite qui n'a fini que vendredi. Le prédicateur était le Père V..., religieux très éloquent et très bon. Pendant ces jours, toutes les leçons sont suspendues ; nous sommes partagées en plusieurs bataillons. Chacune a une place à part, un petit autel ; enfin tout est arrangé de manière à ce que le recueillement soit très grand. Les sermons du Père étaient très entraînants. La retraite s'est terminée vendredi par une communion générale... »

Elle raconte ensuite avec détails la solennité de l'Immaculée Conception (jour fixé pour la clôture de la retraite), la réception d'Enfants de Marie, la procession du soir dans toute la maison ; puis ajoute tout simplement :

« Je crois que la retraite m'a un peu convertie ; en tous cas, j'ai pris de bonnes résolutions ; je vais recommencer ma vie ordinaire et reprendre mon travail avec encore plus d'ardeur... »

Marie-Louise en effet se remit au travail avec un courage que des vues de foi rendirent plus persévérant que jamais. Mais bien autre était le travail de son âme : aimer Jésus chaque jour davantage, le faire aimer, répandre autour d'elle les célestes parfums de la charité : telle fut son occupation constante. Le Tabernacle avait pour elle un attrait toujours croissant, et, ne pouvant y demeurer autant que son cœur l'aurait désiré, elle avait demandé et obtenu d'être représentée par une petite lampe brûlant sans cesse auprès du Sacré-Cœur. Elle parle de sa joie à son cher journal. « Marie, Jeanne et moi [1], nous serons toujours près de

---

[1] Nous donnons ici en entier la petite composition littéraire que ces pieuses enfants offrirent à notre Mère Supérieure en reconnaissance de la faveur qu'elle leur avait accordée :

LA LAMPE DU SANCTUAIRE.

Petite lampe du sanctuaire, que ta mission est sublime ! que ton sort est digne d'envie ! que je voudrais, comme toi me consumer sans cesse devant le Saint-Sacrement, en victime d'amour et d'expiation ! Plus heureuse que nous, tu ne quittes pas le divin maître. Quand Jésus est seul et délaissé, abandonné de tous, et que personne ne vient répondre à son amoureuse invitation : « Venez tous à moi », c'est à toi que revient l'honneur de consoler le Cœur d'un Dieu abreuvé de fiel par tant d'ingrates créatures.

Quand le saint Lieu est encore embaumé des parfums de l'encens, que les échos de l'orgue se sont à peine évanouis sous les voûtes du sanctuaire, que les cierges fument encore, que la foule s'est retirée et que la nuit répand ses voiles sombres sur toute la nature, tu es là, projetant ta clarté mys-

vous, puisque vous avez bien voulu qu'une des petites lampes du Sacré-Cœur brulât pour nous toute l'année. Sans cesse elle vous redira tout mon amour, tout notre amour, nos désirs ardents, nos

térieuse sur le Tabernacle, où repose l'unique objet de notre amour. Symbole de l'âme généreuse et détachée des choses qui passent, tu ne brûles que pour Lui. Toujours pour Lui, tu répands dans le Temple tes feux chastes et doux ; et dans le silence, le recueillement, tu pries, tu invoques et tu aimes. Heureuse petite flamme pâle et tremblante, tu rappelles à nos cœurs le sentiment d'amour qui doit nous embraser pour Celui que tu adores. Oui, comme le petit myosotis sur le bord du chemin, tu nous répètes sans cesse : Noubliez pas ! et pendant que, seule, aux pieds de Jésus-Hostie, tu te consumes dans une adoration perpétuelle, tu lui redis aussi pour nous : Elles ne t'oublient pas... leurs corps sont absents, mais leurs cœurs sont là...

Comme l'étoile qui brille au firmament nous fait lever les yeux au Ciel et nous rappelle que c'est là notre patrie, ainsi tu nous montres le divin Tabernable, qui ne renferme rien moins que le Ciel, et tu nous répètes à chaque instant avec une constance, avec un zèle incomparable : Il est là... il vous attend... venez à lui. Que de fois, cette parole si entraînante, tu l'as fait entendre à quelqu'un des fils rebelles et malheureux de ce Père si plein de tendresse ! tu lui disais : Viens, il est si bon, il te pardonnera ; et ta parole mystérieuse a trouvé écho dans ce cœur endurci, et le repentir l'a sanctifié.

O chère petite lampe, heureux témoin de tous les grands mystères qui se passent sur l'autel ! Oui, tu es là quand le divin Sauveur, obéissant à la voix du prêtre, descend du Ciel sur la terre, par amour pour les hommes ; tu es là quand il entre dans nos cœurs, qu'il s'unit à nous de la manière la plus intime pour nous embraser de l'amour ardent qui consume les Séraphins, pour nous donner la pureté des Anges et pour nous transformer en petites saintes, ne vivant que pour Jésus et n'aimant que Lui.

O chère petite lampe ! que ton sort est digne d'envie ! tu es témoin de tant de secrets divins ! du cœur à cœur avec Jésus, lorsque les âmes ont fait taire les voix des créatures pour écouter seulement celle du Sauveur. Combien d'élans d'amour, de désirs d'immolation, de larmes de repentir, d'aspirations vers

aspirations et nos vœux. O Jésus, *fedele sino alla morte*... que jamais mon cœur ne vous quitte, que mon amour croisse de plus en plus.

La sainte communion était devenue son unique

le Ciel n'as-tu pas entendu?... Que de fois n'as-tu pas vu les émotions de l'âme pure, lorsque, pour la première fois, elle a bu à la coupe eucharistique le Vin qui fait germer les vierges, et qu'elle a savouré avec délices le Pain des Anges. Tu as vu les tendresses du divin Maître dans ce premier baiser de son amour ; tu as entendu les naïves et touchantes promesses de la pieuse enfant dans toute la candeur de l'innocence baptismale. Tu es là aussi présente à l'acte généreux de la jeune âme qui, ravie des charmes célestes de la Reine du Ciel, renonce sans regrets à tous les plaisirs bruyants et frivoles du monde pour mériter l'honneur de s'attacher par une Consécration solennelle aux SS. CC. de Jésus et de Marie, et de porter le royal titre d'Enfant de Marie.

Mais il est un sacrifice qu'il n'est pas donné à toutes les créatures de comprendre, et que les *élus* seuls peuvent accomplir : c'est la donation entière de soi-même, l'abandon total de tout ce qu'on a aimé, l'immolation de son cœur et de sa volonté pour n'avoir plus « d'autre volonté que l'abnégation, d'autre plaisir que la mortification, d'autre liberté que l'obéissance, d'autre amour que Jésus *. » Que dire de ton bonheur quand la lueur mystérieuse de ta petite flamme éclaire une profession religieuse ? Alors, elle donne au Tabernacle un éclat plus solennel, de plus puissants attraits, un charme plus ravissant.

Tu es là, entre le divin Prisonnier et l'âme encore sur le Thabor ; elle veut se donner plus complètement, elle veut suivre les traces sanglantes de Jésus sur le Calvaire. Tu es témoin de son saint enthousiasme, alors qu'elle entrevoit dans un horizon lumineux la colline sacrée, où Jésus nous donne la preuve la plus victorieuse de son amour ; tu la vois baiser la couronne d'épines qui transperce le front de son Dieu... et de ses faibles bras étreindre avec amour l'arbre de la Croix !... Ah ! et dire que « le sacrifice de l'Epouse n'est que la réponse à l'amour d'un Dieu qui s'est laissé crucifier pour elle !... » ** Mais, n'es-tu pas témoin tous les jours des prières

* Paroles de la bienheureuse Marguerite-Marie.
** M. de Montalembert, *Les moines d'Occident.*

désir et c'était avec une ferveur toute céleste qu'elle se préparait à la visite de Jésus. Nous lisons à la date du 14 décembre :

« Vous êtes trop bon, mon Dieu ; vous permettez que chaque semaine, tous les *vendredis*, j'aille savourer le *Pain de la promesse*, boire, à la

ferventes, des humbles adorations, des brûlants et amoureux colloques entre Jésus et ces âmes qui, dans un long exercice de l'humilité, de l'obéissance, du sacrifice, ont atteint une vertu plus mâle, un amour plus généreux.

Il est des secrets ineffables dont toujours nous t'envierons le privilège. Tous les jours tu vois nos mères s'approcher de la Sainte Table. Ah ! dis-nous ce qui se passe dans ces moments si doux ! Que dit Jésus à des âmes qui doivent lui être si chères ?.. Que dit notre chère Maman alors que son cœur de Mère vient déverser dans celui du bon Maître les flots de son amour maternel ?.. Dis-nous... elle lui confie ses peines ?... On dit que les vrais cœurs d'apôtres sont des cœurs crucifiés ! — elle lui confie ses joies ?.. Ah ! puissions-nous lui en causer beaucoup ! — elle lui confie ses désirs, ses espérances ?... désirs et espérances d'Apôtre et de Mère : rien sur la terre ne doit ressembler à de tels accents.

Ah ! chère petite lampe, brûle plus ardente pour nous ; redis sans cesse au Cœur de Jésus que nous voulons être ses compagnes fidèles dans sa solitude, des réparatrices zélées. Dis-lui que nous comprenons le douloureux *Sitio* du Calvaire, et que pour y compatir nous voulons être d'ardents apôtres de son Cœur. Chère petite lampe, que ta flamme brûle plus ardente en ce jour béni et fasse jaillir du divin Cœur des flots d'amour et de grâces privilégiées sur nos familles, sur nos mères, sur notre chère Maman ; Lui seul peut acquitter l'immense dette de notre reconnaissance ; Lui seul peut leur donner l'unique consolation, l'unique bonheur digne de leur généreux dévoûment, de leur noble et divine ambition.

Puissiez-vous, chère Maman, voir dans ce petit travail, l'expression fidèle des dispositions de nos cœurs pour le divin Maître ; puissiez-vous y voir le désir d'être toujours et votre orgueil et votre joie, en portant plus tard dans le monde l'esprit des enfants de Notre-Dame, et faisant rayonner autour de nous l'amour de Jésus et de Marie.

Coupe eucharistique, le *Vin qui fait germer les Vierges*... Demain vous allez venir en moi, reposer sur mon cœur... Qu'ai-je fait pour que vous me combliez ainsi! Je vous ai offensé, je vous ai abandonné, délaissé, repoussé même, et vous m'appelez, vous daignez habiter en moi... O mystère incompréhensible de l'amour d'un Dieu? »

« Une pensée m'attriste : vous savez, Seigneur, que je veux me donner à vous ; j'ai entendu votre divin appel ; eh bien ! je voudrais pouvoir y répondre tout de suite ; j'ai peur de laisser s'éteindre, ou tout au moins se ralentir la flamme que vous avez allumée dans mon cœur. Je voudrais pouvoir m'élancer vers vous, tout quitter pour vous. Mais ce terrible monde, il voudra m'enchaîner, me charmer ; j'ai peur !... il est si séducteur, si captivant... S'il allait me ravir mon innocence, enlever mon cœur. Prenez-le bien vite, ô Jésus, j'ai peur !... Mettez-le dans le vôtre ; faites-en votre prisonnier *à perpétuité !* »

« Vous acceptez, n'est-ce pas ?... Je suis votre petite fiancée, votre esclave, votre victime, votre amie... et plus tard, Jésus, n'est-ce pas, plus tard je pourrai dire plus ?... »

Marie-Louise portait dans la piété l'aimable gaîté et l'entrain qui la caractérisaient en tout. Il fallait bien s'amuser, mais s'amuser suivant ses attraits nouveaux. Laissons une amie nous initier à une création d'un nouveau genre : — « Il nous vint en idée de former entre nous une espèce de *Tiers-Ordre* (de la Congrégation de Notre-Dame, bien entendu !) C'était une idée assez extraordinaire, mais que nous mîmes à exécution avec le plus grand sérieux. Avec Marie-Louise il fallait que tout fût organisé ; aussi, fit-elle des *constitutions* [1]. On

[1] Elles ont été retrouvées fort heureusement dans ses petits cahiers. En voici la reproduction :

Dieu seul !!!
Saint Paul,
Saint Jean l'Evangéliste,
Saint Augustin,
Bienheureux Pierre Fourier,
Sainte Marie-Madeleine,
Sainte Thérèse,
Bienheureuse Marguerite-Marie,
Priez pour nous.

I

Obéissance

passive, prompte, joyeuse, empressée, aimable. Obéissance parfaite au règlement.

II

Pureté

de pensées — d'actions — de paroles — de relations — de maintien — d'intention.

III

Renoncement

à l'estime — à l'honneur — aux plaisirs — aux conversations et aux amitiés frivoles. — Rechercher l'humilité — la solitude — l'oubli des créatures, pour ne plaire qu'à Jésus. — Eviter les occasions de paraître, de briller, de se faire remarquer. Humilité — Modestie.

IV

Piété — Recueillement

dans les prières du matin et du soir, de toute la journée. Ne pas manquer à la messe à moins d'empêchement sérieux. — Tâcher d'y aller pendant les vacances plusieurs fois par semaine. — Ne pas manquer les Vêpres, y chanter. — Se choisit un jour de communion pour commencer et pour réciter une consécration faite pour la circonstance. » — C'était un jeu, c'est vrai, mais Marie-Louise, qui maintenant comme la petite Élisabeth de Hongrie faisait de ses jeux mêmes des actes de foi et de vertu, en profitait pour se rendre plus agréable à Dieu. Écoutons du reste la suite du récit.

recueillir avant chaque prière. — Etre attentive à la méditation — aux instructions — aux sermons. — Silence.

V
Mortification

Au réfectoire ; à la classe par le silence, l'application, l'attention à l'étude, par le travail ; à la récréation. Dans la toilette, une grande simplicité ; dans les paroles, en évitant ce qui pourrait faire admirer ou remarquer. — Dans les lectures, dans les plaisirs. — Se dénuer de tout.

VI
Travail généreux

Tout pour Dieu ! grande application et grande attention — soin des résumés d'instruction religieuse — application à l'ouvrage manuel, au dessin, à l'allemand, à la musique, à l'anglais, à l'italien, etc.

VII
Amabilité

Grande amabilité — prévenances pour nos mères — bonté, aide, charité pour toutes nos compagnes — visage toujours souriant — cacher ses peines, ses ennuis, ses impressions — beaucoup d'entrain, d'animation aux récréations.

VIII
Exercices de piété

1º Prières parfaites.
2º Grande piété à la Sainte Messe.
3º Office du Sacré-Cœur.
4º Chapelet de la sainte Vierge (pendant les vacances, en cas d'empêchements, quelques dizaines du chapelet et beaucoup d'invocations au Sacré-Cœur).

« Comment dire l'humilité avec laquelle elle obéissait à la *Supérieure* momentanée : car nous l'étions chacune à notre tour. »

« Par exemple un jour, en allant visiter les pauvres, il y avait un gros et vilain panier à porter, et l'on devait traverser toute la ville ! sur un mot, Marie-Louise s'en chargea, malgré les protestations de la sœur tourière. La bonne sœur ne se doutait pas qu'il y avait là une supérieure, à elle inconnue. »

« Un autre jour elle était en train de nous raconter une chose très intéressante, quand elle est priée, par *sa Supérieure*, d'aller séparer adroitement deux *inséparables* que nos mères n'aimaient pas à voir ensemble ! elle y alla sans délai, et passa près d'elles le reste de la récréation. »

« Il y a bien des gens qui riraient de cela ; mais son bon Ange devait cependant compter ses petits

5° Prière : O Cœur de mon Jésus, je vous offre, etc.
6° Souvenez-vous — prière à l'ange Gabriel.
7° Visite au Saint-Sacrement.
8° Méditer un peu sur la Passion, sur une des souffrances de Notre-Seigneur.
9° Examen de conscience.
10° Grande ferveur dans la Communion réparatrice.
11° Parler tous les jours du Sacré-Cœur.
« *Mon Moi, c'est Jésus-Christ ; mon Mien c'est d'être sienne !* »
« *En suivant Jésus on monte en descendant.* »
« *Le Sacré-Cœur est plus proche de vous quand vous souffrez que quand vous jouissez. — Abandon pour l'amour, abandon dans l'amour et tout à l'amour sans plus de réserve.* (Bse. M. Marie). »

Amor meus crucifixus !

15 décembre 1876.

actes, que d'ailleurs elle renouvelait en grand devant l'autorité constituée. Le règlement, qui autrefois lui avait paru trop lourd, ne lui semblait plus assez sévère ; elle avait besoin de faire davantage pour le bon Dieu. Je me souviens qu'un soir elle me dit : — « J'ai soif de mortifications, je voudrais donner mon sang à Notre-Seigneur ! » — Oh ! ce n'était pas de l'enthousiasme en théorie ; elle ne me parlait jamais de ce qu'elle faisait pour le bon Dieu ; mais, sans le vouloir, elle se trahissait souvent. »

Quand les élans de sa ferveur étaient trop violents, et que cependant sa modestie lui imposait silence, elle ouvrait son petit recueil et écrivait — le 14 décembre, par exemple :

« O mon Jésus ! que je suis heureuse ! je suis libre, pure de toute cette poussière qui ternissait mon âme... Je vous aime, et d'un ardent amour ; je suis prête à tout sacrifier pour vous ; j'ai brûlé toutes ces futilités, je n'ai plus rien qui vous déplaise ; maintenant je veux vous prouver mon amour ; envoyez-moi quelque petite croix, mon bon Maître, ou au moins donnez-moi la vertu de supporter courageusement et joyeusement toutes les petits contrariétés qui se rencontrent : *Amor meus crucifixus !* »

En attendant que le divin Maître répondît à ces ardents désirs, Marie, la Reine des Vierges, ouvrit son cœur maternel à son enfant bien-aimée : Marie-Louise fit, le 25 décembre, le premier pas dans la

Congrégation des enfants de Marie. Pendant cette nuit solennelle, qui nous rappelle les plus touchants souvenirs, elle redit bien des fois au divin Enfant qui reposait sur son cœur : Vous voulez tout, ô Jésus ; tout sera pour vous seul !

Le 27, fête de l'Apôtre bien-aimé, la ramenait encore au Banquet des anges ; après avoir, elle aussi, communié et reposé doucement sur le Cœur de Jésus, elle écrivait : — « O Éternité tu es un abîme insondable, et cependant mon cœur aspire à toi ! Je ne désire que Jésus ! quand je suis faible, je regarde le Tabernacle, et vous m'inondez de votre amour, ô mon Dieu : dans ce *sursum corda* vous m'enivrez délicieusement. O Jésus, je vous désire, je vous ouvre mon cœur ; il est tout à vous ! venez, enseignez-lui l'amour, donnez-lui les ailes de la colombe *pour franchir rapidement les sentiers périlleux de la vie.* »

Ces désirs enflammés, ce continuel souvenir de la présence de Dieu, loin de ralentir l'ardeur au travail et l'activité de Marie-Louise pour les œuvres extérieures, doublaient ses forces et son entrain naturel, comme le prouve cette lettre adressée à une de ses amies pendant les vacances du Nouvel an 1877.

Nancy, 1er janvier 1877.

« Enfin, chère Cécile, je t'écris. Il y a si longtemps que je le désirais ! mais c'était en vain ; car depuis un mois je n'ai pas eu un moment. D'abord nous avons commencé le mois de décembre par une excellente retraite prêchée par un Père à la parole persuasive et entraînante ; puis sont venus les examens trimestriels, qui ont causé un redoublement de travail ; Noël avec sa Messe de minuit, cérémonie plus touchante encore au couvent: notre petite chapelle à minuit toute pleine de fleurs, d'enfants, de lumière, de chants. Le lendemain, grande loterie des petites pour la Sainte Enfance ! — J'en étais directrice, ce qui n'était pas une mince affaire ! — arbre de Noël que nous avons arrangé pour de petites filles pauvres, compositions dernières, lettres du jour de l'an, enfin les vacances ; car il faut te dire que depuis deux jours je suis à Nancy chez ma sœur. Tu vois donc, *mia cara*, que ce n'est pas ma faute si une épître de ton amie ne t'est pas parvenue. »

« 1877 commence aujourd'hui, que va-t-il m'apporter ? peine... joie... travaux ?... C'est là le sujet d'une méditation bien profonde. Pour toi, je souhaite que cette année ne te donne que bonheur, douceur, joie véritable ; avec ce souhait, je t'envoie deux baisers que je tire du fond de mon cœur. »

« Cécile, il m'est venu en idée de passer mes examens ; qu'en dis-tu ? On m'y pousse ; je flotte encore indécise entre le oui et le non. Le calcul, les théorèmes, les dates m'en éloignent ; mon attrait pour la littérature m'en éloigne égale-

---

[1] La littérature, à cette époque, était tout à fait en dehors du programme des examens.

ment ; pourtant je suivrai *peut-être* ton conseil. »

« Je me plais toujours au couvent ; mes études me captivent, surtout l'italien, cette langue si chantante appelée si bien musique du cœur, puis la musique, l'histoire, l'histoire naturelle, chimie, littérature ; j'apprends aussi quelque chose d'amusant : la sténographie, connaissance qui peut être fort utile. »

« J. M. et L. sont toujours aussi aimables pour moi ; mais au couvent les rapprochements ne sont pas permis, surtout entre têtes qui se comprennent si bien. »

Le saint enthousiasme ne nous soutient pas toujours dans cette lutte constante que demande la pratique de la vertu ; notre pieuse enfant devait connaître les combats de la nature qui, un instant vaincue, veut à tout prix reprendre ses droits. Mais comme elle revient généreusement à son bon Maître ; comme elle sait chercher la force en *Celui qui nous fortifie !*

« O mon Dieu, je vous demande l'humiliation, hélas ! et comment la reçois-je ? avec un cœur altier, un esprit qui se révolte, un front qui se charge de nuages... Oh ! ne ménagez pas votre esclave, enchaînez-la ; mon Sauveur, rivez-la à votre Cœur sacré. Je voudrais souffrir ; mais je sais bien que les souffrances morales, les petites blessures du cœur, ces épines de chaque jour qu'on ne peut nommer, vous font plus de plaisir que les macérations, les souffrances physiques. »

« *Amor meus crucifixus* est ma devise ; oui je

veux suivre vos traces sanglantes, m'élancer sur le Calvaire, embrasser avec passion votre Croix, *Excelsior!...* »

Marie-Louise, on l'a compris, voulait non seulement mener une vie parfaite, mais encore entrer dans la voie qui semblait devoir l'y conduire plus sûrement. — « Comment dépeindre », écrit le R. P. Vautier, « les transports de cette chère enfant, lorsqu'elle comprit que Dieu l'appelait à l'insigne honneur de n'appartenir qu'à lui ! Marie-Louise entra alors dans une véritable extase de bonheur. — Merci, mon Dieu, dit-elle ; ô mon Père, je veux me transformer, je veux devenir une sainte, afin d'être digne de ma belle vocation ! — Elle n'a point failli à sa promesse et depuis le jour où elle acquit la certitude que Dieu la voulait à lui, elle mit la main à l'œuvre de sa sanctification avec l'énergie et la persévérance que vous savez [1]. »

Son attrait pour la vie religieuse s'accentuait de plus en plus, sans pourtant que rien d'extérieur vînt trahir son divin secret.

« Oh ! que j'étais folle autrefois, écrit-elle, quand je prenais les couvents pour des prisons, où les jeunes filles vont ensevelir leur brillante jeunesse, éteindre l'amour de leur cœur, perdre leur poésie : la poésie, la pureté, l'amour le plus délicieux, le seul bonheur, tout est là ! »

Marie-Louise goûtait alors pleinement les jouissances de la vie de pensionnaire. Témoin les lettres

---

[1] Lettre déjà citée.

suivantes écrites, l'une au lendemain d'un congé extraordinaire donné par Monseigneur et l'autre après les jours gras.

Lunéville, le 4 février 1877.

« Chère Maman.

« Me voici, comme tous les dimanches, la plume en main et un bon baiser sur les lèvres pour toi. »

« Ta lettre, que j'ai reçue hier soir avec la missive rose de Maxime, m'a fait un grand plaisir. Aussi je m'empresse d'y répondre. Mais venons au fait, chère mère ; j'ai beaucoup de choses à te raconter. »

« Je vais, en commençant par le commencement, te décrire nos jours de congé… Mercredi nous trouva toutes dans nos lits à 7 heures. Dans mon dortoir comme dans les autres, nous ne dormions plus ; une mère approche, nous gronde, blâme fort nos insomnies, prétendant que la lune commençait à paraître ; nous, pas bêtes, trouvions dans l'affaire quelque chose de louche ; quand tout à coup une mélodieuse symphonie se fait entendre ; la porte s'ouvre, et que voyons-nous ?… tout l'appareil d'un appétissant déjeuner : café au lait, petits pains, etc.; le tout est apporté sur des tables dressées en un clin d'œil au milieu du dortoir, et nous est distribué. Plusieurs mères suivaient, pour jouir de notre plaisir et le compléter. A 8 heures nous étions debout. »

« Tu vois que le commencement était joyeux ; il en fut de même toute la journée... A 5 heures, la grande représentation. »

« Sur la scène étaient deux anges : moi, celui de la Justice, et une de mes compagnes, la Miséricorde. Je voulais faire périr la France, et l'autre arrêtait mon bras. Puis l'on vit apparaître deux tableaux vivants : Notre-Dame de la Salette sur sa montagnes avec les deux enfants, et Notre-Dame de Lourdes dans sa grotte avec Bernadette. Ces tableaux étaient charmants. On y voyait Marie M... représentant la France, vêtue d'une longue robe blanche et d'un manteau bleu doublé d'hermine et orné de fleurs de lys ; sa couronne était couverte d'un long voile noir ; elle était au pied d'un immense transparent représentant le Cœur de Jésus.

Ces petites scènes vraiment très jolies étaient coupées de fort beaux chants... »

« . . . .

18 février 1877.

« ... Nos jours gras se sont passés très agréablement. Lundi matin, la grande loterie traditionnelle ; dans la journée, promenades, lectures amusantes, joyeuses causeries.

... La charade du mardi nous a toutes bien amusées. C'est l'histoire d'une jeune fille qui veut émanciper la *jeunessinité*, la délivrer du joug de l'obéissance ; qui forme mille plans extravagants, réunit des clubs. J'avais un costume fort comique, étant une vieille femme de charge : des manches à gigot, pélerine de soie, collerette brodée, large bonnet tuyauté. Je puis dire (sans parler de moi, bien entendu) qu'elle a été bien jouée. Elle a duré deux heures et demie ; tu peux croire qu'après cette séance, nous étions un peu fatiguées, ce qui a duré encore un ou deux jours ; mais le Carême est venu et nous a bien remises ; nous sommes prêtes à le bien passer, non pas comme jeûnes, car sur ce point, cela ne nous est pas permis. A propos de Carême, j'ai fait le mercredi des Cendres quelque chose dont tu ne seras peut-être pas contente. Tu sais que, comme mes cheveux tombent toujours, Albert et Marthe m'avaient recommandé de les couper, chose que je ne voulais point faire si complètement, et que pourtant j'ai faite, et jusqu'au cou... Mère Préfète ne m'avait permis que de rafraîchir les bouts, et moi, comme une enfant désobéissante, je les ai coupés tout à fait...

.... J'ai vu que j'avais causé de la peine à mes mères, aussi j'ai bien promis de ne plus recommencer. Je t'en demande pardon, chère petite mère, tout en disant que je m'en repens seulement parce que j'ai fait de la peine ; car je suis beaucoup plus libre. »

« Maintenant, pour te consoler, je vais te dire que j'ai été première en diligence, première en écriture (*en ronde*) — chose qui ne m'est pas arrivée jusqu'ici ; troisième en style et en allemand ; j'ai eu le premier billet de contentement de ma classe ; de plus je me porte bien, je travaille bien, et je suis sage depuis mercredi ; car j'ai pris la ferme résolution de ne plus recommencer de *sottises*. »

« Tout ce que tu me dis de la famille, du baptême, des succès de Louis Cailletet, de tous les plaisirs de Maxime, me fait grand plaisir. Je voudrais bien aller égayer un peu ta solitude ; sois sûre, chère Mère, que si je ne le puis réellement, je suis toujours avec toi de cœur et de pensée ; aussitôt que je suis libre de voyager — par l'imagination bien entendu — c'est toujours à Châteauvillain que je me transporte, je m'efforce de deviner ce que tu peux bien faire et je t'embrasse doucement. »

La piété est utile à tout, la conduite de Marie-Louise en est une preuve. Pourquoi, en effet, la voyons-nous se livrer si joyeusement aux innocents plaisirs des grandes récréations ?... Elle trahissait, sans s'en douter, le bonheur intime de son âme.

Cependant, dans ses occasions, elle trouvait moyen de se retirer de temps en temps de la foule joyeuse. Pendant ces courts instants qu'elle passait tout près de la grille au pied du tabernacle, immobile, les mains jointes, les yeux baissés, la tête légèrement inclinée, on ne pouvait la voir sans se sentir profondément ému et recueilli. Dieu était-là, dans ce cœur, on le sentait.

Au retour de ces brûlants entretiens avec Notre=

Seigneur, elle écrivait, le dimanche gras, par exemple :

Je suis allée retremper mon âme au pied du Tabernacle. Là, Jésus m'a consolée doucement et m'a permis de le consoler aussi, car je suis sa fiancée.

Mardi encore il veut bien me permettre de venir à son Banquet pour resserrer davantage notre union. Il m'a demandé, pendant cette adoration, une ardente charité et le souvenir permanent de sa Passion. Il me semblait l'entendre me dire : — « Une fiancée doit chercher en tout à plaire à celui qu'elle aime. Elle veut être belle pour lui, n'avoir de charmes que pour lui ; eh bien ! c'est moi, ce fiancé de ton âme. Pare-toi, ma bien-aimée ; orne-toi des fleurs si suaves de l'humilité, de l'amour, de la pureté ; ne cherche à plaire qu'à moi, et moi je t'aimerai, je te donnerai des joies pures ; mais aussi, comme preuve de mon amour, je détacherai une épine de ma couronne, pour en orner ton front, comme d'un précieux bijou ; je te permettrai de m'aider à porter ma croix, et alors nous serons toujours unis dans un seul amour ; alors tu diras : *Dilectus meus mihi et ego illi !* Oui, tu seras ma bien-aimée..... la croix fomente l'amour[1]. »

---

[1] Parmi les lecteurs chrétiens, beaucoup croient volontiers que Dieu peut se communiquer aux âmes, mais ils reculent devant les conséquences ; et, tandis qu'ils ne s'étonnent pas des actes héroïques que produit chaque jour l'amour humain dans le monde, ils se scandalisent en quelque sorte devant les saints excès des âmes puissamment éprises de l'amour divin, — dont les effets cependant doivent être bien supérieurs. — Pour ceux-là, sainte Agnès, saint Jean de la Croix, sainte

Six semaines plus tard, après avoir noté les événements qui s'étaient passés pour elle pendant ce laps de temps : sa réception comme Aspirante dans la Congrégation des Enfants de Marie, sa nomination à la charge de sous-inspectrice [1], elle confiait de nouveau à son petit journal ses aspirations, ses désirs ; puis, enflammée d'une pieuse ardeur elle traça la consécration suivante : —

« Jésus mon amour, ma vie, mon Tout, je ne veux jamais appartenir qu'à vous. Je vous consacre mon cœur, mon esprit, ma mémoire, tout moi-même. Je ne veux jamais aimer que vous, mon Bien-Aimé. Exaucez la prière ardente de votre petite servante ; — que je sois à vous et bientôt, car je languis d'amour. »

« Écrit de mon sang, le 21 mars. »

Thérèse, le B. Labre et tant d'autres seraient des exaltés. La petite âme dont nous écrivons la vie, n'échappera peut-être pas tout à fait à ce blâme, très honorable, du reste, en pareille compagnie. — La vérité est que nous ne comprenons rien aux tendres communications des saints avec Dieu et de Dieu avec ses saints. — On raconte dans la vie du saint frère Gérard, (de la congrégation du très saint Rédempteur), digne émule des précédents, qu'un jour, passant devant le saint Tabernacle, il se mit à sourire. Son supérieur lui en ayant demandé la cause, l'humble frère répondit naïvement : « Notre-Seigneur me disait : — « Petit insensé ! » — et je lui répondais : — « Vous l'êtes plus que moi, puisque vous m'aimez. » — *Vie du vénérable Gérard-Marie Majella.*

1. La sous-inspectrice remplace l'inspectrice en cas d'absence. L'inspectrice a, dans les exercices généraux, une certaine part de la surveillance. Cette charge n'est donnée qu'à des élèves exemplaires, capables, par leur douceur et leur bon esprit, d'avoir sur leurs compagnes une heureuse influence.

Notre-Seigneur prit au mot sa petite fiancée et lui envoya la croix, non pas cependant telle qu'elle l'aurait choisie.

Le 19 avril, Louise sa cousine, son amie d'enfance, quitta l'exil pour la Patrie. Ce coup frappa Marie-Louise au cœur.

« Louise, ma chère Louise que j'aimais tant, n'est plus ! Cet ange s'est envolé au ciel. Maman m'a écrit le 23 pour m'annoncer la triste nouvelle. Moi qui n'avais pas revu cette pauvre amie depuis que je suis au couvent ! Que de choses j'aurais eu à lui dire ; elle qui savait, qui partageait tous mes sentiments, toutes mes pensées ; elle m'aurait comprise ; j'aurais pu m'épancher avec elle ! Mais Dieu ne l'a pas voulu : elle était mûre pour le Ciel. Oh ! que j'ai pleuré quand ma tante me l'a dit ; j'ai cru que mon cœur allait se briser : c'était ma première amie ! Que j'ai envié son sort ; je voudrais tant mourir !..... »

« Un poète, Shakspeare, je crois, a dit que le bonheur, c'est de ne pas naître [1]. Ah ! c'est faux ! puisqu'il faut naître pour vous aimer, pour vous connaître, ô mon Dieu ! et qu'il faut naître pour mourir !....

Jésus, je suis amoureuse de la mort ! — »

Depuis que Jésus, notre divin Modèle, fut conduit par l'amour jusqu'au Calvaire, tous les cœurs bles-

---

1. Cette parole est de Platon ; Shakspeare l'a répétée après lui.

sés du divin trait de la charité ont senti l'impérieux besoin de lui rendre sacrifice pour sacrifice. L'âme de notre chère enfant ne demeura pas étrangère à cet instinct de la souffrance : bien souvent, dans une ardente prière, elle avait demandé à Notre-Seigneur une part de sa croix ; la Providence, répondant à ses vœux, ne lui ménageait pas les petites épines journalières, que les cœurs pieux recueillent avec une sainte avarice. — « L'esprit de mortification, nous dit une de ses émules de classe, semblait être sa vertu de prédilection. Elle la recherchait en tout et partout. Y avait-il une place moins agréable et moins commode, un petit acte de dévoûment à exercer, une petite humiliation à subir ou une raillerie un peu piquante à supporter, un petit point d'honneur à défendre... Marie-Louise embrassait, laissait passer tout cela avec calme, gaîté même ; et bien des fois elle a pu donner le change sur l'impression qui avait dû être la première. »

Sans être malade, elle n'avait pas une santé robuste, et de fatigants maux de tête venaient souvent mettre des entraves à son désir d'apprendre. Cela ne suffisait pas à cette généreuse enfant ; n'avait-elle pas lu, dans la vie des saints, les sublimes excès de l'amour ! Elle voulait souffrir ; mais comment se procurer des instruments de pénitence sans trahir son divin secret ? Elle crut en avoir trouvé le moyen. Un jour qu'on l'avait envoyée étudier au jardin pendant l'étude, Marie-Louise aperçoit au bord de la prairie une touffe d'orties ; elle s'en empare aussitôt et les froisse contre ses mains et ses bras. Bientôt un remords la saisit : n'a-t-elle pas entendu dire qu'un enfant ne doit rien faire d'extraordinaire sans la sanction de l'obéissance ? Sa conscience délicate s'est émue, et elle ne voit rien de mieux à faire que d'aller avouer son pieux méfait à la maîtresse générale, qui, tout en souriant, la renvoie à la maxime du bienheureux Jean Berchmans: « *Ma grande pénitence, c'est la vie commune,* » et l'engage à y conformer son désir de la souffrance.

Cependant Marie Louise n'avait pas renoncé à son attrait. Lorsqu'elle avait conçu un généreux dessein, sa volonté si ferme l'aidait puissamment à le poursuivre malgré les difficultés. Un jour, elle alla frapper à la porte de notre Mère Supérieure. Elle se présente avec un aimable embarras, s'approche, et avec un regard timide et suppliant : « Maman, dit-elle, le bon Dieu a tant souffert pour moi ! et moi ne dois-je pas faire aussi quelque chose ?... N'auriez-vous donc pas un petit instrument de pénitence à me donner ?... » — Notre Mère, émue, comprit alors que les recommandations de notre saint Fondateur à cet égard [1], recommandations dont la lecture nous fait toujours sourire n'étaient

---

1. « La Mère Préfète aura un grand soin de leur santé, elle prendra garde qu'elles ne fassent de grandes veillées, ni de longues méditations, ni de prières vocales trop prolixes, et leur défendra de faire aucune austérité sans sa permission. » *Constitutions de la Congr. de N.-D., par le Bienheureux P. Fourier.* — Cette prévoyance peut de nos jours paraître extraordinaire ; mais si l'on se reporte à l'époque où elle a été écrite, ce sera tout autre chose. L'esprit chrétien, en effet,

pas sans motif, quand il ne les aurait écrites qu'en vue de cette généreuse petite âme. — « Allez, mon enfant, lui répondit-elle, votre vie d'étude et d'assujettissement est déjà une pénitence ; soyez bien fidèle à tous vos petits devoirs, et Notre-Seigneur sera content : il ne vous en demande pas plus en ce moment. »

Quelque édifiants que soient ces traits et les beaux sentiments qui précédent, on serait fort dans l'erreur, si l'on croyait que Marie-Louise fût arrivée à la perfection. Ce n'est pas la marche ordinaire de la grâce dans la conduite des âmes. Son cœur était en quelque sorte transformé, sa volonté puissamment gagnée ; mais sa nature était encore là avec les mêmes tendances, et, si elle était plus habituellement vaincue par la généreuse enfant, de temps en temps elle reprenait ses droits. Citons quelques faits.

« Peu de jours avant Noël, raconte une amie, nous préparions à trois un arbre de Noël pour les enfants de la classe gratuite. Bientôt, je ne sais plus à quel sujet, nous entrons, Marie-Louise et moi, en discussion. Personne ne voulait avoir tort, et après d'assez vifs débats, nous continuions nos préparatifs en silence ; notre compagne avait fait tous ses efforts pour nous calmer, elle voulait plus — : « Mesdemoiselle, en voilà assez, vous

était alors profondément enraciné dans un grand nombre de familles, et les pratiques de la ferveur y étaient souvent choses familières : cela pouvait donner aux jeunes filles des idées qui leur viendraient plus difficilement aujourd'hui.

ne pouvez pas demeurer ainsi, embrassez-vous et qu'il n'en soit plus question. » — « Moi, embrasser J...! réplique Marie-Louise ; j'aimerais mieux embrasser une planche ! » — Et moi j'embrasserais plutôt une poutre. » — La réconciliation cependant eut lieu peu après, et les deux coupables conservèrent plaisamment pendant quelque temps les noms flatteurs qu'elles s'étaient imposés.

Deux ou trois mois après, Marie-Louise sortit chez cette amie ; elles devaient, dans l'après-midi, aller à une petite réunion à laquelle elles étaient invitées ; elles passèrent, racontèrent-elles plus tard, un temps considérable a se poudrer, à se *bichonner* (pour conserver leur expression).

Ce dernier trait fera mieux apprécier le travail de la grâce, et montrera que cette vertu de simplicité, qui charmait tant en Marie-Louise, fut le fruit de ses efforts unis au secours divin.

Nous n'avons presque rien dit encore de sa dévotion envers la très sainte vierge ; et pourtant, l'amour de Marie, alors même qu'il ne serait pas le cachet des prédestinés, est l'un des traits distinctifs de l'élève de la Congrégation de Notre-Dame.

Oh! comme le mois de mai était cher à son cœur pieux ! Il lui rappelait ses plus grands bonheurs : l'anniversaire de sa naissance, de sa première communion, de sa confirmation ; et le dernier fleuron de sa couronne de fêtes devait être posé par Marie encore :

« Elle avait désiré mourir un jour de fête de la sainte Vierge ; elle trouvait ses fêtes si belles déjà sur la terre ! elle le lui avait demandé tant de fois, que Marie l'a emmenée pendant le mois de mai, dans son ciel, où notre chère Marie-Louise a pu enfin aller chanter le sublime cantique qu'elle désirait tant connaître [1]. »

Pendant le mois de mai de cette année 1877, les élèves de la première classe avaient eu le choix du sujet pour leurs modestes essais de poésie. Toutes dédièrent à Marie Immaculée leur premier chant. Voici quelques fragments de la composition de Marie-Louise :

> « Je veux toujours, toujours célébrer tes louanges,
> Mais bien faible est ma voix, impuissant est mon chant !
> Venez, inspirez-moi, saintes légions d'anges,
> Mère, viens et bénis la voix de ton enfant !
> . . . .
> Donne-moi, mon Jésus, ô donne-moi des ailes ;
> A ma Mère j'irai, je dirai mon amour...
> Je l'entends m'appeler des rives éternelles :
> Au ciel je vais la voir et l'aimer sans retour. »

Célébrer les louanges de sa Mère du Ciel était bien la plus douce joie de Marie-Louise. Avec quelle ardeur elle chantait ces beaux cantiques du mois de mai ! Sa voix vibrante prenait un indéfinissable accent quand elle exprimait une aspiration vers le Ciel. A ces passages :

> « Quand s'éteindra le flambeau de ma vie...
> . . . .
> « Oh ! quand luira cet heureux jour
> Où mon âme, brisant sa chaîne,
> Ira dans la céleste Cour
> Te voir, ô ma Mère, ô ma Reine ! »

1. Lettre d'une ancienne, avril 1882.

ou bien encore :

> « Mon choix est fait ! voilà mon avenir, ma vie...
> Aimer, mourir, vous voir ! »

un courant passait du cœur de Marie-Louise dans tous les cœurs proches du sien, et l'on sentait qu'une partie de son âme montait avec son chant jusqu'au trône de Marie.

Le jour de l'Ascension, quelques enfants avaient appris un nouveau cantique, qu'elles firent entendre en surprise à la communauté, après l'office de None, à l'heure anniversaire où Notre-Seigneur monta au Ciel. La pieuse enfant redisait avec tant d'âme le beau refrain,

> « Seigneur, je crois et je veux sans nuage,
> Je veux te voir pour t'aimer davantage :
> Ah ! laisse-moi monter au Ciel ! »

qu'une des Mères, placée non loin d'elle avait été frappée au cœur par cette voix pénétrante ; et lorsque, quatre ans plus tard, elle apprit le départ pour le Ciel de notre chère enfant, le souvenir de cette ardente prière se présenta immédiatement à sa pensée : Jésus l'avait entendue : *Il la laissait monter au Ciel !*

L'amour vrai est communicatif ; aussi était-ce, pour Marie-Louise, un besoin de faire rayonner autour d'elle la flamme divine qui la consumait. Ceux qui lui étaient les plus chers ne devaient pas être les derniers à s'en ressentir : ce qui explique le passage suivant d'une lettre à sa mère : « Je t'envoie un petit billet du Sacré-Cœur [1], que je te prie de remettre à mon bon Maxime, lui disant que j'espère lui faire plaisir ; je désirerais bien qu'il pût communier ce jour-là ; et je suis assurée que, bon comme je le connais, il ne me refusera pas ; si absolument il ne le peut, dis-le moi, je le ferai à sa place — pour lui et pour ses examens ; — en tout cas j'espère qu'il pourra au moins aller à une messe ; je lui choisis un jour favorable : une des fêtes du Souverain Pontife [2]. Dis-lui bien que je l'aime beaucoup, que je l'embrasse affectueusement. »

Vers la fin du Carême précédent elle écrivait déjà à sa mère : « Dis à mon bon Maxime que je le

1. Cet usage — si répandu aujourd'hui parmi les chrétiens fervents — d'assigner chacun des trente-trois jours du *mois du Sacré-Cœur* au plus grand nombre possible de pieux adorateurs, remonte à l'origine même de cette belle et grande dévotion.

Il n'est pas permis aux élèves de Notre-Dame d'ignorer que c'est au sein de leur grande famille religieuse, dans le cœur d'une de leurs sœurs * que l'idée du mois du Sacré-Cœur a pris naissance. Sur l'humble requête de la fervente enfant, Mgr de Quélen, archevêque de Paris, approuva cette nouvelle pratique, et lui donna la forme conservée encore aujourd'hui. Les premiers exercices commencèrent cette année-là (1833) le 11 juin, jour de la fête du Sacré-Cœur.

2. Le mois de juin 1877 fut pour les fidèles enfants de la sainte Eglise un vrai mois de bonheur. Trois fois il ramenait pour le saint et glorieux successeur de Pierre, le doux et grand Pie IX, de rares et précieux anniversaires : Le 3, il y avait 50 ans que le Ciel l'avait séparé du milieu des prêtres fidèles, et marqué au front du caractère pontifical ; — le 11, commençait la 59e année de sa prêtrise ; le 21, l'Eglise célébrait, dans l'allégresse, le 31me anniversaire de ce pontificat suprême, qu'il ne fut donné qu'à Pie IX d'exercer si longtemps.

* Au monastère des Oiseaux, à Paris. — *Pour les Origines du Mois du Sacré-Cœur, voir la vie d'Angèle de Sainte-Croix, chez Poussielgue.*

félicite de son assiduité aux sermons du P. Monsabré ; j'espère aussi que la petite chapelle de mon catéchisme d'autrefois le verra fréquemment la semaine prochaine. »

Dans une longue lettre, écrite à sa mère au mois de mai, elle parle encore de sa chère Louise en termes bien touchants. Cependant nous supprimons ce passage, à cause des analogies qui s'y retrouvent avec les notes déjà citées. Nous donnerons la suite en partie, pour montrer comment cette petite âme, si virile déjà, savait réagir contre les plus fortes impressions, et poursuivre son devoir du moment quand même.

« . . . . »

« . . . Depuis que je t'ai écrit, il ne s'est passé rien d'extraordinaire. Je vais très bien, je travaille aussi avec le même plaisir. J'ai été aujourd'hui Ire en histoire. Pour mon piano, j'ai en ce moment de très beaux morceaux classiques de Hummel, de Steibelt, mais qui son extrêmement difficiles (pour moi), aussi je vais les étudier avec ardeur . . . »

« . . . Les travaux marchent ici avec la plus grande rapidité ; nous sommes provisoirement dans le nouveau réfectoire de la communauté ; c'est une grande pièce voûtée qu'on vient de faire, les murs mêmes ne sont pas blanchis, mais ce n'en est que plus joli : l'autre jour, on a déménagé la cuisine, qui est maintenant dans une vaste salle ; on refait le grand cloître, qui doit aller d'un bout à l'autre du couvent . . . . »

« Je sortirai jeudi, comme je te l'ai dit, chez

madame de V. Elle est si bonne, que vraiment c'est comme si Jeanne et moi nous étions deux sœurs. Nous irons à la Pierre-d'appel, qui est un charmant endroit. . . . . »

« J'espère que le temps va se remettre et que Marguerite et Émilie se décideront à venir me voir. Je me réjouis de leur visite... Je pourrai juger par moi-même des progrès surprenants de la petite Marot. — A ce propos, je te dirai qu'hier la petite princesse Marie, fille du duc de Chartres, est venue. Toutes les premières communiantes et les rouges [1] ont été avec elle ; nous l'avons fait bien jouer, ce qui, je t'assure, n'est pas difficile : elle est très gentille, excessivement vive et joueuse; elle a une figure très distinguée et très agréable.— Comme nous avions beaucoup couru, le soir en partant elle m'a dit d'un air fin et souriant : Ah ! je vous en veux, vous m'avez fait bien courir pour vous attraper. Elle reviendra bientôt, je le crois, car elle s'est bien amusée. Du reste comme elle fera sa première communion au couvent, elle assistera à tous les exercices de la retraite, qui commence mercredi. »

« Il y aura à la cérémonie d'abord son père et sa mère ; puis le prince et la princesse de Joinville ses grands-parents. . . . . »

« . . . Il va falloir que je prépare de beaux saluts, d'aimables révérences, car c'est moi qui accompagnerai la petite quêteuse. . . . . . »

1. Les élèves de la 1re classe.

La première communion s'annonçait avec un caractère tout particulier : Monseigneur, revenant de Rome, devait bénir la chapelle et présider ensuite la touchante solennité, rendue plus imposante cette année par la présence des Princes. Sa Grandeur avait fixé la cérémonie au 11 juin.

Les derniers jours furent très laborieux, et pendant que les premières communiantes se disposaient dans la retraite à la visite de Notre-Seigneur, la communauté était dans la plus grande activité.

« Depuis une quinzaine de jours, écrit Marie-Louise, tout le monde ici est en mouvement. Un certain nombre ont obtenu la faveur d'aider les mères ; tu peux bien penser que je suis de la partie. Dans tous nos moments libres, nous courons à la besogne : aidée de deux ou trois de mes amies, je lave des fenêtres, marbre des peintures, transporte chaises, tables, etc.; remets à neuf lustres, flambeaux ; en un mot, j'exerce tous les métiers. »

Il y eut, en effet, une charmante émulation parmi ces chères enfants. Marie-Louise, il faut le dire, était ici comme partout et toujours le boute-en-train ; mais en cette qualité, elle prétendait avoir sur les autres le droit de — *viser plus haut,* aurait-elle dit...; c'était, humainement parlant, viser plus bas. En voici un exemple. Un jour, notre Mère supérieure passait dans la nouvelle sacristie. Que voit-elle ?... Marie-Louise toute seule : elle s'était emparée d'une brosse, et entreprenait de laver le plancher. — « Eh quoi ! Marie-Loûise, vous ici ?... Mais vous n'êtes pas assez forte, mon enfant ; laissez cet ouvrage. » — « Maman, voyez-vous, j'aurais tant aimé à faire cela. Je veux à tout prix devenir une *femme pratique.* »

Elle voulait être surtout une *chrétienne pratique,* c'est pour cela sans doute que, de concert avec un bon nombre de ses compagnes, elle prit la résolution de ne pas *lever les yeux* pendant la touchante cérémonie du 11 juin, voulant réserver tous ses regards pour l'Unique Beauté qui avait su ravir son âme.

L'influence que ces ferventes enfants exercèrent dans cette circonstance sur tout le pensionnat, fut telle que beaucoup de personnes remarquèrent avec admiration le recueillement, aussi profond que simple et naturel, de toutes — même des plus jeunes.

Pourtant il y eut pour Marie-Louise un moment où elle dut forcément lever les yeux : elle était chargée d'accompagner la petite quêteuse. C'est à cette circonstance que nous devons quelques détails sur la cérémonie.

« . . . . . . Enfin le grand jour arriva ; je me suis levée vers 4 h. 1/2 et j'ai communié dès 5 h. 1/2 avec les religieuses, les autres attendant la messe solennelle. La chapelle était éblouissante de fleurs tapis, chaises de velours, lumières, jolies toilettes; car presque tout Lunéville s'y était donné rendez-vous, se faisant inviter soit verbalement soit par procuration. Malheureusement Monseigneur était très fatigué, ce qui fit abréger la cérémonie, qui fut pourtant longue et très belle. Monseigneur fit trois sermons ; après la Messe il donna la confirmation ; tout cela était accompagné de très beaux chants dirigés par l'habile maître, M. Caspar... Le prince et la princesse de Joinville, le duc et la duchesse de Chartres et leurs enfants étaient dans le chœur des religieuses, tout près du sanctuaire : tous sont fort simples et très distingués... Plusieurs prêtres étaient aussi invités... La petite quêteuse, charmante petite blonde fort gracieuse, a très bien rempli sa mission et m'a fait honneur [1]. . . . »

Mais la fête n'était pas terminée pour Marie-Louise. — La santé de Monseigneur ne lui avait pas permis de prolonger sa visite, comme il avait daigné en exprimer l'intention. M. le Supérieur [2] voulut bien le remplacer et présider la réunion préparée. Au moment où personne ne s'y attendait, notre mère Supérieure lui présenta trois cordons d'honneur, désignant en même temps les enfants qui avaient mérité cette distinction. Marie-Louise était du nombre. — De chaleureux applaudissements sortis des bancs des élèves accueillirent les noms de ces trois chères compagnes, et M. le Supérieur sut leur faire trouver, dans sa bonté paternelle, un dédommagement à l'absence de sa Grandeur.

---

1. Lettre à sa mère.
2. M. l'abbé Noël, vicaire général honoraire, archiprêtre, et supérieur des religieuses de la Congrégation de Notre-Dame de Lunéville.

— Cependant la première communion avait été tard cette année ; aussi fallut-il bientôt se remettre à une nouvelle tâche, préparer la fête du 7 juillet, puis les grands examens et les dernières compositions. Il n'y avait dans tout cela rien que de très réjouissant pour Marie-Louise, — « si heureuse, écrit-elle, à sa mère, lorsqu'elle a plus d'ouvrage qu'elle n'en peut faire. »

Avec le don d'initiative qu'elle possédait à un si haut degré, et les talents acquis déjà, il lui était impossible de ne pas se mêler à tout ce qui se préparait dans le Pensionnat : compositions littéraires, morceaux de musique, chants, dessins, représentations, etc...

Écoutons-la en donner le compte rendu à sa mère au lendemain des fêtes.

Jeudi, 12 juillet 1877.

Chère Maman,

« . . . . »

« ... Je suis allée chez madame G... Ces dames ont été comme toujours excessivement gracieuses et m'ont chargée de mille choses aimables pour toi. »

« Nous avons visité la faïencerie de Saint-Clément, dont le propriétaire, M. T... est ami de la famille. Madame T... nous a reçues avec une grande amabilité et je suis heureuse d'avoir fait sa connaissance ; nous avons ensuite parcouru l'établissement, qui est fort intéressant ; j'ai vu d'abord des magasins renfermant de très jolies choses ; puis les ateliers de moulage, les fours, les décorateurs de la faïence : ce qui m'amusait doublement puisque je fais des essais en ce genre. La journée s'est donc passée agréablement. De retour au couvent, nous nous sommes préparées à souhaiter la fête de notre bonne Maman. Ce fut le signal des plus charmantes réjouissances. A cette fête du cœur (*Vendredi*) succéda la fête religieuse qui, jusqu'ici, n'avait jamais été si belle : notre chapelle était vraiment jolie, tout ornée de fleurs, toute blanche et fraîche. éclairée de nombreux luminaires. Tout était en fête ! Le matin avait eu lieu une communion générale pour tout le monastère... tous les offices furent très solennels... »

« Le Dimanche conserva son caractère religieux, et suspendit ou plutôt ralentit les joyeux élans ; mais le lendemain, oh ! alors, plus de bornes à la gaîté... Dès le matin, représentation anglaise, parfaitement exécutée. . . . . . . .puis concert, coupé par la lecture de devoirs de chaque classe contenus dans un album sous un seul titre : PIE IX. Les Violettes (6ᵉ classe) racontaient des traits de sa *Bonté;* les Amarantes (5ᵉ classe) rappelaient sa *Bienveilance ;* les Vertus (4ᵉ classe) parlaient de sa *Foi ;* les Bleues (3ᵉ classe) sous ce titre : *Son Auréole,* rappelaient la glorification des saints que l'auguste Pontife plaça sur les autels ; les Jaunes (2ᵉ classe) avaient pour thème : l'*Esprit de Dieu dans ses pontifes;* enfin les Rouges (1ᵉ classe) : *La première puisssance du monde.*

Toutes ces compositions, fort bien rédigées et très joliment écrites, avec ornementations de vignettes avaient été reliées à Paris en un fort beau volume [1]. »

Le vendredi, les dessinatrices avaient offert à Maman Marie-Fourier un beau portrait du Saint Père (au pastel).

« Te souviens-tu que, dans ma dernière lettre, je t'avais parlé de compositions qui te réjouiraient ? Je vais tout t'expliquer. Nous avions organisé, avec nos mères, deux jolies compositions, pour le 7 : l'*Ordre* et *le Silence*. La première comprenait les lits parfaitement faits, les boîtes et les sacs de toilette bien rangés, les salles de classe et d'étude en ordre, la bonne tenue, la mise tirée à quatre épingles (non pas en coquetterie mais en soin); puis l'exactitude. Une élève nommée pour cela avait la surveillance de chacun de ces points ; pour moi, il me fallait marquer les retardataires, interroger les allants et venants sur leurs faits et gestes et permissions. Pour le silence, des zélatrices marquaient aussi les causeuses. Les notes étaient 6 ou +. Je vais donc te dire mes places, qui, je pense, te feront plaisir. Je suis... 1re en ordre et 1re en silence. (Cette dernière je la partageai avec quatre de mes compagnes.) Enfin pour clore

---

[1] La modestie de Marie-Louise ne lui permet pas de dire la part qu'elle avait prise à ce charmant travail ; à la rédaction en particulier de la composition de la 1re classe, que nous regrettons de ne pouvoir donner en note.

nos plaisirs, grande représentation française : *La femme du monde* (c'était mon rôle), puis grrrrrrrandissime foire, sous la charmille : jolies boutiques d'images, de jouets, de bonbons, de petites statuettes, en un mot une infinité de choses utiles et agréables. Bientôt 8 heures sonnèrent, il fallut regagner ses *dodos* et dire adieu aux fêtes. C'est sans peine que nous reprîmes le travail : car ces trois jours de plaisirs, quoique pleins de charmes, avaient suffi pour nous contenter largement. »

« Ce que tu me dis de madame P., me fait grand plaisir ; quelle bonne amie tu as donc là, et que je l'aime ! dis-le lui, je te prie, chère Maman. »

On aime à rapprocher ici un passage d'une lettre de la semaine suivante, qui montre comment cette enfant avait le secret de toutes les délicatesses. Sa bonne mère avait probablement mis en question la valeur de sa place de 1re en ordre, afin de piquer son émulation ; voici la réponse :

« ... Je suis bien persuadée, chère Maman, que tu aurais remporté la 1re place d'ordre sur moi ; pour la 1re, j'y consens ; mais j'espère bien, pendant les vacances, ne céder la seconde à personne... »

C'est bien le lieu d'appliquer la réflexion faite dans la première partie au sujet des lettres de Marie-Louise : son cœur épanoui au Soleil de la grâce, se répand autour d'elle et sur ceux qui lui sont chers avec plus d'onction et de tendresse ; personne n'est oublié ; un mot aimable pour tous. En tête des premières lettres écrites au Pensionnat, on lit toujours : « Ma chère Mère. » Ce titre se trouve bientôt transformé en celui plus doux de « Chère Maman » accompagné des épithètes les plus tendres. et les plus variées, qui jaillissent naturellement sous sa plume.

Une chose encore digne de remarque, c'est l'attention constante de cette chère enfant à tranquilliser sa mère sur sa propre santé, qui fut toujours délicate, tandis que d'un autre côté, elle se préoccupe sans cesse de celle de cette mère chérie : un rhume de cerveau, un rien la tourmente : belle leçon pour les jeunes personnes de nos jours si portées, pour un grand nombre du moins, à faire précisément le contraire.

A l'approche des vacances, on sait combien les imaginations de pensionnaires aiment à jouir par avance des délicieuses parties, des charmants voyages qu'elles ont en perspective. Marie-Louise apportait ici encore les désirs de son âme pieuse :

28 Juillet [1].

« Je voudrais aller à Lourdes ! impossible de détourner mon esprit de cette pensée ! Je serais si heureuse de voir cette grotte témoin de tant de miracles, de respirer un peu cet air béni, de boire à la source miraculeuse et surtout de dire *tout à*

---

1 Suite du journal.

Marie. Il ferait si bon communier le 15 août dans le sanctuaire de Marie Immaculée ! Vous le savez, Jésus, je suis ambitieuse : je voudrais voir Lourdes, — Rome, cette ville éternelle ; gravir la Scala santa, teinte de votre précieux sang, baiser votre Croix, voir Pie IX ; je voudrais plus encore, je voudrais parcourir ces lieux témoins de vos miracles : Nazareth, Bethléem, Jérusalem, Cana, le lac de Tibériade, le Calvaire !... Jamais ces désirs ne se réaliseront, sans doute !... Ah ! que je voudrais être hirondelle pour franchir les espaces... Non, pourtant ; car je n'aurais pas d'âme, pas de cœur pour vous aimer. Oui, j'aime mieux ne contempler jamais que le ciel sous lequel vous m'avez placée, et pouvoir vous aimer sans limites, vous aimer éperdûment, passionément. C'est si beau de pouvoir se dire : j'ai un cœur bien petit, il est vrai, mais il peut aimer, renfermer Jésus, l'Immense, l'Éternel, l'Amour !... »

Cette pensée de Lourdes ne se présentait pas fortuitement à son esprit. A cette époque, on parlait beáucoup dans la famille de ce pèlerinage, que sa sœur aînée, accompagnée de son mari, devait entreprendre l'année suivante, pour accomplir le vœu qu'elle en avait fait en retour d'une grâce obtenue par la sainte Vierge.

Pour satisfaire ce pieux désir, que Marie-Louise conservera toujours, son excellente mère aurait volontiers plus tard choisi Pau pour le séjour dans le midi ; les médecins insistèrent dans le sens contraire, et — sans doute pour achever d'épurer le cœur de sa petite servante — le bon Dieu permit que cet avis prévalût.

La distribution des prix fut pour elle un véritable triomphe, comme elle l'écrit elle-même avec joie à sa bonne mère ; 10 prix et 4 accessits récompensèrent Marie-Louise de son ardeur au travail. Mais ce qui pour elle avait une valeur bien plus grande, ce fut de s'entendre proclamer 1er cordon d'honneur et 1er prix de sagesse ; car c'est pour l'enfant de Notre Dame le plus beau témoignage de la satisfaction de ses mères et de l'estime de ses compagnes. Pourtant, elle sut dire du fond de son cœur : *A Dieu seul la gloire !* et commença pieusement les vacances, après avoir mis ses résolutions dans le Cœur de sa divine Mère. Les voici telles que nous les retrouvons dans son petit journal :

« 1° J'irai communier, autant qu'il me sera possible, tous les huit jours et au moins le 15 août, *l'Assomption* ; le 28, *saint Augustin* ; le 8 septembre ; la *Nativité* ; le 14, *l'Exaltation de la Sainte Croix* ; le 29, *saint Michel.* »

« 2° J'assisterai le dimanche à la grand'Messe et aux Vêpres autant que cela sera en mon pouvoir, et je tâcherai d'assister à la sainte Messe le vendredi et le samedi de chaque semaine. »

« 3° Je ne sortirai pas de ma chambre le matin sans avoir fait ma prière et 10 minutes de méditation. »

« 4° Je dirai chaque jour mon chapelet ; le vendredi, le petit office du Sacré-Cœur et le samedi celui de l'Immaculée Conception. »

« 5° Pour ne pas me laisser succomber à la tentation de trop lire, je ne le ferai chaque jour que deux heures. »

« 6° J'emploierai toute ma matinée à travailler et à faire une lecture de piété pendant une heure. »

« 7° Je serai fidèle au Benedicite, aux Grâces, à l'Angelus et au Rendez-vous de 9 heures et de 4 heures [1]. »

« 8° Je ne m'endormirai jamais sans avoir examiné la manière dont j'ai passé ma journée, et je demanderai, par un bon acte de contrition, pardon à Notre-Seigneur de toutes mes négligences à son service. Je communierai le 31 août, et je m'efforcerai de passer cette journée le plus pieusement possible pour mon Père chéri. »

« 9° Je me regarderai comme chargée de porter la joie dans ma famille ; pour cela, je m'appliquerai à *m'oublier moi-même*, pour faire plaisir aux personnes qui m'entourent, sachant à l'occasion sacrifier un passe-temps de mon choix, une lecture attachante, une occupation agréable, un exercice de piété même, pour répondre aux moindres désirs de maman ou de quelque personne de la famille... Si je me sentais fatiguée de cette lutte constante contre ma volonté propre, je me rappellerais que

[1] Pratique en usage parmi les membres de la Confrérie du Sacré-Cœur.

l'abnégation est la meilleure preuve d'amour que je puisse donner à Jésus. »

« Je mets ce petit règlement sous la protection de Marie, ma bonne Mère — car je veux bien l'aimer et la servir, afin d'être bientôt son enfant — et de mes saints Patrons :

Saint Joseph	Sainte Marie-Madeleine
Saint Jean l'Evangéliste	Sainte Paule
Saint Paul	Sainte Thérèse
Bienheureux Pierre Fourier	Bienheureuse Marguerite-Marie
Saint François de Sales	Sainte Agnès
Saint Stanislas	Sainte Gertrude
Saint Louis de Gonzague	Sainte Elisabeth de Hongrie

Son journal nous met au courant de ses combats et de son désir de rester fidèle au bon Dieu [1].

11 Août.

« Voilà déjà huit jours que je suis en vacances ! Les heures s'écoulent vraiment avec une rapidité effrayante. Je suis bienheureuse ici : mon frère et ma belle-sœur sont excellents pour moi [1], mes petits neveux fort gentils, et pourtant il me manque quelque chose... Plus je me considère, plus je me trouve singulière : je ne suis jamais contente jusqu'au fond ; je m'amuse, je me lance, mais je ne jouis pas entièrement ; c'est étrange, et pourtant il en est ainsi. Hier et aujourd'hui j'ai été frivole, j'ai pensé à ma toilette, je me suis regardée dans la glace... Il est vrai que je ne me suis pas trouvée

[1] Elle était à Toul chez son second frère.

très jolie !... mais j'ai fait ce que j'ai pu pour l'être davantage. A mesure que ces folles idées me traversent l'esprit, je sens la grâce de Dieu s'éloigner et mon cœur se fermer dans une douloureuse indifférence. J'ai toujours une vague envie de plaire. La vanité doit être de toutes les habitudes fâcheuses du cœur la plus difficile à déraciner. Oh ! que de misères ! j'ai l'esprit faux [1], le cœur faible. Mon Dieu, telle que je suis, je me donne à vous, et je vous donne tout : ma misère, mon orgueil, ma vanité. Je ne suis que faiblesse, je ne puis donc rien : à vous, ô Dieu de puissance, de force et d'amour de me changer ; à moi d'obéir... Je me reconnais bien mauvaise ! mais plus que jamais, je compte sur vous. Oh ! je ne me trompe pas lorsque je pense que je vous aime. Vous aimer, mon Dieu, *cela seul !* je vous le demande, acceptez ce désir ardent que vous voyez dans mon cœur : n'y laissez jamais pénétrer ni orgueil, ni vanité. »

« Ma chère Mère m'a écrit aujourd'hui qu'elle ne viendrait que dans quelques jours ; moi qui l'attendais ce soir !... J'ai besoin de la voir, je l'aime tant ma Mère !... je ne sais pas assez le lui dire, elle est pourtant si bonne ! »

Ces deux mois de vacances passèrent de la manière la plus agréable ; le cœur aimant de Marie-Louise se reposait délicieusement dans les joies de

---

[1] Elle le croyait, parce qu'elle n'avait pas encore l'expérience de cette lutte de toute la vie entre la nature et la grâce, qui met l'homme si souvent en contradiction avec lui-même.

la famille. Elle n'oubliait pas cependant son doux nid de Notre-Dame (comme elle disait), pas plus que les petits oiseaux voyageant comme elle à travers monts et vallées. De temps en temps, elle s'arrachait à ses *chers tyrans* (elle appelait ainsi ses petits neveux et nièces) pour écrire à ses mères, et à l'une ou l'autre de ses amies.

« Vous m'en voulez, Jeanne ?..... Je suis une méchante, une paresseuse, une ingrate, une infidèle... N'en croyez pas un mot ou je me fâcherais ! Écoutez-moi plutôt, je ne vous ai pas écrit parce que je vous aime trop... Ma raison est singulière, mais suivez-là jusqu'au bout. »

« N'ayant aucune minute à moi, sinon à de rares intervalles, je ne pouvais griffonner par-ci, par-là, que quelques lignes, et, vous aimant trop, je n'ai pas voulu agir ainsi avec vous : voilà pourquoi je ne vous ai pas écrit. Vous m'avez comprise, vous vous jetez dans mes bras en embrassant votre chère Milise qui vous le rend bien. . . . . »

A MÈRE M.-M....

Bien bonne Mère,

« J'ai tant de choses à vous dire que j'ai peur de vous fatiguer par mon bavardage ; mais vous le savez, l'expansion du cœur m'est nécessaire et bien douce. »

« Depuis un mois à peu près, je ne fais rien en fait de travail ; car toute la famille se trouve réunie à la maison, et du matin au soir la petite tante Marie-Louise amuse ses neveux et nièces qui, il faut le dire, sont bien gentils. Malgré ces douces occupations, j'ai été jusqu'ici à la messe de 7 heures presque tous les jours ; mais à mon grand regret et malgré mes efforts, il m'a été impossible de communier le 28 août, n'ayant pu trouver à me confesser ; aussi quelle n'était pas ma tristesse : être à la messe, tout près de l'Autel et ne pouvoir communier ! mais enfin hier j'ai pu m'approcher de la Sainte-Table et, je vous l'assure, là j'ai beaucoup prié pour mon cher couvent et pour mes mères. »

« J'ai tâché de remplir les autres points de mon règlement et pourtant bien des fois j'ai oublié l'Angelus à l'heure exacte et surtout mon Benedicite et mes grâces. »

« On me reproche d'être trop sérieuse, de ne pas assez rire, ni parler... pourtant ce n'est pas ma faute : je ne me sens pas l'envie de causer comme autrefois, moi qui cause tant à Ménil !... J'avoue que si je me laissais aller, bien souvent j'aurais l'air triste ; mais je tâche de me surmonter, je lis quelques lignes de la *Femme pieuse*, je fais une petite invocation, et presque toujours je suis plus gaie... — Maxime se moque de moi en disant qu'il ne sait vraiment pas à quoi je rêve ; parfois il me bouscule un peu pour me faire *redescendre sur la terre*, dit-il !!! Ne le dites pas à ma tante, car elle pourrait croire que je suis malade, ou que je m'ennuie : ce qui n'est pas du tout; au contraire je suis heureuse, mais d'un bonheur intime qui vient du bon Dieu ; ce qui fait que je n'éprouve pas le besoin de me répandre au dehors. »

« Henriette m'a écrit aujourd'hui en me racontant un bonheur qu'elle vient d'avoir. Avant-hier, un pauvre petit enfant se trouvait sur la route quand il a été renversé par une voiture ; son petit bras s'est trouvé fracassé sous les roues. Mais Henriette qui était à sa fenêtre accourt, l'emporte et lui fait un premier pansement en attendant le médecin ; depuis ce moment tous les matins et tous les soirs elle le soigne (la mère, qui est très pauvre ne pouvant s'en occuper à cause de son travail). Cette chère amie n'a qu'une crainte, c'est que sa mère ne lui permette pas de continuer son rôle de petite sœur de charité !.. »

« Je vais trouver le couvent tout à fait changé, mais je le reconnaîtrai toujours. Pendant la retraite des mères, je ne les ai pas oubliées ; j'essayais souvent de deviner ce que le Père V... pouvait bien leur dire ; mais c'était toujours sans résultat. Vendredi dernier, étant à la messe de 7 heures, je fermais les yeux et il me semblait vous voir toutes allant à la Sainte-Table et puis... moi après sœur C... Malheureusement, ce n'était qu'une illusion... j'étais toujours à ma place. »

« Malgré tous les beaux projets que j'avais faits, je n'ai guère pu donner de temps à la peinture ; j'ai fait pourtant à maman une petite image qu'elle a bien voulu trouver jolie. »

« Je voudrais pouvoir causer un peu plus longuement avec vous, il y a si longtemps que je ne l'ai fait ; mais ma petite nièce Marie, qui est en ce moment dans le jardin sous ma fenêtre, appelle à grands cris sa tante *Marivouise*. Permettez-moi donc, bonne Mère, de vous redire non pas adieu, mais au revoir. »

TROISIÈME ANNÉE

Le 11 octobre réunissait de nouveau les chères enfants dispersées. Marie-Louise devait suspendre cette année le cours des études qu'elle avait commencées avec tant de succès, pour revenir sur les éléments, et se disposer, dans le cours préparatoire, à passer l'examen pour le brevet du deuxième ordre. Ce ne fut pas sans regret qu'elle laissa de côté la littérature et les sciences naturelles pour s'appliquer plus exclusivement à l'arithmétique. Sa répulsion pour cette branche fut de tout temps un fait notoire : — « Nous étions ensemble à la classe jaune, écrit une amie. Comme voisine de classe, j'ai vu de près son aversion pour cette étude, ses efforts énergiques pour en triompher, et ses victoires. — « Je ne puis comprendre ces terribles démonstrations, me disait-elle quelquefois avec un peu de découragement, expliquez-moi donc encore. — Et c'était avec une amabilité charmante qu'elle recevait ma modeste leçon ; puis avec un redoublement d'application, elle se remettait à l'œuvre et finissait généralement par le succès. »

Elle persévéra dans cet effort et non sans résultats. Le divin Maître bien sûr ajouta un fleuron de plus à sa couronne pour récompenser un si généreux esprit de sacrifice ; car son antipathie ne fut jamais pour elle une cause d'omission, quoiqu'elle eût toujours à lutter contre cette difficulté ainsi que nous le révèlent ses notes :

22 octobre. — « Je suis fort tentée de découragement aujourd'hui ; je ne me sens nulle énergie ; ce qui me fâche, c'est que je n'ai pas la force de ne pas pleurer quand il faut faire de l'arithmétique pendant deux heures tous les jours. C'est un sacrifice que je ne sais pas accepter courageusement. Oh ! que c'est difficile d'être sainte ! ».

« Je tâche pourtant de ne pas ralentir mes pratiques de piété. Mon Dieu, ne m'abandonnez pas ! Marie, ma bonne Mère, vous le savez bien, je n'ai qu'un désir : celui d'être votre enfant, et ce n'est pas en vivant de la sorte que j'y parviendrai. Allons, reprenons courage : après tout, j'aime beaucoup ma classe, mais c'est ce calcul, ce malheureux calcul qui me bouleverse l'esprit. O Pythagore, que je ne t'aime pas, toi et ta science épineuse ! »

Là cependant n'était pas à cette époque la plus grande peine de Marie-Louise. Comme il a coutume d'en user avec les âmes qu'il veut attirer à lui, Notre-Seigneur avait d'abord conduit sa petite servante sur le Thabor. Bientôt, lorsqu'il la vit plus forte, il lui retira de temps en temps les douceurs de sa présence, et les heures de recueillement n'avaient plus pour elle le même attrait ; — de plus il permit qu'elle rencontrât parfois quelques petites contradictions, qui — bien acceptées — ne pouvaient que fortifier sa vertu naissante.

Cette disparition momentanée de la grâce sensible est, de la part de Dieu, la véritable épreuve de l'amour. Combien d'âmes aimantes, courageuses jusque-là — croyant alors tout perdu — se refroidissent insensiblement, abandonnent peu à peu les exercices pieux dans lesquels elles ne trouvent plus les charmes d'autrefois ; puis, si l'épreuve se prolonge, se relâchent enfin de leurs généreux desseins, et retournent à une vie plus facile.

Tout autre fut la conduite de Marie-Louise, en qui des grâces bien prévenantes de son bon Maître tenaient lieu d'une longue expérience. — Ses notes à la date du 19 octobre pourraient être une régle à suivre pendant cette phase pénible de la vie spirituelle.

« Depuis mardi dernier je suis vraiment bien malheureuse ; je languis dans la plus douloureuse indifférence. Il y a en moi une lutte continuelle entre deux personnes, l'une assez bonne, pieuse, aimant le sacrifice, résolue de se donner toute à Jésus ; l'autre orgueilleuse comme un paon, remplie de vanité, voulant se rechercher en tout et partout. Eh bien ! donc, depuis trois jours cette lutte est continuelle. Je souffre bien ! Impossible de dire un mot de prières, à peine suis-je à genoux qu'une légion de pensées futiles viennent m'assaillir. Nulle ferveur, plus d'amour, plus de bons désirs ; rien qu'une froideur désolante, une insipide indifférence, une facilité extrême à causer, enfin une révolte dans tout mon être. Jésus se cache et je ne peux le rappeler. Après avoir longtemps combattu, j'ai demandé d'aller communier ce matin, pensant bien que sans ce pain de vie je dépérirais tout à fait. J'y suis allée ; mais je n'ai pas plus de ferveur..... N'importe, je ne veux pas abandonner mes petites pratiques de piété que j'avais un peu délaissées ; — autrement que devienrdais-je !... Avec tout cela, je veux néanmoins communier : cela me fortifie... et pourtant dans l'état où je suis, il vaudrait peut-être mieux n'y pas aller ?... mais pour le coup, je serais trop malheureuse et plus faible encore....

« Marie, ma bonne Mère, prenez mon cœur sous votre protection : vous savez bien qu'il est tout à vous. »

Tout cela n'était, il faut le dire, que de petites épreuves momentanées, et proportionnées à la force de la chère enfant. Bientôt le soleil de la grâce reparaissait. Alors elle écrivait :

1er novembre. La Toussaint.

« J'ai reçu aujourd'hui mon divin Jésus, et demain encore il viendra dans mon cœur. Depuis vendredi dernier, je suis beaucoup plus heureuse, j'ai chassé le découragement. Je devrais être si sage, et je le suis si peu ! Moi qui désire tant de choses, qui les lui demande sans cesse, je ne m'en rends pas digne. Ne me suis-je pas offerte à Jésus comme une petite victime ? Ne l'ai-je pas supplié de frapper sur moi, mais d'avoir pitié de X.... [1], de la ramener à lui ? N'ai-je pas encore un grand sujet de prières ?... Puis les âmes du Purgatoire, à la délivrance desquelles j'ai consacré ma vie par *l'acte héroïque*. Enfin mes deux grands désirs, vous les connaissez bien, ô mon Jésus : être enfant de Marie, et... plus encore ! Puis ma famille chérie, mon cher couvent, mes Mères !...

J'ai pourtant pris ce matin de bonnes résolutions, j'ai promis au bon Dieu d'être comme une cire molle qu'il pourra façonner comme il lui plaira. »

13 novembre. Saint Stanislas.

« *En quittant tout, j'ai tout trouvé !*
Jésus m'a laissé cette parole, comme souvenir de

---

[1] On croit que X.... était une ancienne compagne, qui se laissa entraîner un instant par l'attrait perfide des lectures dangereuses.

9

ma communion d'aujourd'hui. En effet, Jésus n'est-il pas pour moi :

Mon Dieu plein d'amour et de miséricorde,
Mon Créateur,
Mon Sauveur,
Mon Frère le plus dévoué et le plus aimant,
Mon Fiancé le plus tendre et le plus fidèle,
Mon Ami le plus constant,
Mon Guide le plus charitable,
Mon Maître le plus patient,
Mon Refuge assuré,
Ma consolation dans mes peines,
Mon soutien dans l'exil,
Mon Directeur le plus éclairé,
L'Aliment divin qui me fortifie,
Le rayon de soleil qui me guide,
La douce rosée qui rafraîchit mon cœur,
La voix persuasive qui relève et ranime mon courage,
Le chant mélodieux qui excite mon ardeur,
Ma force dans la lutte,
Ma victime,
Ma récompense,
Mon seul trésor ;
N'est-il pas la seule ambition de mon cœur, ma vie, mon amour, mon tout..... Mon Jésus !...
Oui, il est tout cela pour moi !... »

On peut facilement le pressentir, il y a entre ce cœur si candide et si pur, et celui de Notre-Seigneur un divin secret. N'a-t-elle pas jadis laissé échapper ce mot si plein de sens : « Mon secret est à moi ! » Elle va nous le dire bientôt ; mais le moment cependant est venu d'en parler. — Marie-Louise avait spontanément voué à Dieu sa virginité [1].

Ce trait est admirable, mais non imitable en ce qu'elle l'avait fait sans consulter d'autre guide que sa ferveur. Cependant, hâtons-nous de le dire : par une sagesse au-dessus de son âge, elle ne s'était engagée que temporairement (on l'a su plus tard) ; — pour maintenir son vœu, il fallait le renouveler d'année en année : sa liberté lui restait donc complète.

On pourrait citer plus d'un exemple de jeunes filles qui, comme elle, ont donné leur jeunesse tout aussi pleinement au Seigneur ; et quand la volonté de Dieu s'est manifestée clairement à elles sur la carrière à laquelle Il les appelait, elles ont mieux entendu sa voix, et surtout l'ont mieux comprise que tant d'autres — qui attendent cette heure solennelle dans la dissipation et la frivolité ; — et elles sont devenues des épouses fidèles jusqu'au plus sublime dévouement, et des mères de famille modèles. Heureux l'époux chrétien à qui Dieu lui-même a ainsi préparé et gardé la place dans le cœur de celle qu'il lui destine.

---

[1] A moins d'une inspiration divine toute spéciale — qui est une rare exception — on doit s'en tenir à la règle générale, très prudente et très sage que donne le catéchisme : Ne pas faire de vœu, non seulement sans délibération, mais encore *sans conseil.*

A mesure que le cœur de la chère enfant s'approche plus près de celui de Jésus, il devient plus fort, plus sérieusement bon. Il ne perd rien de cette poésie qu'on retrouve jusqu'à la fin dans sa correspondance ; mais la raison est plus habituellement maîtresse, et s'élève même à des hauteurs remarquables, lorsque la foi vient lui prêter des ailes. On sent que cette âme généreuse se fait de la vertu une plus juste idée, comme le prouve la lettre suivante.

« Bien chère Cécile,

« Ne m'accuse pas de t'avoir oubliée. Si j'ai laissé s'écouler tant de temps entre le jour où j'ai reçu ta lettre si affectueuse, et celui où j'y réponds, le bon Dieu en est l'unique cause. Comment cela, dis-tu ? — Eh bien ! voici ce qui s'est passé. J'arrive au couvent avec la ferme intention de travailler avec ardeur. Dans la classe préparatoire où je suis entrée, j'ai trouvé de terribles émules, des vétérans déjà ; aussi afin de pouvoir lutter dignement avec elles, je me disposais à travailler d'arrache-pied. — Mais ce projet tant soit peu orgueilleux, a été renversé, par la raison que depuis douze jours à peu près, mes pauvres yeux me condamnent à une inaction presque totale, ou du moins à beaucoup de prudence. Afin de suivre toujours un peu ma classe, je laisse de côté beaucoup de choses que j'aimerais, comme de t'écrire. Mais c'est trop parler de moi, je t'ai dit ce que je voulais que tu susses ; c'est que sans ce petit accident, je t'aurais écrit depuis longtemps. »

« J'admire le goût que tu prends au travail manuel ; je te dirai que moi aussi, quoique n'en étant pas encore folle, j'y trouve un certain charme ; aussi suis-je bien résolue de m'y remettre avec ardeur ; car vraiment une femme est bien sotte lorsqu'elle ne sait pas faire un point. Trop longtemps j'ai regardé cette occupation comme trop prosaïque ; je suis revenue de cette manière de voir. As-tu déjà lu ce passage des Femmes savantes de Molière ?

> Nos pères, sur ce point, étaient gens bien sensés
> Qui disaient qu'une femme en sait toujours assez,
> Quand la capacité de son esprit se hausse
> A connaître un pourpoint d'avec un haut-de-chausse.
> Les leurs ne lisaient point, mais elles vivaient bien ;
> Leurs ménages étaient tout leur docte entretien
> Et leurs livres : un dé, du fil et des aiguilles,
> Dont elles travailla ient au trousseau de leurs filles ;
> Les femmes d'à présent sont bien loin de ces mœurs :
> Elles veulent écrire et deviennent auteurs... »

« Il y a vraiment du bon dans ces vers ; quoique je n'en partage pas les idées sur l'ignorance de la femme, j'admets parfaitement que sa science, si étendue qu'elle soit, doit être modeste, sans affectation, et agissante surtout. »

« Tu dois me trouver bien philosophe, n'est-ce pas ! mais que veux-tu ? j'ai en horreur ces jeunes filles rêveuses, toutes de sentiment et de sensibilité mal placée, qui se croiraient déshonorées de toucher à une aiguille, d'épousseter un meuble, etc. ; qui ne parlent que toilettes, bals, romans ; qui ont des nerfs, des syncopes même ; je les trouve parfaitement ridicules. J'aime mille fois mieux celles qui, comprenant qu'aucune occupation sérieuse et utile n'est humiliante, s'y adonnent sans crainte, et qui pourtant sont aimables pour tous ; toujours gaies et avenantes, puisque la vertu est essentiellement aimable. Voilà le modèle qu'on nous propose ici, voilà ce qu'on veut faire de nous. Dis-moi si ce n'est pas préférable. Comme le disait l'autre jour un ami de la maison, « on nous pétrit ici, » au lieu de nous donner seulement un simple vernis qui disparaîtrait au moindre choc ».

« Oh ! combien je désirerais que tu pusses venir après tes examens, te perfectionner ici dans la langue d'Outre-Rhin. Ne serait-ce que pour trois mois ! Je suis persuadée que tu y serais bien heureuse, comme je le suis moi-même.

« Je t'ai parlé, quand je t'ai vue, d'un livre que j'ai trouvé bien beau : *La femme pieuse*, par Mgr Landriot ; je veux t'en copier un petit passage : « Quand la femme veut devenir sérieusement chrétienne, il faut qu'elle ait le courage du sacrifice, qu'elle sache mettre le glaive du détachement entre elle et ces vanités de la terre, parce que tout y est pauvre, vide, indigne d'une créature raisonnable ; il faut qu'elle renonce successivement à toutes ces vanités, à ces calculs d'amour-propre continuellement surexcité, à ces susceptibilités jalouses, qui sont le bourreau des âmes en même temps qu'un sérieux obstacle à la perfection : en un mot, il faut que le cœur de la femme prenne quelque chose de viril, de fort, de divin : car sa vie est l'amour ; et l'amour vrai, l'amour divin ennoblit, et communique à l'âme une énergie, une dilatation, un mouvement vers l'infini, qui serait incompatible avec les secousses de ce monde inférieur. Tout autre mouvement du cœur qui n'a point son origine sur ces hauteurs du ciel, qui n'a point pour terme dernier le retour à ces montagnes élevées et se- reines, ne mérite pas le nom d'amour : c'est une flamme transitoire qui amuse le cœur un instant, pour le condamner ensuite à de continuelles et irrémédiables tortures. »

« Il y a bien d'autres choses plus jolies encore que je te copierais si j'en avais le temps ; si tu viens, je te montrerai tout cela et tant d'autres choses encore. Si tu pouvais venir, ma Cécile ; tu ne te fais pas une idée de ce que c'est qu'un cou- vent, j'en suis sûre. Moi-même quand j'y suis ar- rivée, je m'en effrayais grandement... »

« Oh ! gronde-moi, Cécile, j'avais la ferme et bien sincère intention de t'envoyer cette lettre pour le 22 ; eh bien ! je ne l'ai pas pu. J'ai eu plus mal aux yeux et on m'a défendu tout travail ; mais sois sûre que le lendemain, dans ma communion, je ne t'ai pas oubliée. »

« Nous avons toutes eu mardi dernier, 20 no- vembre, un bonheur que je veux te raconter : une visite bien agréable et surtout bien édifiante, celle du comte de Cissey, homme parfaitement distingué, et que Dieu a appelé à son service d'une manière toute particulière. Il a consacré sa vie à une œuvre admirable : le rétablissement de l'observance du dimanche ; aussi parcourt-il toute la France, entraînant tous les cœurs par sa parole persuasive et ardente. Partout son zèle trouve des âmes généreuses qui s'unissent à lui; partout il établit l'œuvre dominicale. Le Saint Père a confirmé sa mission, qui vient du ciel, et lui a donné de nombreux et puissants encouragements. »

« La France, nous disait-il, est coupable du plus grand *péché national*; par cette négation du devoir par excellence qu'elle doit à son Dieu, elle s'en est faite l'ennemie, et s'est exposée à tous les châtiments ; elle a déjà été châtiée, mais elle le sera plus encore, si elle persiste dans son blasphème national. Elle a beau faire les plus généreuses aumônes, les pèlerinages les plus magnifiques; tant qu'elle refusera de pratiquer son devoir, tant qu'elle persistera à rester dans cet état de péché mortel où son crime l'a plongée, les portes du ciel lui seront fermées. Ah ! nous disait-il encore, vous pouvez beaucoup ! La France, votre patrie, votre mère est sur le bord d'un abîme, et vous ne feriez rien pour l'en faire sortir ! Non, il n'en peut être ainsi ! Que de fois déjà notre France n'a-t-elle pas dû son salut à la main d'une femme. Vous pouvez vous revêtir d'armes puissantes, invincibles, devant lesquelles les ennemis, même les plus aguerris, seront forcés de se retirer. Vos armes à vous, c'est la prière, c'est le dévoûment. Combattez donc le bon combat, et Dieu vous soutiendra et vous secondera dans votre noble entreprise.... »

« Il nous a cité ensuite des traits admirables de dévoûment. Une jeune fille d'une piété angélique, — mais dont le père et le frère étaient foncièrement irréligieux, — ramène l'un et l'autre à la ferveur après des années de prières, de sacrifices, de souffrances indicibles, après même en avoir été souffletée, battue. »

« J'aurais voulu que tu entendisses cette parole apostolique ; car ce que je t'en dis ne peut t'en donner qu'une bien faible idée. »

« Adieu, chère amie... »

« J'espère que tu me répondras bientôt, et une lettre en *raison proportionnelle* de la longueur de la mienne. »

Cette âme, si accessible à tous les grands dévoûments, avait été puissamment éprise de la noble cause si éloquemment plaidée en sa présence par le serviteur de Dieu. — Aussi plus tard ne nous étonnerons-nous pas de l'acte héroïque qu'elle fit en faveur de sa chère patrie.

En attendant, elle se joignit à celles de ses compagnes qui, comme elle, avaient bien résolu de ne pas laisser tomber inféconde une parole qui les avait si profondément émues. Elles allèrent trouver notre Mère supérieure, et la prièrent de les autoriser à organiser dans le pensionnat quelque ligue généreuse qui pût tant soit peu faire contrepoids dans la balance de la justice.

La réponse fut affirmative, on le comprend ; la

mère Préfète en eut bientôt connaissance, et les maîtresses n'eurent pour ainsi dire qu'à présider les pieuses et courageuses évolutions de leurs jeunes soldats, qui, au souffle de ces âmes de feu, s'étaient organisés en corps d'armée.

Marie-Louise écrivit peu de temps après à M. le comte de Cissey, en qualité de secrétaire du pensionnat. L'original de cette lettre n'existe plus ; nous en retrouvons un fragment dans le Dimanche catholique, numéro de février 1878. Le voici en partie

« ..... Dans notre enthousiaste élan, toutes nous avons pris la croix, et nous nous sommes enrôlées dans cette croisade pacifique de prières et de dévoûment. La foi sans les œuvres serait une foi morte ; nous avons donc voulu que nos supplications trouvassent vie et fécondité dans nos actes de vertu et nos petits sacrifices personnels. »

« A l'imitation des chevaliers partant pour la conquête ou la défense des Lieux Saints, chacune de nos classes, devenue l'un des corps d'armée de la prière, a choisi des devises et des emblèmes, qui sont comme nos cris de guerre et nos signes de ralliement. Groupées autour de ces bannières, nous travaillons à y inscrire le plus grand nombre possible d'actes de vertus, de sacrifices offerts·à Dieu pour le salut de la France... »

Une de nos dernières campagnes s'est terminée le jour de l'Immaculée-Conception, une autre, le jour de Noël... »

« Chaque succès obtenu encourage nos efforts, et nous sommes toutes de plus en plus résolues à nous rendre dignes du glorieux titre d'enfant de Marie et de soldat de l'Œuvre dominicale de France. »

« Depuis longtemps, écrit une enfant de Marie, elle désirait ardemment être reçue dans nos rangs; elle n'avait certainement qu'à rester ce qu'elle était pour cela : seule elle l'ignorait ; aussi me demandait-elle souvent ce qu'il fallait faire pour obtenir cette grâce. Elle se croyait si indigne, et si loin d'avoir les perfections nécessaires ! »

Cette faveur tant désirée devait lui être accordée le 8 décembre. Trois jours auparavant, notre Mère supérieure lui annonça que ses vœux allaient être comblés, et que le jour de la fête de l'Immaculée-Conception, elle prononcerait sa consécration solennelle. Dans sa reconnaissance, et dans le premier élan de son bonheur, elle écrit : — « O mon Dieu, que vous êtes bon ! qu'ai-je fait pour mériter l'insigne faveur dont vous venez de me combler ?... Quoi, ô ma Mère, vous voulez bien que je sois votre enfant ! que vous êtes bonne et combien je vais vous aimer !... Être enfant de Marie !... ô ma Mère, ma tendre Mère, laissez-moi mourir à vos pieds si je dois jamais oublier mes promesses et me rendre indigne d'être votre enfant ? Il y a un an aujourd'hui, vous me dévoiliez, ô tendre Mère, le bonheur d'aimer Jésus, de se donner à lui. Vous découvriez à mon âme un horizon nouveau. Je me suis donnée à vous ; je vous ai consacré mon cœur, je vous ai voué ma virginité… ; et maintenant, ô bonne Mère, vous acceptez tout cela en m'appelant votre enfant. Oui, je suis toute à Jésus, par vous, ô Marie, ma bien-aimée Mère. »

« Le souvenir de ce beau jour sera pour moi ineffaçable, écrivait à notre Mère supérieure, une ancienne élève, qui avait été reçue Enfant de Marie en même temps que Marie-Louise ; et je n'oublierai jamais non plus le ton ferme et l'accent de foi et d'amour avec lequel cette chère sœur en Marie prononça son acte de consécration : elle n'était plus sur la terre, on le sentait ; son âme fervente était inondée des célestes douceurs que procure le généreux amour de Jésus et de Marie Immaculée. »

Voici comment elle annonçait cette nouvelle à sa mère :

Jeudi soir, 6 décembre 77.

« Chère Maman,

« Je t'écris quelques mots seulement pour te dire combien je suis heureuse. »

« Le bon Dieu m'a accordé, au commencement de cette retraite, une grande faveur que je sollicitais depuis longtemps : Je suis reçue enfant de Marie ! »

« Si tu savais quelle est ma joie : ce titre est pour

moi cent fois plus doux, plus beau, plus désiré qu'aucun autre. »

« C'est samedi, le jour de la fête de l'Immaculée-Conception, pendant la messe, que je serai solennellement reçue, ainsi que neuf de mes compagnes, pour la plupart anciennes élèves revenues pour la retraite. Si tu pouvais ce jour-là communier, je serais si contente ! tu partagerais mon bonheur. On dit que les mères ne refusent rien à leurs enfants — et je le sais par expérience — eh bien, je vais tant supplier la sainte Vierge, ma mère du Ciel, de vous bénir tous, qu'elle ne pourra rester insensible et ne pas m'exaucer. »

« La retraite nous est prêchée par le Père Didierjean, très éloquent et très bon. »

A la même date, nous lisons dans ses notes :

6 décembre.

« Ce soir j'ai pu voir maman Marie-Fourier. Je lui ai fait une ouverture complète de mon cœur. Dites-moi donc, ô mon Dieu, ce que j'ai fait pour que vous me traitiez ainsi !... Toujours des grâces, des faveurs, des délicatesses exquises ! Oh ! je le vois bien, vous voulez par là me mettre dans l'impossibilité de faire autre chose que de me donner à vous. Aussi je sens plus que jamais ce besoin d'être vôtre en tout et partout. »

« Vous aussi, ô ma Mère, vous me traitez en enfant gâtée ; maintenant que je suis votre enfant, je veux commencer une vie nouvelle. Vous êtes ma

Mère, vous serez mon modèle, mon soutien ; il me semble que mes forces sont doublées et que mon amour est plus ardent, plus généreux. Oui, je veux réformer tout ce qui déplaît à Jésus et à vous, je veux briser cette volonté de fer, ou plutôt je veux la conserver toujours en mettant à la place de mon moi, le *moi de Jésus*. Je veux renoncer à cette ambition que j'ai des honneurs, des applaudissements, de l'estime, et n'avoir d'autre but que de vous procurer ce que je désirerais tant pour moi-même. Je veux aussi pratiquer la charité, m'abstenant de tout jugement inutile, de toute parole railleuse et mordante, de toute médisance et critique. Je veux en un mot être une vraie, une parfaite enfant de Marie. »

Cette exquise charité était déjà passée dans ses habitudes, on ne pouvait facilement y manquer en sa présence. Un jour, dit une enfant de Marie, nous étions réunies au jardin pour faire le journal du pensionnat : une de nous étant venue à s'absenter, la conversation, insensiblement tomba sur elle, pas trop méchamment, il faut le dire ; mais enfin les traits piquants se succédaient avec assez de rapidité et d'entrain. Marie-Louise gardait le silence : cependant bientôt, d'un air affligé, elle dit : « Je vous en prie, mesdemoiselles, c'est assez parler du prochain, occupons nous de notre devoir ».

C'est bien le lieu de citer entre mille autres, le témoignage d'une de ses compagnes, jeune américaine que la vertu de Marie-Louise avait charmée : — « Ma petite sœur en Marie m'était toujours particulièrement chère. Elle avait une manière à elle de captiver tous les cœurs. Je me souviens si bien de sa grande amabilité pour moi et pour toutes les pensionnaires, mais surtout les étrangères. Pendant que les autres enfants de son âge ne pouvaient s'empêcher de sourire de notre vilain français, Marie-Louise était prête à toute heure à nous rendre mille petits services. Il me sera toujours très doux de penser à elle. On peut dire en toute vérité que c'était une *Enfant de Notre-Dame*. Toutes ses actions portaient le cachet de la maison où elle était élevée. Elle était à la fois, et d'une manière frappante, la modeste violette, la rose charmante et le pur lis de notre chère Congrégation[1]. »

7 décembre[2].

« Nous avons eu ce matin une réunion du Père pour les enfants de Marie. Il nous a parlé de nos devoirs, de la protection de notre bonne Mère, de la mort de ses fidèles enfants. N'est-ce pas, Mère bien-aimée, que je mourrai bientôt ?... Mon désir c'est de mourir entre vos bras pour que vous me conduisiez à Jésus. »

Depuis longtemps Marie-Louise avait compris la mission des Enfants de Marie au milieu du pen-

---

[1] Lettre à M. M. Madeleine.
[2] Notes de Marie-Louise.

sionnat, et ses compagnes n'ont pas oublié la douce et pieuse influence qu'elle sut exercer auprès de chacune. Déjà, depuis le 21 novembre, elle était présidente de la congrégation des Saints-Anges, et elle savait mettre à profit les ressources de son imagination et de son cœur pour animer ses jeunes sœurs à la pratique du bien. Nous allons résumer, par le témoignage d'une ancienne élève déjà citée, tout ce que nous aurions à dire sur ce sujet si fécond. « Marie-Louise désira très ardemment et longtemps le beau titre d'Enfant de Marie. Et que n'a-t-elle pas fait pour l'obtenir ! Que de luttes, que de combats !... toujours vaillante, elle s'élançait à corps perdu dans le sentier de la vertu ; aussi était-elle depuis longtemps notre modèle à toutes, si bien qu'on aurait pu dire : Suivez-la, vous la trouverez toujours au chemin du devoir !...... Mais il ne lui suffisait pas d'être bonne pour elle ; elle fut véritablement l'Ange du pensionnat. Les charges importantes, qu'elle y exerça à différentes époques, comme inspectrice, préfète de la congrégation des Saints-Anges, dignitaire de celle des Enfants de Marie, n'étaient pas pour elle une raison de s'élever au-dessus de ses compagnes et de faire sentir son autorité.... »

« Loin de là, il semblait au contraire qu'elle y vît le devoir plus strict de se faire plus complètement toute à toutes. En effet, elle ne s'appartenait pas en quelque sorte. L'une de nous était-elle dans la peine ou moins disposée à bien faire, elle était sûre de voir Marie-Louise venir à elle avec un sourire angélique, lui prodiguer de touchantes et affectueuses paroles, qui manquaient rarement leur effet : pour ma part, je *sortais toujours meilleure*[1] de mes entretiens avec elle. Étant inspectrice, l'occasion se présentait de temps en temps de donner quelques avertissements ; mais c'était toujours avec tant de douceur et de bonté, que les moins régulières, — celles mêmes qu'on appelle des diables, — l'aimaient. Les plus petites ne pouvaient rien faire sans Marie-Louise ; elle était la confidente de tous leurs secrets. »

« Entre mille traits de l'angélique influence de ce bon génie, je ne puis résister au plaisir de citer celui-ci : « Un jour — c'était à un concert — mon tour était venu, je ne m'en tirai pas mal d'abord ; puis arrivée à un passage assez difficile, je tremblais, j'allais échouer. Marie-Louise a tout déviné : elle se glisse inaperçue à ma place sans qu'il y ait interruption ; elle prend la phrase commencée et continue avec le plus grand succès jusqu'à la fin du morceau, après lequel elle disparaît, ne voulant rien pour elle, ni des applaudissements qui suivirent, ni de mes chaleureux remercîments. »

C'est ainsi que toutes : les petites, les faibles, les moins agréables, les étrangères étaient sûres de trouver en elle un appui, un défenseur au besoin ; toujours une aimable compagnie. Elle savait

---

[1] De toutes celles de nos enfants qui nous ont parlé de Marie-Louise, il n'en est pas une qui n'ait ajouté cette parole.

si bien donner le change sur les petites fautes qui pouvaient se commettre dans son entourage ; mais s'il s'agissait d'elle, c'était autre chose !... Elle était prompte à se condamner, et elle le faisait avec une humilité, un naturel, qui donnait à ses paroles toutes les apparences de la vérité. — Elle avait à un très haut degré le don de relever, d'embellir tout ce qui l'approchait... la moindre délicatesse, la moindre attention était remarquée, signalée à l'occasion : les lettres qu'a bien voulu nous confier madame Frossard, en offrent des preuves à chaque page.

Très souvent dans ses lettres, elle parle de la patience comme d'une vertu qui lui manque. Avec sa nature vive et ardente, ce n'était certainement pas sans efforts qu'elle avait pu l'acquérir ; mais à la fin surtout, il était facile de reconnaître quel empire cette enfant généreuse avait su déjà prendre sur elle. — « J'étais vive, écrit une voisine de classe déjà citée, rieuse, remuante, causeuse, je gesticulais quelquefois un peu à contretemps..... ; ce n'était pas toujours commode pour ma studieuse voisine, qui m'appelait l'enfant terrible de la classe... Alors elle suspendait un moment son travail et me regardait avec un sourire charmant, sans témoigner par aucun mouvement ni l'impatience, ni l'ennui [1]. »

[1] L'auteur de ces lignes, qui parle si modestement d'elle-même, était l'une de nos meilleures élèves, vive et pétulante, c'est vrai, mais digne en tout de l'affection que lui portait Marie-Louise, et, comme elle, Cordon d'honneur et Enfant de Marie.

Pendant les vacances probablement — elle avait organisé avec deux de ces compagnes un innocent complot, qui réussit à merveille pour les délicates et pieuses enfants. — Peu de jours avant Noël, arrivaient, à notre grande surprise deux beaux anges du sanctuaire. — Il fallut faire de longues enquêtes pour découvrir enfin le discret donateur... Les coupables, trahies par quelques indices, furent bientôt obligées de se reconnaître ; — et, à la joie générale, ces pieux adorateurs prirent leur place près de l'autel pour le jour de Noël.

— Nous avons tenu à mentionner ce fait, à cause de la circonstance touchante qui l'accompagne.

L'une des trois aimables enfants, entrée la dernière dans le complot, avait pris pour elle les piédestaux ; Marie-Louise avait prié ses deux amies d'agréer que son ange fût celui qui, un genoux seulement en terre, semble tout prêt à reprendre son vol vers le Ciel.

Celle d'entre elles qui nous apprit ce détail, en fut si touchée, qu'elle écrivit en mai 1881 [1] : « Maintenant plus que jamais, elle réalise l'idéal que lui offrait son bel ange..........................; elle jouit de l'extase éternelle. »

Il y aurait beaucoup à dire encore, et cependant il faut nous borner. Revenons donc directement à notre chère enfant; ouvrons de nouveau son petit journal. Nous trouvons à la date du 26 décembre : — « Hier mon cher petit Jésus est venu reposer

[1] Lettre à M. M. Madeleine.

dans mon cœur, et je me sens encore faible et lâche !.... Ah ! j'irai me jeter à ses pieds, je supplierai sa divine Mère de me permettre de le tenir dans mes bras, je le baiserai, je lui demanderai naïvement pardon, je lui dirai d'essuyer de ses petites mains ravissantes toutes mes larmes, de me sourire, de me tendre les bras, de me dire qu'il à oublié tout ce que je lui ai fait, de me permettre de lui dire encore : Je vous aime plus que mon ambition, plus que le succès, plus que le désir d'être aimée, estimée, admirée, plus que moi-même ; je vous aime pour vous, ô mon Jésus. »

Mercredi, 9 janvier.

Ah ! que je suis heureuse aujourd'hui ! heureuse comme rarement il m'a été donné de l'être. »

« Hier soir déjà, je goûtais cette paix infinie, cette ardeur nouvelle. Nous avons eu notre première réunion d'Enfants de Marie, prêchée par le père V..... J'ai pu voir un peu ce bon Père et je lui ai dit ce que j'avais fait à l'Immaculée Conception de l'année dernière [1], et que j'ai renouvelé cette année. Aujourd'hui, j'ai eu le bonheur de communier. Depuis ce moment béni, mille fois heureux, je sens en tout mon être un je sais quoi que je ne puis expliquer ; il me semble qu'un nouveau sang coule dans mes veines, que mon cœur s'est dilaté. J'ai renouvelé à mon bien-aimé ma

---

[1] Elle avait, on s'en souvient, fait secrètement le vœu de virginité.

promesse, et il m'a montré qu'il en était heureux. Oui, maintenant je suis toute à lui. Gardez-moi, ô mon Jésus, vous êtes plus que jamais mon protecteur, mon appui, mon tout ; protégez, conservez-moi toujours ce que je vous ai consacré : ne permettez pas que je souille ce que j'ai promis de vous garder intact. Un lien secret m'unit plus intimement à vous, je puis me dire vôtre. Mon Jésus, mon Jésus, que je vous aime toujours et toujours davantage, d'un amour généreux, énergique, fort, inébranlable, zélé, ardent et fidèle jusqu'à la mort. »

« Tout de moi est à vous et n'a pour unique but que vous. Daignez sourire *du pacte que mon cœur vous a fait*, acceptez-le Jésus ! [1]. »

« Toute la journée j'ai goûté des joies infinies ; vous ayant tout donné, je n'avais plus rien à moi, j'étais libre ; je vous avais dans mon cœur et vous me donniez la force ; vous me parliez et j'étais bien heureuse, oui, je suis bien, bien heureuse. »

[1] Ici, comme dans plusieurs autres passages, nous avons respecté jusqu'aux incorrections, pour ne rien ôter au charme de la naïveté. — Cette parole a particulièrement frappé un critique sérieux très compétent en ces matières. Voici le remarquable jugement qu'il en porte :

« Le style de Marie-Louise, toujours noble, correct, précis et clair, sans recherche, d'une élégante sobriété, n'offre que ce seul exemple d'une tournure étrange : l'expression n'est étrange que parce que la langue s'est trouvée impuissante à rendre ce qu'éprouvait l'âme enivrée de cette enfant dans ses communications avec son céleste époux. — Deux choses ressortent de ce pacte auquel Notre-Seigneur a daigné sourire : une donation dont rien ne sera repris, et comme un rayon du Ciel qui a illuminé le reste de sa vie.

« Que sera-ce donc au Ciel ? Ah ! le Ciel, c'est mon unique rêve ; c'est là que, lorsque je me sens fatiguée, attristée, je reporte mes pensées ; c'est là qu'est mon cœur, puisque c'est là qu'est mon Jésus. Le Ciel, c'est déjà ma vie en espérance, en désir; le Ciel, c'est ma patrie où mon Bien-Aimé m'attend. Je ne rêve plus que le Ciel, le Ciel avec lui dans une union délicieuse, éternelle, immense. Cette pensée, ce rêve de béatitude ne me quitte plus. Quand donc, moi aussi, ferai-je mon voyage de noces dans ce séjour adorable ? »

Ne dirait-on pas les accents enflammés de l'angélique Agnès !.. — Mais continuons : aux transports de l'amour jouissant, succèdent bientôt ceux de l'amour généreux, qui s'abandonne et se sacrifie — s'il le faut — au bon plaisir divin.

« Ah ! s'il était possible que je fusse Jésus, et que Jésus fût moi, bien vite j'exaucerais son désir. Mais si mon Dieu ne veut pas me contenter, faut-il que je m'en attriste ? Non, car je pourrai pendant mon exil lui gagner des âmes. Des âmes, voilà le cri de son cœur divin; voilà ce qu'il demande et ce que je veux lui offrir. J'ai senti ce matin que Jésus déversait dans mon cœur un peu de ce désir ardent, de cette soif inextinguible qui anime le sien, — je sens que j'aime plus que jamais mes parents, mes mères, mes compagnes; tout ce qu'aime mon bon Maître : les petits, les pécheurs, les pauvres.... »

Les pauvres ! voilà encore une des chaudes affections de cette âme privilégiée : sa plus douce joie était de passer quelques instants avec les enfants de la classe gratuite ; Marie-Louise avait pour elle mille petites délicatesses, dont les cœurs charitables connaissent seuls le secret. Tantôt c'était un arbre de Noël, qu'elle organisait avec quelques-unes de ses compagnes ; tantôt — à la foire du 7 juillet, par exemple — elle se procurait mille petits objets : jouets, petites douceurs, qu'elle se faisait un bonheur de distribuer le soir ou le lendemain à ces petites filles.

Elle s'était particulièrement intéressée à l'une d'elles. Dans une fête donnée aux enfants de cette classe, elle l'avait remarquée entre toutes à cause de son air pauvre et souffrant : dès le lendemain, elle s'informa de cette petite fille, désira la voir de près et, s'apercevant que sa toilette était plus que négligée, elle l'entraîna adroitement dans un lieu écarté, et là se dépêcha de la débarbouiller, de la peigner à fond : si bien qu'au retour l'enfant était méconnaissable et ne tarissait pas sur les bontés de Mlle Marie-Louise. Celle-ci fut peu charmée d'être découverte ; elle eût préféré que le parfum de cette modeste fleur fût pour Dieu seul. Elle ne perdit pas de vue cette enfant ; et même après son départ, elle continua à la protéger de loin par l'entremise d'une de ses meilleures amies, qui lui promit de la remplacer auprès de la petite Florine. Marie-Louise savait au besoin se faire solliciteuse pour ses chers pauvres, et cela en termes pleins de grâce ; écoutons plutôt.

Bien chère Cécile,

« . . . .

«.... Je suis depuis quelque temps occupée d'une grande chose : une loterie qui doit se tirer le lundi gras. En tant que zélatrice, je m'agite pour remplir ma mission : j'ai donc pensé que toi, ma Cécile, tu voudrais bien t'unir à cette bonne œuvre ; car le résultat de la loterie est destiné aux pauvres, que nous allons visiter nous-mêmes. J'espère que tu ne repousseras pas mon humble requête ; et que, stimulée par mon zèle, tu voudras bien partager un peu ma mission en me prenant d'abord des billets, et en voulant bien ensuite en offrir à tes chers parents. »

« Pardonne-moi, ma Cécile, excuse ma hardiesse, mais que ne fait-on pas pour les pauvres ?.... »

La lettre suivante complètera les détails relatifs à sa petite protégée. —

13 janvier 1878.

« Bien chère Maman,

« Je commence, avant de te rien raconter, par t'embrasser bien affectueusement — ce dont j'ai besoin, je te l'assure, — et ensuite par te remercier de ton excellente lettre, qui m'a fait un grand bien. »

« J'ai passé une très agréable semaine, ayant été choisie dimanche dernier comme roi, par une des reines que le sort avait désignées. Jeudi dernier, les dix têtes couronnées obtinrent le privilège de passer une partie de la journée à la chambre à four pour confectionner une quantité de petits gâteaux excellents : hier nous sortîmes pour porter à une pauvre famille de quoi faire un bon diner complet. La joie de ces pauvres gens en voyant nos paniers remplis de viande, de lard, de riz, de pommes, etc... était un bonheur pour nous. »

« Leurs deux petites filles viennent à la classe gratuite du Couvent, où plusieurs fois je les ai vues. Jeanne et moi nous avons adopté la plus jeune, pauvre enfant sale, déguenillée ; nous nous efforcerons de lui fournir l'habillement nécessaire et de la sortir de sa malpropreté. »

« En revenant de cette promenade de charité, nous avons obtenu un autre grand plaisir, celui de faire une crême au chocolat. Nous voilà donc toutes les dix — munies d'un tablier — à piler du sucre, à casser du chocolat, à allumer du feu, à porter du bois, etc. ; quand tout fut confectionné, notre bonne mère Préfète nous emmena devant dix tasses pleines de notre crême, nous disant que c'était à nous à goûter les premières notre délicieuse cuisine : ce pourquoi nous ne nous fîmes pas prier. Après la confection de la crême, vint celle de nos couronnes, car la fête devait être complète. »

« Aujourd'hui, après la grande séance des numéros, où j'obtins mes quatre 6 — les premiers du pensionnat cette année — nous nous rendîmes au réfectoire, où nos blanches mains avaient préparé un magnifique dessert. »

« Jamais rois et reines ne furent plus joyeux que nous ; mais aussi aucun ne fut moins occupé de politique et d'affaires. »

Au milieu de cette aimable et joyeuse activité, la vie de l'âme se maintient toujours à la même hauteur ; ouvrons encore le journal.

Mardi 29 janvier. Saint François de Sales.

« Enfin j'ai pu voir hier soir maman Marie-Fourier, et lui confier ce que je n'avais pu me décider à dire... Je suis toujours de plus en plus heureuse. Ah ! si je pouvais ne jamais reculer dans cette voie bénie où mon Bien-Aimé a daigné me placer ! Si je pouvais l'aimer tous les jours davantage ! ne jamais arracher de son cœur une de ces douloureuses larmes ! le faire connaître, aimer...! Voilà mes désirs. Oui, je suis une petite ambitieuse, je veux toujours plus, je suis insatiable... — Quand je pense que j'ai plus de quinze ans, et que je suis si ignorante ; car, ô mon Jésus, je ne sais presque rien de cette science divine que vous enseignez à vos amis ; je ne sais pas encore me vaincre, pardonner, souffrir, aimer ; je pense qu'il faut bien me hâter de rattraper tout ce temps perdu, et ne plus m'arrêter au bord du chemin. — *Excelsior*, en haut : c'est là que j'aspire, aidez-moi, ô mon Sauveur, à y parvenir ; faites-moi trouver en vous toutes choses et garder fidèlement ce que je vous ai promis. »

Des sentiments si élevés ne paralysaient en rien cette activité d'esprit qui se portait avec intérêt sur tout ce qui est capable de captiver une intelligence de quinze ans. La lettre suivante en fait foi :

Mercredi, 3 février 1878.

Bonne et bien chère Mère,

« Quoique je n'aie point reçu de tes nouvelles, je commence mon petit récit hebdomadaire. J'espère que ton voyage a eu lieu, et qu'il s'est bien passé sans refroidissements et sans contretemps. »

« Tu as dû trouver Châteauvillain enseveli dans les neiges, ses habitants endormis par le froid, et Seurette engourdie. Quoi qu'il en soit, j'espère pourtant que tu as trouvé un bon feu et un dîner prêt : choses fort nécessaires quand on revient de voyage, surtout par le temps dont nous jouissons maintenant. »

« Pour moi, ce temps me va très bien ; il me réveille et m'anime. Que t'apprendrai-je de nouveau, sinon qu'hier nous avons eu une fête en l'honneur de la Présentation de l'Enfant Jésus, que demain nous en aurons encore une d'un autre genre. Maman Marie-Fourier est venue ce matin nous annoncer qu'elle nous préparait un plaisir. Nous aurons une réunion tout exceptionnelle, dans laquelle

nous entendrons un concert des plus extraordinaires, exécuté par *vingt-huit pierres*. Tu as sans
doute entendu parler de cette curieuse découverte.
Ce monsieur qui en est l'auteur, la fit il y a à peu
près vingt-cinq ans. En travaillant ou plutôt en di-
rigeant des travaux dans une carrière, il entendit
très bien des sons que rendaient certaines pierres
jetées par les ouvriers. Sans plus de données, il
rechercha, et — au bout de neuf mois — finit par
trouver une pierre rendant un son parfaitement dis-
tinct. »

« Poursuivant ses recherches, en vingt-quatre ans
il put en réunir vingt-huit, avec lesquelles il résolut d'organiser une harmonie. A force de travaux,
et surtout à force de patience et de persévérance,
il parvint à son but. Il paraît que ce chant des
pierres est très mélodieux, les sons produits sont
excessivement purs. De plus, il a aussi découvert
dans des pierres des fleurs inconnues très brillantes, très jolies, quoique pétrifiées. Nous nous
réjouissons beaucoup de cette séance qui, tu le
vois, sera extrêmement curieuse... »

4 février.

« Le concert des pierres nous a toutes enchantées
et excessivement surprises. C'était vraiment harmonieux !... »

Reprenons les notes toujours plus entraînantes :

Lundi gras.

« Mon Dieu, mon Dieu, je vous bénis et je vous aime dans le sacrifice que vous me demandez, dans ces larmes que vous me faites verser. Jésus !... que votre nom est doux ! c'est un parfum délicieux, un baume qui cicatrise les blessures du cœur.... Jésus, toujours Jésus !!! — « Petit oiseau ne chante jamais si bien que dans le bois où il a appris à chanter. — » Je le sens, ô mon Dieu !... la paix revient à mon cœur.... Je veux vous chanter où j'ai eu le bonheur de vous trouver. »

Mardi gras.

« *Secretum meum mihi !* Mon Jésus a parlé, et mon âme s'est fondue de joie, et mon cœur s'est dilaté. Mon Dieu, pardonnez à ces âmes qui ne vous aiment pas, qui vous offensent ; elles ne savent pas ce qu'elles font.

Mercredi des cendres.

Oui, mon Seigneur, je veux passer cette sainte quarantaine dans la pratique de la mortification, de la charité, du zèle. Je veux partager un peu vos souffrances. Cette croix, oh ! faites-la moi encore sentir, mon Bien-Aimé, mon Jésus, mon amour, ma vie. Je veux souffrir, souffrir beaucoup ; je veux mourir pour vous. O mort ! viens briser mes chaînes, délivre-moi de ce cachot où je languis ;

va, je ne te crains pas ! je t'aime, puisque par toi
seulement je pourrai m'unir à mon Bien-Aimé. »

Mardi, 12 mars.

« Toujours des grâces, toujours de nouvelles faveurs ! Aujourd'hui, notre réunion d'enfants de
Marie. Aujourd'hui je suis entrée dans cette œuvre
admirable du *Vœu national*... **Je suis votre
petite victime :** frappez, ô mon Dieu !... **C'est
pour ma France chérie.** Depuis que vous
m'aviez demandé de m'offrir à vous pour cette
chère patrie, je l'avais fait ; je m'étais donnée tout
entière. Que je suis heureuse, ô mon Dieu !... mais
qu'ai-je donc fait pour mériter un tel bonheur ? »

Dimanche 17.

« .... J'ai reçu aujourd'hui le cordon de Saint-
François. Jésus, mille fois merci ; vous m'écrasez
de vos faveurs infinies ! »

Au milieu de cette ardeur toute céleste, Marie-
Louise était à tous ses devoirs, et ne se désinté-
ressait d'aucune chose.

Nous trouvons, précisément à la même date,
dans le Journal du Pensionnat — au n° 53 — une
critique littéraire signée de son nom. Les études
du cours spécial qu'elle suivait alors, lui ayant
laissé peu de facilité de prendre part aux compositions de cette période, elle pouvait en juger avec
indépendance et impartialité.

Ce petit travail est un modèle de justesse, de

saine et bienveillante critique, de grâce et d'amabilité. Nous le donnons en note [1].

La fête de saint Joseph apporta à la pieuse Enfant de Marie une nouvelle effusion de grâces. —

[1] CRITIQUE LITTÉRAIRE.

Le progrès si remarquable que nous avons signalé pour les sciences, n'approche pas de l'essor donné aux lettres. — La prose a gardé sa place d'honneur ; mais plusieurs d'entre nous, sentant s'allumer en elles la flamme divine qu'on nomme la poésie, nous ont fait entendre quelques échos de cette harmonie céleste qui sait faire vibrer les fibres mystérieuses des cœurs. Beaucoup d'œuvres remarquables se disputent l'honneur de la victoire : c'est sur elles que nous voulons porter un jugement, non en censeur sévère, mais en critique ami.

Voyons d'abord la prose. L'intérêt est de suite captivé par : *Les Fleurs, Le Rayon de Soleil, Si j'étais Ange!...,* compositions toutes gazouillantes et parfumées, d'un jeune écrivain dont les premiers essais sont déjà des fleurs charmantes. Nous l'apprécierons plus encore, lorsque les années, en passant sur son front, auront mûri son talent et donné à la force des pensées de dominer toujours au milieu des gracieuses images. Faisons une citation. Après avoir décrit avec un cœur ardent les sublimes missions qu'elle envie aux anges, elle termine par cette charmante et délicate pensée : « Puis, lorsqu'un jour je serai devenue un ange des cieux, j'irai dire à ma Mère, que j'ai tant aimée sur la terre : mère, je veux être une perle dans votre couronne ; car c'est vous qui m'avez transformée ! »

Voici un autre genre : *Ce que c'est qu'une enfant de Notre-Dame.* On sent dans ces lignes la vie d'un cœur tendre et généreux qui a déjà beaucoup souffert, et qui retrouve au sein de notre tranquille royaume toutes les affections brisées.

Puis viennent des œuvres sorties de plumes plus exercées. Nous ne ferons que nommer un charmant dialogue en vers : *Les Etrennes de l'Enfant Jésus,* ravissant de grâce et d'ingénuité. Ce n'est pas la seule production d'un auteur qui ne manque pas d'inspiration, surtout lorsqu'il sait se maintenir à la hauteur du *Sursum corda.* — Vient ensuite son émule plus exercée peut-être encore, et dont le style tantôt ferme, tantôt gracieux, sait se plier aux différentes formes que peut revêtir la pensée. Tour à tour prosateur et poète, narrateur et fabu-

19 mars, Saint-Joseph [1].

Je suis plus heureuse que jamais aujourd'hui. Que sera-ce donc que le Ciel, si déjà ici-bas on peut éprouver tant de bonheur ! Donnez-le moi ce beau Ciel où j'aspire, ce Ciel des Vierges ; donnez-le moi bientôt. Toute la journée je n'ai cessé de penser à la mort, et ce doux penser ravissait mon cœur. »

liste ; exprimant avec une égale aisance et un même bonheur les gracieuses ingénuités des voix enfantines, comme les grandes pensées et les nobles sentiments. Au premier rang, nous voyons les plus délicates productions qui soient écloses sous sa plume : *Une Vision maternelle. — Les Pourquoi de l'Enfant Jésus près de la Crèche — A Pie IX.* — Dans les sujets d'un autre genre, nous remarquons une relation historique, qui joint à une exacte vérité tous les ornements que comporte le sujet : *La bataille de Tolbiac, envisagée sous le double point de vue de ses conséquences pour l'Église et pour la France.* Voici sous quelle impression d'espérance l'historien laisse son lecteur, par ces consolantes paroles : « Non, s'écrie cette âme patriotique, la Fille aînée de l'Église ne peut perdre son ancien prestige, elle a donné naissance à trop d'âmes d'élite qui l'ont glorifiée : chaque jour encore elle enfante une trop grande multitude de héros. Non, le Royaume de Marie, la Terre consacrée au Cœur divin, la France de Clovis ne peut périr. »

La légende a su aussi captiver cette imagination féconde excellant dans tous les genres. *Mon oiseau préféré* en est un exemple ; mais nous renonçons au plaisir d'en donner l'analyse, car l'espace ne nous le permet plus.

Nous avons à louer non seulement des œuvres particulières, mais encore des écrits collectifs ; car il est des circonstances où personne n'abdique le privilège de faire parler son esprit et son cœur ; ces œuvres sont la confirmation d'un axiome

1. Suite des notes de Marie-Louise.

« J'ai reçu ma première absolution générale ; c'est une nouvelle vie que je veux commencer ; je ne veux plus souiller ma robe blanche. Si je pouvais — quand mon Bien-Aimé fera entendre sa voix ravissante pour me dire : *« Viens, ô ma colombe, l'heure a sonné pour toi ;* viens dans mon Paradis goûter la joie infinie de mes élus ; — *si je pouvais, m'élançant vers lui, lui montrer pur ce lis virginal* qu'il m'a donné aujourd'hui ! »

« Qu'il fait bon, Seigneur, au pied de vos autels, quand des voix pures et mélodieuses s'unissent aux sons harmonieux de l'orgue, pour chanter vos louanges ; quand une demi-clarté règne dans le saint lieu, qu'il fait bon soupirer sa prière, vous murmurer des paroles d'amour. Il semble que rien ne sépare l'âme de son Dieu et que, brisant ses liens, elle va pouvoir s'envoler vers lui. »

bien connu : *L'Union fait la force :* tels sont : *Apôtre et Soldat, la Solitude* *. Parcourant tous les âges nous avons pu vérifier la justesse de cette parole : « La solitude est la patrie des forts. » Les auteurs nous montrent que du sein de la solitude, sont sortis les grands génies, les héros de la science et de la sainteté, et que de là seulement peuvent sortir des âmes capables de relever la France et de sauver la société qui périt ! « Des forts, des forts, il en faut de nos jours pour prier, pour pleurer, pour agir dans le silence et l'humilité pendant que d'autres combattront à la face du monde. Ces forts — humbles et cachés — ce sont les femmes qui, elles aussi, peuvent, doivent travailler pour relever le nom de la patrie... » Telles sont les pensées qui terminent cette belle composition.

1. Faveur spéciale accordée alors aux membres de la confrérie du Cordon de St François, et obtenue par Mgr de Ségur en faveur de l'association de St François de Sales, fondée par lui dans un but apostolique.

* Compositions de la 1re classe.

« O mon Jésus, mon cœur a besoin de l'infini, *rien de terrestre ne peut le satisfaire.* Que me veut le monde ? Qu'ai-je besoin de lui ? Que peut-il me donner ? Non, ô mon Dieu, *mon cœur est plus grand que le monde, et vous seul êtes plus grand que mon cœur !....* »

« Saint Joseph ne refuse rien le jour de sa fête, aussi ai-je confiance que ce bon Père aura pitié de moi, qu'il m'obtiendra *tout* ce que je lui ai demandé. »

« Dès aujourd'hui je me consacre tout spécialement à l'honorer, à l'aimer de tout mon cœur ; je veux être sa petite servante, son enfant. Bénissez-moi, ô bon saint Joseph, par la petite main de Jésus ! »

Mercredi 20.

« Mon Bien-Aimé, je veux vous aimer toujours plus ! Vous voulez bien m'unir à vous par la souffrance ; que vous soyez béni, mon Dieu, je suis heureuse puisque vous le voulez ainsi. »

L'ardeur non interrompue de Marie-Louise pouvait donner le change ; cependant, sans avoir pu sonder toute la profondeur du mal, on sentait le besoin de l'entourer d'une sollicitude plus spéciale ; aussi était-elle à cette époque contrariée, entravée dans son zèle pour l'étude, par un règlement particulier qui retranchait une partie de son travail, comme elle le dit dans une lettre que nous avons sous les yeux. On n'en usa cependant qu'avec précaution ; car on savait par expérience que, pour une nature de cette trempe, une contrainte trop grande devait être plus nuisible que le mal lui-même. D'après les notes qui précèdent, on voit que Marie-Louise déjà souffrait ; il ne faut donc pas s'étonner si, pendant une courte vacance qu'elle passa à Nancy auprès d'une de ses sœurs, elle ne fut pas trouvée tout à fait la même qu'à l'ordinaire, et s'attira d'affectueux reproches qui lui furent sensibles.

Une bonne lettre de sa mère, à qui elle avait confié son petit chagrin, la console si pleinement, qu'elle lui adresse immédiatement cette affectueuse réponse :

Lunéville, 7 avril 1878.

Très chère Mère,

« Ta grande lettre m'a été délicieuse ; je ne puis te dire comme elle m'a fait du bien ; car, je dois l'avouer, j'avais une petite pointe de tristesse ; mais en lisant et relisant tes chères pages, j'ai senti tous les nuages se dissiper : tout ce que tu m'as écrit est si excellent, si vrai. Je reconnais mes torts ; j'avoue parfaitement que je n'aime pas ce dont mes sœurs voudraient que je fisse mon plaisir ; mais tu me corrigeras, Mère chérie, tu m'apprendras à devenir et femme pratique et femme du monde, puisqu'il le faut !.... »

« Les vacances de Pâques commencent le samedi saint à huit heures, pour finir comme tous les ans, le lundi de Quasimodo. Je me réjouirai si le projet de nous réunir à Saint-Dizier peut se réaliser ; tâche de venir, ma petite Maman. »

« Adieu, Maman bien-aimée, écris-moi bientôt : je suis si avide de tes lettres ! »

Je t'embrasse,

Ta petite MARIE-LOUISE.

Le désir qu'avait alors Marie-Louise de revoir sa chère maman était extraordinairement ardent, et lorsqu'on sait quelles furent les tristesses et les craintes de cette première entrevue, on ne peut lire sans un serrement de cœur la lettre suivante, la dernière qu'elle écrivit de Lunéville :

14 avril 1878.

Bien chère Maman,

« Je veux tout de suite te dire que j'ai quelque chose au cœur contre toi. Tu me dis que tu ne peux venir à Saint-Dizier que le lundi, et que nous aurons toujours le temps de nous voir jusqu'au lundi suivant. Pour moi, je ne suis pas de ton avis ; je trouve que c'est déjà trop peu pour te voir. Maxime, lui, peut t'embrasser plusieurs fois par semaine, et, moi, pas une seule fois ! il t'a vue tout l'hiver, et moi, je ne t'ai pas vue depuis le mois d'octobre : la balance n'est pas juste, et tu veux encore me reprendre deux jours !... J'espère que Maxime lui-même te dira qu'il faut satisfaire mon ardent désir ; je le connais assez généreux et aimable pour présumer cela de lui. »

« Tu ne me parles pas de ton rhume, ni de ta santé ; faut-il en conclure que le premier a enfin lâché prise, et que la seconde est bonne ? Je l'espère. — Pour mon compte, je tousse encore ; mais je pense que cette semaine j'en verrai la fin. C'est pourtant à Nancy que j'ai attrapé ce rhume, qui m'est si attaché. »

« Nous avons eu hier un grand examen de maman Marie-Fourier, qui a été très contente de nous. — J'ai été aussi cette semaine 1re en diligence et 2e en orthographe ; je continue à travailler avec ardeur mon arithmétique ; aujourd'hui seulement, elle me cause une ombre de tristesse, ne pouvant parvenir à résoudre plusieurs questions. Dieu aidant, j'y parviendrai. »

« Adieu, ma bien-aimée Maman, je pense que tu ne m'en veux pas de ce que je t'ai dit tout d'abord ; vois-tu, mon désir de te voir, et longtemps, est si grand, que la pensée de n'être que huit jours avec toi m'avait attristée. »

« Je t'envoie mes plus tendres baisers pour te décider à me contenter. »

Ta petite MARIE-LOUISE.

Enfant de Marie.

Marie-Louise avait-elle reçu quelque pressentiment que sa carrière dût si tôt finir !... Nul ne saurait le dire. Quoi qu'il en soit, — « elle avait grande envie de nous quitter pour le Ciel — nous dit une de ses amies. — Pendant les trois derniers mois de son séjour au couvent, elle ne me parlait plus guère que de cela ; et même ce désir effaçait celui qu'elle avait — bien grand pourtant — de consacrer sa vie à travailler pour le bon Dieu [1]. »

Nous arrivons aux dernières notes du précieux recueil : ce n'est plus une marche vers le Ciel, c'est un vol.

Mercredi, 10 avril.

« Que vous êtes bon, ô mon Dieu, pour ceux qui vous aiment et qui espèrent en vous ! vous seul ne les abandonnez pas ; vous êtes toujours là pour les soutenir et les consoler. Vous ne vous lassez point d'entendre leurs gémissements, d'écouter leurs plaintes, de recueillir leurs larmes : rien n'est au-dessus de votre tendresse. »

» Mon Jésus, je voudrais m'unir à vous ; mais mes passions immortifiées empêchent cette union ineffable ; toujours je voudrais m'élever à vous, et malgré mes efforts, je retombe ! »

« Console-toi, ô mon âme, **N'entends-tu pas comme le premier murmure qui annonce l'arrivée du Bien-Aimé !...** Encore un moment, et tu le verras ; encore un moment, et rien, non rien ne pourra te séparer de lui... pour toujours !... pour toujours, mon Jésus ! »

« J'ai pris pour pratique cette parole : *Quoi qu'il arrive, toujours souffrir et humblement me taire.* »

« J'ai déjà offert trois communions réparatrices pour la France. »

[1] Lettre d'avril 1882.

QUATRIÈME PARTIE

1878-1881

I

Marie-Louise à Saint-Dizier. — Son mal prend un caractère alarmant. — Sa douce résignation. — Résolution d'un séjour dans le Midi. — Comment Marie-Louise, malgré ce brusque changement de situation, reste fidèle à ses généreux desseins de perfection.

Au revoir, nous avait dit la chère Marie-Louise en nous quittant le 20 avril : c'était un véritable adieu ; plus de revoir pour nous ici-bas ! Le rhume qui l'avait saisie peu de temps avant son départ, prit un caractère alarmant, et, au lieu du retour, nous apprenions la résolution de madame Frossard de garder auprès d'elle sa chère enfant. Ce fut une vraie douleur pour sa famille de Notre-Dame, où elle laissait d'ineffaçables souvenirs.

Cette réunion à Saint-Dizier, chez sa sœur, dont elle s'était tant réjouie, fut donc toute différente de ce qu'elle s'en était promis ; le bonheur de se retrouver en famille était gâté, pour les uns et pour les autres, par de tristes appréhensions, malheureusement trop bien fondées.

« Je ne puis vous exprimer, écrivait-elle le 11 mai, à notre Mère Supérieure, toute la peine que j'ai ressentie quand on m'a dit que j'allais quitter le couvent. J'en ai souffert d'autant plus vivement que je ne voulais pas le montrer à maman ; car elle en aurait eu de la peine. La nuit seulement je pleurais en pensant à vous, ma chère Maman, à ma tante, à toutes mes bonnes Mères, et à mes compagnes. J'ai offert toutes ces souffrances du cœur au Cœur de mon Jésus, en lui disant qu'elles m'étaient plus vives que les douleurs physiques qu'il m'envoie. Je ne saurais assez vous dire combien je vous suis reconnaissante d'avoir bien voulu prier et faire prier pour votre *petit tourment*. »

« . . . .

« Adieu, bien chère Maman, je réclame un de vos plus affectueux baisers de mère pour votre pauvre petite fille, qui ne peut plus vous en demander chaque jour. »

Dans la lettre suivante, elle s'étend plus longuement sur le même sujet.

« Bien chère Jeanne,

« Voilà déjà deux longs mois que nous sommes séparées, et que de choses imprévues se sont pas-

sées !... le doux lien qui nous unissait s'est subite-
ment brisé !!! Je ne pourrai jamais assez vous exprimer le regret que j'éprouve d'avoir quitté si tôt
notre cher Couvent, nos Mères et vous, chère petite
sœur ; vous savez bien comme je puis vous regretter ; comme je sens vivement cette triste séparation,
après avoir goûté les douceurs d'une amitié éclose
à l'ombre du Sacré-Cœur. Plus que jamais je
dirai : *Fiat !* mais mon cœur ne sait oublier... aussi
que de souvenirs lui rappellent ces jours passés
ensemble... les plus doux de notre vie ; ces plaisirs
innocents, ces saintes joies, que nous aimions tant
à goûter. Tous ces parfums suaves et fortifiants me
consolent un peu de l'absence. »

« Vos bonnes lettres m'ont fait un bien vif plaisir ;
malheureusement, je crois qu'il sera impossible que
je vous satisfasse, ma bien chère Jeanne, malgré le
grand désir que j'en aurais...

Le seul voyage que je ferai sans doute sera d'aller dans le midi, où je passerai l'hiver. Combien
je regrette de ne pouvoir réaliser ce projet [1] que
nous avons si souvent caressé dans le cloître, le
soir !... »

« J'aurais encore bien des choses à vous dire, ma
chérie ; mais ma pauvre main n'y tient plus ; soyez
sûre que mon cœur ne défaillira pas... »

« Écrivez-moi bientôt ; racontez-moi ce qui se

---

[1] Passer ensemble quelque temps des vacances chez la
grand'mère de Jeanne, qui en avait fait l'invitation.

passe au Couvent, ce que vous faites : tout cela m'intéresse. »

« Et maintenant, ma chérie, adieu... »

MARIE-LOUISE.

Après 15 jours de soins et de repos à Saint-Dizier, Marie-Louise vint avec sa mère habiter Versailles, où se trouvaient établis quelques membres de la famille. C'était le plus sage parti à prendre pour le moment ; car les médecins défendaient absolument tout travail, et cependant il eût été dangereux de laisser sans aliment cette nature si active : à Versailles, au milieu de ses petits neveux et nièces, — qu'elle aimait tant — elle trouvait d'agréables et utiles distractions, et échappait à la pensée bien douloureuse pour elle de n'avoir plus l'occasion de faire du bien.

La chère enfant était gravement atteinte ; elle dut suivre un traitement sérieux, même parfois douloureux ; mais avec sa douce résignation, elle supportait tout sans se plaindre.

Vers la fin de l'été, on sentit la nécessité de la soustraire aux frimas de l'hiver, et le départ pour le Midi fut résolu.

Marie-Louise avait souvent rêvé au beau ciel de la Provence [1] et de l'Italie ; aujourd'hui elle allait

---

[1] Le 11 août de l'année précédente, fatiguée par un temps froid et pluvieux — qui produisait toujours sur sa nature délicate une pénible impression, — elle écrivait de Toul à l'une de ses amies : « ... Riez si vous voulez ; mais je voudrais le

voir se réaliser son rêve, mais au prix de grands sacrifices : se séparer pour longtemps de sa famille bien-aimée ; abandonner ses chères études ; rompre brusquement avec sa « bonne vie du Couvent » et avec toutes les affections qu'elle y avait laissées.

Quoiqu'elle n'eût pas eu le temps de prévoir cette épreuve, elle y était cependant préparée par la pratique habituelle, à elle déjà si familière, de l'esprit de sacrifice. Elle entrevit donc, sans trop de peine, ce départ, et même, lorsqu'il fut tout à fait décidé, elle l'attendit avec une impatience fébrile, espérant y trouver la guérison ; non pas pour ne plus souffrir, mais, si telle dût être la volonté de Dieu, pour prendre dans la vie sa part — qu'elle voulait faire très large — de générosité et de dévoûment. Chaque fois que, dans ses lettres, elle exprime un désir ou un espoir de retour à la santé, elle n'en donne jamais d'autre raison.

Si pénible que dût lui être cette détermination, elle le fut sans doute plus encore pour madame Frossard ; Marie-Louise n'était pas le seul objet de sa sollicitude, et l'excellente mère se trouvait partagée en ce moment par d'autres préoccupations sérieuses, bien capables aussi d'occuper un cœur maternel.

Pourtant, il n'y avait pas à reculer devant les exigences impérieuses de la situation. La résolu-

ciel de la Provence pour rasséréner un peu mon pauvre moi-même. »

tion ne se fit point attendre, et — toutes choses réglées le plus sagement possible — la mère et la fille prirent le chemin de l'exil, accompagnées de Maxime, qui devait passer avec elles le reste des vacances.

A l'aide des quelques détails que nous avons sous les yeux, nous pourrons suivre Marie-Louise jusqu'à la fin, recueillant chemin faisant les témoignages d'estime et de sympathie, d'admiration que la chère enfant préparait et accumulait à son insu pendant ces trois années de souffrance. Du reste, elle nous initiera elle-même par sa correspondance à cette nouvelle et douloureuse phase de sa vie.

L'absence de notes semblables à celles que nous avons à l'époque de la première communion et du séjour au couvent sera une immense lacune. Cependant, grâce aux précieuses pages que nous ont confiées sa famille et ses amies, nous pourrons dans une certaine mesure compléter cette rapide esquisse, et mettre à découvert les riches et abondants trésors de raison, de foi et de piété que renfermait cette âme d'élite.

Ces trésors firent jusqu'au dernier moment la joie et la consolation de ceux à qui elle était chère, et ils nous resteront pour perpétuer cette douce mémoire, comme un hymne à la gloire de Celui qu'elle a tant aimé !

Pendant ces trois années de vie solitaire et intime, de souffrances, de douloureuses appréhensions, il y eut, pour la mère et pour la fille, des heures de jouissance ; mais il y eut surtout des heures d'angoisse. Ces deux cœurs, si dignes l'un de l'autre, partageaient les premières, lorsque, de temps en temps, le bon Dieu les semait sur leur route, et ensemble lui en rendaient grâces ; — quant aux secondes, chacune les concentrait en son propre cœur, offrant ainsi un édifiant exemple de cette délicate et rare abnégation qui fait le charme des relations sociales et de la vie de famille.

L'âme de Marie-Louise, si expansive du reste, eut à souffrir de cette contrainte qu'elle crut devoir s'imposer ; — « Je sens un besoin immense de m'épancher, avait-elle écrit dans ses notes, quelques mois avant son départ du couvent ; je voudrais pouvoir ouvrir mon cœur, parler de tout ce qui l'enflamme, de mes projets d'avenir, de mes désirs, du ciel, de mon Jésus... »

Deux motifs l'engageaient sans doute à cette extrême réserve : Ne fallait-il pas d'abord respecter le secret de Dieu ! et pour Marie-Louise, ce secret était sacré. Un jour, une de ses mères lui rappelant les lois de prudence et de conseil qui doivent toujours régler la ferveur : « Comment, ma mère ! s'est-elle écriée, ne puis-je pas avoir un secret à moi toute seule avec le bon Dieu !... peut-il y avoir jamais à craindre de trop s'engager avec lui ! » — Le second motif n'est pas moins facile à comprendre. Toute la correspondance de ces trois années montre d'une manière très évidente que la chère enfant n'avait pas varié dans ses aspirations : Mais parler de vie religieuse, alors que son existence était si fort en question, eût été pour le moins prématuré ; parler du Ciel à un tel moment, n'eût-il pas été douloureux pour sa mère ? Le cœur de Marie-Louise, si délicat et si généreux, retourna sur elle le glaive. — Ne nous étonnons donc pas de retrouver si souvent sous sa plume ce *Fiat* qui semble devenir sa devise, le seul épanchement, pour ainsi dire, qu'elle accorde aux émotions de son âme : à l'heure qu'il est, c'est en effet le dernier mot de la perfection que Dieu demande de sa fidèle petite servante.

Dans cette dernière phase de sa vie, il n'est plus question de ces luttes entre la nature et la grâce, de ces élans enflammés qui la ravissaient en quelque sorte hors d'elle-même. Tout cela n'était qu'une préparation. Marie-Louise voulait servir Dieu parfaitement, elle cherchait : plusieurs routes s'étaient offertes à elle, et bien souvent dans ses perplexités, elle avait pu dire comme saint Augustin : « Mon âme est dans l'agitation, ô mon Dieu, jusqu'à ce qu'elle se repose en vous. »

Lorsque par la maladie, Dieu lui fait connaître sa volonté, elle devient plus calme, et ne cherche plus autre chose qu'à le glorifier dans cette vie nouvelle, et à s'y sanctifier. Notre-Seigneur semblait avoir pris au mot sa *petite esclave*, — comme elle aimait à s'appeler (on le voit dans ses notes). — Elle s'était offerte..... et maintenant nous allons voir la généreuse victime sur sa croix. Désormais elle ne parlera plus de projets d'avenir que rarement ; mais ce qu'elle maintient et répète souvent,

c'est qu'elle ne sera jamais qu'à Dieu seul : —
« Ou bien être à vous sans réserve, ô mon Dieu ou
bien mourir [1]. »

Ne croyons pas cependant que nous allons assister à une longue agonie. Dans cette forte nature,
la vie puissante de l'âme n'entravait en rien, nous
l'avons vu, l'activité de l'esprit ; d'ailleurs pour
cela il ne fallait que comprendre la piété solide et
vraie. Marie-Louise, qui l'avait si bien goûtée et
pratiquée, aimera Dieu sans partage comme auparavant ; mais elle sera à toutes les exigences de sa
nouvelle position et de ses nouveaux devoirs ; raisonnable, gaie, énergique, aimable et généreuse,
aimant ardemment sa famille, s'oubliant volontiers
pour les autres et, à l'exemple de celui de ses patrons qu'elle aimait particulièrement, trouvant tout
son bonheur à *se faire toute à tous* nous pourrions
ajouter *pour les gagner tous* ; car le salut des âmes
fut jusqu'à la fin l'une de ses grandes préoccupations.

[1] Cette pensée se trouve reproduite sous toutes les formes
dans le petit journal si souvent cité.

II

Au mois d'octobre nous trouvons Marie-Louise et sa mère installées à Cannes dans un hôtel sur les bords de la mer. La belle nature de ce ciel privilégié ravit son âme pure et candide, elle la décrit avec un charme inexprimable; elle nous racontera souvent ses joies, ses enchantements : — un trait rapide, un merci du cœur et de la foi remonte à chaque instant vers l'auteur de toutes ces magnificences.

Laissons-lui quelque temps la parole.

Cannes, 4 octobre 1878.

« Chère Jeanne,

Enfin me voici sous le beau ciel de la Provence. Depuis huit jours déjà je me réchauffe à son soleil brûlant, je contemple sa belle mer bleue, je respire tous ses parfums. — Je suis encore bien faible maintenant, aussi tu me pardonneras [1] de ne pas

[1] Jusqu'ici elle n'avait pas tutoyé ses amies de pension, par respect pour le règlement qui le défend.

t'écrire longuement. J'attends de toi, chère amie, une grande, une longue lettre, me racontant ce que tu as fait à Hunon; la rentrée, la nouvelle organisation des classes ; parle-moi des élèves, des anciennes. Je sais bien que tu vas me dire : Où veux-tu que je prenne le temps d'écrire tout cela ? — Ecoute-moi. Tu demanderas à ta mère de classe ce temps difficile à trouver ; lui disant qu'une lettre de mon cher couvent me fait mille fois plus de bien que toutes les pilules et sirops de ce monde. Mère T. de J. ne pourra me refuser cette douceur, cette consolation. »

« Tu vas travailler ferme cette année; d'avance je te souhaite de nouveaux succès, — à l'Académie cette fois. »

« Je m'arrête, chère petite sœur, à mon grand regret, je te l'assure, mais je suis un peu fatiguée, à toi ma première lettre depuis longtemps. Je t'envoie une provision de baisers, chère Jeanne. Si le divin Maître l'avait voulu, dans quelques jours nous nous reverrions ! Disons-lui: Fiat ! et soyons toujours unies dans son Sacré Cœur. »

Ta petite sœur.

Deux mois après elle écrivait à la même :

Cannes, 8 décembre 1878.

« Bien chère Jeanne,

« J'ai été tristement surprise en lisant les premières lignes de ta lettre... Je t'assure que j'ai prié

12

pour ta pauvre grand'mère chérie ; je savais toute l'affection qu'elle avait pour toi et que tu lui rendais bien... Mais n'est-ce pas, chère petite sœur, il faut toujours baiser cette main qui nous frappe. »

« J'ai été bien heureuse d'apprendre ta nomination de Présidente [1] ; je t'attends maintenant plus haut. Si l'Immaculée Conception prochaine... que dis-je ? ce serait trop loin ; si cette année tu étais *Enfant de Marie*, je t'en aimerais encore plus !... »

« J'ai regretté de ne pas être au milieu de vous hier, aujourd'hui. Si tu savais que je n'ai pas pu communier ! pas même aller à la messe ! on ne veut pas que je sorte — par le vent surtout — pour aller à l'église, où l'on craint que je ne m'enrhume, me fatigue, etc. ; c'est bien triste... Mais vois-tu le bon Maître veut m'apprendre à me renoncer, et je suis encore peu avancée dans cette science divine. »

« Pour ma santé, chère Jeanne, je ne suis pas trop mal, souffrant toujours un peu de douleurs névralgiques dans toute la tête, prenant mille précautions ; car le docteur est sévère. Ne crois pas que nous jouissions ici d'un printemps éternel ; nous avons fort bien un hiver, avec pluie, mistral, même des orages ; puis la mer n'est pas toujours aimable, et parfois, dans la nuit, elle a des grondements tout à fait effrayants. Depuis quelques jours cependant, nous avons un ciel plus pur et un beau

1. De la Congrégation des Saints-Anges.

soleil, ce qui n'empêche pas que les montagnes ne soient couvertes de neige. »

« . . . Je désirerais savoir si Florine est toujours au Couvent ; je pense que tu ne l'abandonnes pas ; soigne-la pour nous deux : dis-lui que je prie pour elle ; j'espère qu'elle est toujours sage ; donne-lui cette image de ma part. »

« Parle-moi aussi de la chère Congrégation des Enfants de Marie, des réunions, des œuvres que je regrette tant ! Dis à nos Mères, à ma tante, que je voudrais bien les voir ; j'aurais tant de choses à leur dire et je ne peux pas écrire longuement. Demande-leur de ne pas m'oublier auprès de Notre-Seigneur, auprès de Marie et de saint Joseph ; et puis je serais si contente si cette bonne Mère T. de J. voulait bien m'écrire un petit mot seulement. »

« Enfin embrasse mes chères compagnes d'un si heureux temps. Ecris-moi, raconte-moi tout ; car vois-tu, j'aime tant mon couvent, que je voudrais tout savoir comme si j'y étais encore. »

« Adieu, petite sœur chérie. . . »

« Ta petite sœur en Marie, »

Marie-Louise.

Voici une lettre de félicitation à cette même amie, qui vient d'être reçue Enfant de Marie.

Cannes, 3 avril 1879.

« Combien ta lettre dernière m'a fait de plaisir, chère petite sœur ! J'ai ressenti une joie pareille à celle que j'ai éprouvée en ce bienheureux jour de la retraite de 1877 où Marie-Immaculée m'a choisie pour son enfant ; ton bonheur, tes émotions je les ai goûtés. Que j'aurais voulu être près de toi dans notre chère petite chapelle, qui devait être bien ornée ce jour-là ; t'entendre réciter notre bel acte de consécration ; écouter ce cantique de l'Enfant de Marie, que j'aime tant ! J'ai été du moins unie de cœur avec toi, avec vous toutes, et j'espère que vous n'aurez pas oublié votre petite sœur exilée bien loin : tu le sais, le cœur d'une Mère aime qu'on lui rappelle souvent l'enfant absent. . . »

« Ma dévotion pour saint Joseph est encore plus grande depuis qu'il t'a obtenu cette faveur insigne d'être Enfant de Marie ; il est si bon saint Joseph !... prie-le un peu pour moi. Qu'il m'obtienne de Notre-Seigneur la passion de sa sainte volonté. . . »

« Si tu savais, ma Jeanne, comme je serais heureuse de revenir passer un jour seulement à mon cher Couvent ! On dit que le temps affaiblit les souvenirs, refroidit les affections ; pour moi je t'assure bien, il n'en est pas ainsi, je n'ai rien oublié, les moindres souvenirs me sont présents et je voudrais bien revivre de cette vie. Mais malheureusement je ne crois pas que cette année je puisse réaliser ce désir. . . »

« Oh ! c'est bien triste n'est-ce pas d'être séparé de ce que l'on aime !... mais il y a un ciel aussi, et l'espoir de s'y retrouver tous un jour et pour toujours, rend moins amères les peines de l'exil.

Écris-moi bientôt je t'en prie, tu ne peux t'imaginer comme cela me rend heureuse d'avoir des
nouvelles de mon couvent, de mes Mères. Dis-
moi, redis-moi ton bonheur... »

« Adieu, chère petite Jeanne, je te quitte déjà,
mais sois tranquille ; si ma plume s'arrête, mon
cœur parle toujours, je t'embrasse affectueusement
et te donne rendez-vous dans le cœur de Marie
près du Cœur de Jésus... »

« Ta petite sœur en Marie. »

Dans la lettre suivante, Marie-Louise laisse entrevoir quelque chose de son amour fervent, qui la
soutint si puissamment dans une lutte constante
contre la douleur, et la fit marcher à grands pas
dans la voie de l'abnégation et du sacrifice.

Cannes, 9 avril 1879.

« Chère Marie,

« . . . Quelle souffrance que ces mille précautions à prendre pour ma santé !... et cependant
notre bon Maître l'a voulu ainsi, il faut donc dire :
Fiat !... quand il nous ôterait tout, nous aurions
encore un cœur pour l'aimer. Oh ! si vous saviez
combien je voudrais aimer ce Dieu si aimable
et combien peu je l'aime ; mais là encore une
pensée me console : la communion des âmes, des
saints, qui me rend participante à tant d'actes de
vertus, à tant de martyres ! Bien souvent je me
dis : comme je prie peu et mal ; mais aussi à cette

heure, à ce moment que de prières ferventes s'exhalent vers Dieu... là-bas dans ce cher *Ménil* ! Quand je pense qu'il y a un an, nous y étions encore si intimement unies, si heureuses, si insouciantes de l'avenir ! Je n'oublierai jamais ce temps si doux, dont les moindres événements me sont présents, et dont je me repens de n'avoir pas mieux profité, ignorant qu'il devait être si court. Que de grâces j'ai laissé passer, que d'enseignements ! »

« Si je ne vous ai pas donné de mes nouvelles, je n'en ai pas moins pensé à ma chère petite sœur, en disant la prière : *O cœur de mon Jésus*, au pied de l'autel ; dans mes communions, — bien rares hélas ! — dans mes promenades, en contemplant le beau ciel de Provence ; au bord de la mer, en cueillant des fleurs, en lisant, que sais-je ? Mille fois j'ai regretté ma chère Marie . . . ».

« Il faut que je vous dise comme le Midi est beau, ravissant ! De mes fenêtres, je domine cette belle nappe bleue qui s'étend à perte de vue, ayant d'un côté la chaîne de l'Esterel, couverte de forêts ; de l'autre, les îles de Sainte-Marguerite (Vous rappelez-vous : Passez, gais bateliers... — dans le Masque de fer ?) et de Saint-Honorat ; tout autour de nous, un essaim de villas, plus jolies l'une que l'autre, et perdues dans un fouillis de verdure ;

---

1. C'était la prière prescrite par les constitutions de leur fervent petit tiers-ordre. — Elle continua à la réciter tous les jours.

puis, au fond de ce merveilleux tableau, de hautes montagnes aux cimes couvertes de neige, et enfin pour éclairer cet ensemble, un soleil magnifique dans un ciel d'azur. Mais il ne faut pas croire que cela soit toujours ainsi ; hier, par exemple, vous n'auriez pas reconnu mon beau Cannes : nous avons eu une tempête soignée ; la mer n'était plus reconnaissable ; elle, si douce, était devenue furieuse ; les vagues toutes blanches d'écume venaient se briser sur les rochers avec un bruit épouvantable, charriant une masse de varechs noirs et sales ; avec cela une pluie dont les averses de nos pays ne donnent qu'une faible idée ; un vent tellement violent que tout craquait : portes, fenêtres, cheminées... vous jugez de l'effet !

« . . . .

. . . .

« . . . . Je mène ici une vie bien paresseuse ; tout travail m'a été défendu ; aussi, je suis complètement dans la voie de l'oubli pour ce qui est des études, du piano ; je ne peux pas même dessiner. Je lis un peu et fais quelques bien innocents ouvrages ; puis je sors, je respire l'air vivifiant de la mer quand il fait beau ; le reste du temps, je me repose. Quelle différence de notre bonne vie d'autrefois, où l'on était toujours pressée ; j'aimais tant cela ! — Le bon Dieu a jugé bon pour moi d'arrêter cette ardeur, ce désir trop vif d'aller en avant, de vouloir tout entreprendre ; il aime que je sois autrement ; que m'importe le reste, *pourvu qu'il se contente et que je l'aime !* »

« J'ai appris que votre cher petit Gérald a une nouvelle cousine, et j'ai été heureuse pour vous : c'est si doux d'être tante et de l'être beaucoup. Pour moi, j'ai un nouveau petit neveu, dont j'ai été marraine avec Maxime, avant mon départ pour Cannes ; il s'appelle Maxime, il est voué à la sainte Vierge. Cet heureux bébé va aller à Pâques avec toute sa famille faire un pèlerinage de reconnaissance à Notre-Dame de Lourdes. »

« Je vous envoie quelques petites fleurs des montagnes : il y a un *ne m'oubliez pas. —* »

« Adieu, au revoir dans le Cœur de Jésus. »

MARIE-LOUISE.

Marie-Louise ne laisse passer aucune circonstance heureuse pour ses amies, sans les féliciter de leurs joies, de leurs succès, et pour elle, c'est toujours une occasion de s'humilier, et de répéter à son bon Maître son généreux *Fiat*.

Cannes, 7 mai 1879.

Bien chère Louise,

« Ta dernière missive m'a causé une grande joie, en m'apprenant que tu as reçu avec honneur le brevet tant désiré ; je n'en doutais nullement ; aussi ton succès ne m'a-t-il pas surprise. »

« Pauvre examen !... Te souvient-il du bon vieux temps, où nous marchions ensemble vers ce même but ? Bien souvent je me heurtais aux pierres du chemin ; je m'accrochais à quelque malheureuse

épine, et tu étais là, tantôt versant une larme avec
moi pour me rendre moins lourd le fardeau ; d'autres fois, raillant ma faiblesse. Un bon rire dissi-
pait vite les nuages, et nous recommencions avec
ardeur. [1] »

« Pauvre examen ! pauvre *trio* [2] *!...* Une seule
est arrivée au port : honneur à son triomphe, dont
la gloire rejaillit sur les deux infortunées.... »

« Que dis-tu de ma philosophie ? Je suis un âne
maintenant, j'en conviens. Mes pauvres livres ! que
ne m'est-il donné de vous feuilleter encore ! C'est
avec un grand bonheur que je reprendrais ma
chaîne (comme disent quelques-uns) ; car pour
moi, je t'assure que je ne considère pas l'étude
comme une chaîne. Mais c'est la volonté du bon
Dieu ; aussi m'écrié-je du fond du cœur : *Fiat!..
Fiat voluntas tua !...* »

« Je me soigne maintenant tant que je puis ; je
fais des efforts bien méritoires pour acquérir un
appétit dévorant ; je prends une infinité de précautions : tout cela pour me remettre, afin de ne pas
rester indéfiniment dans l'oisiveté, et par suite dans
l'inutilité. »

« Est-il rien de plus triste que de voir une

---

1. Ici, comme toujours, sa modestie intervertit les rôles :
c'était bien plus souvent son tour de soulever, d'encourager,
de consoler.

2. Les trois amies qui commencèrent ensemble le cours
préparatoire pour l'examen. — Il n'y eut que Louise qui put
poursuivre jusqu'au bout : Marie-Louise fut arrêtée par la
maladie, et la troisième, par la direction différente que les
parents voulurent donner à ses études.

femme semblable à une fleur de serre chaude, à une sensitive, se repliant sur elle-même au moindre contact, au moindre souffle, craignant tout et n'osant rien ? Ce n'est pas là l'idéal que j'avais rêvé !... Et pourtant, ma Louise, si Dieu me disait : Je te veux dans la souffrance toute ta vie ; il faut pour me plaire te résigner à renfoncer dans ton cœur toute cette ardeur, ce désir d'entreprendre, et demeurer calme et sans regrets : ne devrais-je pas être trop heureuse de pouvoir *faire quelque chose qui pût être agréable à mon Dieu en ne faisant rien !....* »

« Que te dirai-je pour t'exprimer la joie que j'ai éprouvée de te savoir Enfant de Marie ? Quel beau titre ! Enfant de Marie ne dit-il pas petite sœur de Jésus !... Réjouissons-nous, chère Louise, car nous sommes bien heureuses ! *Cor unum et anima una. —* »

« Tu veux et tu attends sans doute que je te parle du Midi. Je suis de plus en plus enchantée de ce beau pays si privilégié de Dieu. La nature y a maintenant plus de charmes que jamais : tout pousse, tout fleurit, le moindre petit coin de terre se couvre de verdure, tant la végétation est abondante. Hier, nous avons fait une charmante excursion à Grasse, la ville des parfums. Partis dès 9 heures et demie du matin avec quelques amis, dans une bonne voiture, nous nous sommes acheminés vers cette ville par une route magnifique, à travers les champs, les bois d'oliviers, d'orangers, de mûriers, de lauriers ; au milieu de prairies émaillées de fleurs aux couleurs les plus vives et les plus variées ; par un temps magnifique et aux rayons d'un soleil ardent. »

« Après deux heures de cette ravissante prome-nade, nous arrivions à Grasse, pittoresquement assise sur les flancs d'une haute montagne, d'où l'on embrasse un panorama superbe des plus éten-dus. Tout autour de nous, des monts moins élevés, couverts de bois de pins ; quelques petits villages, perchés comme des nids d'aigles ; de riantes et fertiles vallées ; des champs de roses, des marron-niers en fleurs ; un luxe de verdure extraordi-naire ; au fond, les cimes neigeuses, et à l'horizon, l'immensité bleue, et pas un nuage au ciel. »

« Cette petite ville, d'origine romaine, est le centre de la parfumerie ; c'est là que roses, jas-mins, violettes, fleurs d'oranger viennent se faire essences, pommades et huiles parfumées ; c'est là qu'on prépare aussi les fruits confits. — J'y ai vu trois toiles de Rubens dans une chapelle an-cienne. »

Dernièrement nous sommes allés à Monaco, pays enchanté. Je renonce à t'en décrire toutes les beautés ; — à Monte-Carlo, où se presse la foule avide des joueurs, qui viennent là, de tous les pays, s'enfermer dans des salles, — à la vérité splendides ; — mais pour passer des heures en-tières, des journées, attablés devant un tapis vert, où roulent les louis d'or et les billets de banque. Pauvres fous ! J'ai voulu voir ce spectacle, qu'on dit curieux... et je n'y ai trouvé que dégoût et mépris. Je remercie Dieu de ne m'avoir pas donné cette passion du jeu qui fait tant de victimes.......

J'espère partir bientôt pour Versailles ; voilà huit mois que nous avons quitté notre chère famille, et nous trouvons l'exil bien long. »

« Adieu, chère petite sœur en Marie ; dis à mes Mères que je pense toujours beaucoup à elles, surtout à notre chère maman M. Fourier, dont je reste toujours la petite rose rouge [1]........ »

Marie-Louise écrivait souvent à ses mères, tantôt à l'une, tantôt à l'autre, suivant les circonstances, — à celles surtout qui avaient été plus à même de lui faire du bien. Malheureusement la plupart de ces lettres n'ont pas été conservées ; nous ne pourrons donc en citer que quelques-unes, échappées providentiellement à la destruction.

A Mère M.-M.

Cannes, 17 mai 1879.

« Bien bonne Mère,

« J'espérais répondre de Versailles à votre aimable lettre, et le bon Dieu ne l'a pas voulu ; malgré le désir que nous avons de nous retrouver au milieu de notre chère famille, dont nous sommes éloignées depuis si longtemps, toujours on nous

1. Les élèves aiment souvent à se désigner par le nom d'une fleur emblématique, dont la couleur correspond à celle de la ceinture de leur classe.

écrit : Restez, restez encore ; il fait froid, il pleut, il neige.... et nous restons ! Qu'il est donc triste de vivre ainsi séparé de ceux que l'on aime ! et combien j'aspire à une union que rien ne pourra rompre ! »

« J'ai été bien heureuse, chère Mère, de recevoir votre lettre si bonne, si affectueuse ! Oh ! je le sens, vous n'avez pas oublié le petit oiseau voyageur, qui — lui — redit toujours les refrains aimés de son doux nid. Ces nouvelles de mon cher couvent, que je trouve toujours trop courtes, me font un bien que je ne puis exprimer : il est si bon de savoir qu'il y a des cœurs — des cœurs de mères surtout — qui parlent de vous au Cœur adorable de Jésus ; cette pensée-là me remonte, m'anime, et j'ai plus d'ardeur. »

« De l'ardeur ! pourtant, j'en ai bien peu. Que de nonchalance, de faiblesses, je constate tous les jours ? Priez un peu, bonne Mère, pour votre petite Marie-Louise, et demandez pour elle au bon Jésus plus d'énergie morale, plus de persistance et de fidélité. »

« J'ai pourtant une joie, une grande joie, et c'est de Marie Immaculée que je la tiens. Cette bonne Mère a senti combien j'étais privée de la sainte communion (car cet hiver je n'ai presque pas pu m'approcher de la sainte Table), et depuis le mois de mai, elle fait que, tous les dimanches, je puis recevoir son Jésus. »

« Combien j'ai été peinée, affligée de la triste nouvelle que vous m'annoncez ! J'aimais beaucoup mère Marie de Jésus, qui était toujours si bonne pour moi ! [1] Mais il ne faut pas la pleurer ; elle est au Ciel, et elle est bien heureuse... d'un ineffable bonheur ! Elle est là dans une communauté toute céleste, chantant sans cesse le cantique mystérieux des bien-aimées du Christ, les Vierges. C'est une bien bonne mère qu'ont perdue les petites externes ; mais elles en retrouveront une non moins bonne ; car toutes les Mères le sont. »

« Oui, mais il en est une surtout qui est d'une bonté inexprimable, ma bien chère maman Marie-Fourier. Que souvent je pense à elle ! que je voudrais aller encore de temps en temps la voir toute seule, lui parler bien simplement... C'était si bon ! — J'aime, quand je suis seule, à me reporter à ces heureux jours, qui sont tous marqués dans mon cœur par une grâce, une faveur, une joie, un encouragement. Si je pouvais encore être une *Rouge*! je travaillerais si bien ! — Et cependant je ne puis me plaindre de ce que le bon Dieu veut ; je suis si bien avec ma chère Maman ! elle est si bonne!...

« Ce que je regrette vivement surtout, ce sont ces bonnes réunions d'Enfants de Marie, dont j'ai bien peu joui. Le premier mardi du mois, j'y pense beaucoup ; mais je suis toute seule..... »

1. Mère Marie de Jésus fut enlevée en peu de jours par une fluxion de poitrine. — L'abnégation, le zèle et l'amour des pauvres furent ses traits caractéristiques. Elle avait gagné l'affection de Marie-Louise, en lui facilitant l'accès des enfants des classes gratuites, et en lui procurant de temps en temps les moyens de faire secrètement ses petites bonnes œuvres.

« Ces chères sœurs en Marie, elles ne savent pas que, quand elles sont là réunies autour de mes mères, travaillant pour les pauvres ou pour les tabernacles, il est une de leurs petites sœurs exilée, qui leur envie fort leur bonheur. C'est mal d'envier, n'est-ce pas, ma bonne Mère ? Je ne vous promets cependant pas de ne plus recommencer ; tant pis. »

« Veuillez, bien-aimée Mère, parler de moi à ma tante, à toutes mes mères, et surtout ne m'oubliez pas aux pieds de Jésus, dans son tout aimable Cœur... »

« Votre petite enfant »
MARIE-LOUISE.

Sa chère Cécile avait été la compagne de ses plaisirs enfantins pendant les divers séjours qu'elle avait faits à Saint-Dizier ; elle fut la confidente de ses joies et de ses préoccupations de pensionnaire: Marie-Louise lui sera fidèle jusqu'à la fin, et c'est dans le cœur de cette amie si digne d'elle, qu'elle déposera plus tard sa dernière protestation de fidélité et de dévoûment à son bon Maître.

Cannes, 21 mai 1879.

Chère Cécile,

« . . . . »

« Je ne puis assez te remercier de ta dernière grande lettre..... Mes félicitations, quoique un peu tardives, n'en sont pas moins sincères ; mais ton succès n'a rien qui m'étonne : c'est simplement un fleuron de plus à ta couronne. »

« Je comprends ton regret de quitter cette vie sérieuse que tu menais, et d'abandonner ces livres qui t'ont fait passer de si douces heures. Il m'en a bien coûté aussi de rompre avec mes études ; et pourtant je n'avais pas, comme toi, la satisfaction de pouvoir dire mon éducation terminée ; puis la fatigue a vite amené l'oubli. »

« Comme je ne puis travailler encore, je m'efforce de lire d'intéressants ouvrages ; il y a tant de chefs-d'œuvre, tant de belles pages, qu'on ne devrait certainement pas s'amuser à dévorer toutes ces nouveautés plus ou moins romanesques, d'où le fond est absent, et dont le style est souvent fort médiocre. Je vais tâcher de me procurer quelque chose d'Ozanam, que je ne connais pas. J'ai lu dernièrement le P. Lacordaire, par M. de Montalembert ; la vie de Franklin, par Mignet ; le Vésuve, etc.

« J'ai été surprise en lisant dans ta lettre le passage qui concerne Élisabeth... surprise ! je m'exprime mal ; car bien qu'elle ne me l'ait pas dit positivement, je sentais cependant qu'elle ne resterait pas dans le monde. Elle a choisi la meilleure part, et j'en suis très heureuse pour elle. C'est la seconde de mes amies qui échange les parures mondaines pour la simple et blanche cornette des filles de St-Vincent de Paul... »

« Voilà pourtant huit mois que nous sommes séparées de tous ceux que nous aimons ; c'est long ! A part cela, nous ne pouvons pas nous plaindre ; car cette terre d'exil est vraiment bénie de Dieu. Que n'es-tu avec moi, ma Cécile, pour contempler notre beau ciel, nos montagnes, notre mer, tout enfin ; car tout est beau ici. Nos deux cœurs n'auraient qu'un seul battement pour admirer et louer Dieu, créateur de tant de splendeurs. Si la terre est belle, qu'est-ce donc de l'autre côté du ciel, au Paradis ! »

« Adieu, ma chère amie ; tu sais bien que mon cœur est toujours à toi…. »

Marie-Louise.

Marie-Louise ne pouvait rester silencieuse à la veille d'un jour qu'elle avait, les années précépentes, fêté si joyeusement et avec tant de cœur. Aussi le matin du 7 juillet, notre Mère Supérieure reçut-elle la lettre suivante, l'une des premières que la chère enfant écrivit après son retour à Versailles :

Versailles, 5 juillet 1879.

« Bien chère Maman,

« Je voudrais être la première de vos chères filles absentes à venir vous dire qu'une vraie enfant de Notre-Dame ne peut oublier sa Mère, et veut toujours, si éloignée qu'elle soit, lui rester tendrement attachée et unie, dans la douleur comme dans la joie. J'ai partagé, bien bonne Maman, la peine que vous avez ressentie en voyant souffrir celle que vous aimez tant : et maintenant, encore unie à vous, votre petite Marie-Louise remercie Dieu de l'avoir guérie. Ne suis-je pas obligée de prier pour elle, puisque je suis toujours si heureuse de me regarder comme votre petite fille ! »

« Je suis persuadée que la voix de votre Benjamin pourra toujours se faire entendre au milieu de ce concert d'affectueux souvenirs. Il faudra bien, chère Maman, quoiqu'elle ne soit plus sous votre aile maternelle, que vous contentiez encore cette éternelle petite mendiante ; que vous la laissiez vous redire sa tendre reconnaissance, son affection, et que vous vouliez bien lui accorder le premier baiser de votre fête. »

« Le 7 juillet, dès le matin, je serai aux pieds de Jésus ; et, par son tout aimable Cœur, je suis sûre de recevoir votre doux baiser. »

« J'espère qu'à Lunéville ce beau jour sera rendu plus radieux par le soleil ; ici, vraiment on se croirait au mois de novembre. — Malgré cela, je me trouve très heureuse, puisque je suis en famille. Mes neveux et nièces sont si gentils que je me réjouis d'être leur petite tante. Marie, en particulier, est charmante et intelligente ; elle n'a que trois ans, et cependant elle suit déjà un cours d'allemand. Ma tante, je suis sûre, serait bien étonnée de l'entendre réciter avec un très bon accent une petite fable allemande de six lignes : *Die Biene und die Taube*. »

« Je ne veux pas, bien chère Maman, vous empêcher plus longtemps d'être toute à vos heureuses enfants ; car, je me le rappelle, nous trouvions bien importuns ceux qui vous retenaient loin de nous à de telles heures. Aussi vais-je vous dire adieu, après avoir une fois encore avancé mon front pour que vous y déposiez un de vos bons baisers. »

« Votre bien affectionnée petite

MARIE-LOUISE. »

Nous le voyons par la date de la lettre précédente, l'été de 1879 avait ramené dans sa famille notre chère enfant. Il se passa en partie à Versailles, à Châteauvillain et à Châtillon ; elle nourrissait l'espoir de faire une courte visite à son cher Couvent, mais comme elle le raconte dans ses lettres, les événements se trouvèrent disposés autour d'elle de telle sorte que le projet ne put se réaliser. Elle se dédommagea de ce sacrifice, en mettant en pratique d'une manière plus complète et plus charmante encore sa résolution des vacances ; plus que jamais, elle fut l'Ange de la famille : elle aimait tant les siens et savait si bien s'en faire aimer !

Nous avons dit qu'elle avait trois frères et deux sœurs : en réalité, il faut doubler le nombre ; car l'affection de Marie-Louise pour ses beaux-frères, l'amitié intime surtout qui l'unissait à ses belles-sœurs, l'avait en quelque sorte incorporée à chacune des jeunes familles, dont elle était devenue un membre indispensable.

Mais reprenons sa correspondance. Marie-

Louise nous y dira elle-même quel rôle charmant lui donnaient, au milieu de ses petits neveux et nièces, la tendresse ingénue et docile de ceux-ci, et l'affectueuse confiance de ses frères et sœurs.

Châteauvillain, 7 août 1879.

« . . . .

Admirez-moi, chère Marie ; depuis trois jours je suis élevée à la dignité d'institutrice. Vous savez que ma sœur Marguerite passe avec nous les vacances, ainsi que Julien, Henriette, et Maxime leur petit frère, mon filleul, qui, entre parenthèse, est un amour d'enfant. Or, Julien allant au collège, et Henriette suivant des cours, ont naturellement des devoirs de vacances à faire, et c'est moi qui en suis chargée. Figurez-vous donc tous les matins pendant deux heures votre Milise, ayant pour la circonstance le visage empreint d'une douce gravité, faisant tour à tour une dictée, expliquant des problèmes, des analyses, et voire même du latin. Oui, Marie, j'explique à mon neveu ses devoirs sur l'Epitome, et je puis dire que jusqu'ici je n'ai pas perdu de ma dignité en commettant quelque gros solécisme. De temps en temps, quand je sens que la mémoire est un peu absente, j'ordonne le silence, les invite à faire attention, et pendant ce temps je me dépêche de chercher et leur réponds avec calme, comme si j'avais toujours su ce dont il s'agit. Au moyen de ce petit procédé, je n'ai encore rien perdu de mon prestige de maîtresse d'école. Quand vous ferez travailler vos petites nièces, je vous recommande ma méthode, je la crois excellente.... »

20 septembre 1879.

« Je suis bien persuadée, chère Louise, que dans le fond de ton cœur tu m'accuses de paresse, d'oubli, d'ingratitude ; que tu me maudis presque. Eh bien ! quoique possédant cette intime persuasion, je ne t'en veux pas, et ma grandeur d'âme va même jusqu'à t'excuser en m'accusant moi-même. Quoi ! tu m'écris deux charmantes lettres ; tu m'envoies les plus aimables souhaits de fête, et moi j'imite de Conrart le silence prudent ! Si je ne savais pas que saint Louis, en tant que bienheureux, possède la vision parfaite des choses et des cœurs, je tremblerais fort pour mon absolution ; mais ce bon roi, ton grand patron, sait bel et bien que l'oubli n'a rien eu à voir dans mon silence, et il me pardonne. Conclusion : tu ne peux faire autrement qu'imiter ce saint modèle !...

Or, maintenant, passons aux causes : pour frapper davantage ton imagination, je te ferai l'esquisse suivante :

1ᵉʳ *tableau.* — Une jeune fille brune, dont les traits te sont familiers, est assise à l'ombre d'un acacia, un ouvrage à la main ; tout à coup un son inattendu, un cri perçant vient frapper désagréablement son oreille (on le devine aisément à l'altération de ses traits) elle s'élance...

2ᵉ *tableau.* — C'est au fond d'un jardin ; à droite

et à gauche des buissons ; en avant quatre bambins aux joues roses, au paroxisme de la fureur, en sont venus aux mains. Deux d'entre eux, les plus jeunes, sont fortement opprimés à leur grand déplaisir…. Une branche s'écarte, et la jeune fille brune apparaît, animée d'une sainte colère ; elle corrige les mutins, essuie les larmes, prêche la douceur, l'harmonie, et disparaît.

3ᵉ *tableau*. — C'est encore notre héroïne, qui, cette fois, calme et digne, est assise près d'une table autour de laquelle sont rangés les mêmes enfants. Un livre à la main, elle leur démontre par les procédés les plus élémentaires, que tout chiffre placé à la gauche d'un autre représente des unités dix fois plus grandes, etc. ; ou bien encore, que la terre ayant la forme vulgaire d'une pomme, il se fait que le voyageur allant toujours de l'avant, n'arrivera jamais à une solution de continuité. La séance doit être orageuse, et les esprits, rétifs, à en juger par l'air un tant soit peu éreinté de l'institutrice. Je te fais grâce des autres tableaux ; car il faudrait un nombre incalculable de pages pour te faire une idée de ce petit chef-d'œuvre de coloris et d'ingénuité, composé de douze tableaux récemment mis au jour par un intéressant jeune peintre, dont je protège le talent naissant. Tu sauras seulement que les principaux sujets sont : la leçon de piano, la dînette, le jardinage, les vêpres, la visite, le dîner, l'adroite ouvrière…

Je te vois d'ici, Loulou : ton tendre cœur s'est ému ; une larme a brillé dans ton œil bleu ; tu n'as pu te contraindre davantage, et tu t'es écriée d'un accent convaincu : « Milise, ah ! Milise, ta cause est gagnée !.., » Dis maintenant que je n'aurais pas fait un éloquent avocat ; que je n'aurais pas attendri les cœurs les plus durs, au récit des infortunes de mes clients ! Tu n'oses pas, tu as raison ; car ta conscience serait là pour te fermer la bouche.

Fière de mon succès, je ne puis non plus résister aux sentiments qui s'agitent en moi-même et je me jette dans tes bras, t'étouffant de mes longs embrassements. C'est que, vois-tu, je ne suis pas contente du tout, et j'ai besoin de chercher dans ton amitié un peu de consolation. Je m'étais bercée du doux espoir d'aller passer une semaine à Lunéville au couvent, et j'ai vu avec tristesse ce projet s'en aller rejoindre bien d'autres au fond de l'eau. Dans une quinzaine de jours j'aurai fui ces climats trop rigoureux pour ma faible poitrine, et je serai probablement à Nice, par conséquent plus loin encore de ma bonne Lorraine, où j'ai beaucoup aimé !....

Milise,

Enfant de Marie.

On retrouve bien ici la belle âme que la troisième partie de ce petit travail nous révélait dans tout l'épanouissement de sa généreuse activité, et qui, — suivant l'expression d'un saint religieux [1], — « a passé si modestement, cueillant les fleurs qui

---

1. Le R. Père Fumagalli. — Lettre à notre Mère Supérieure.

embellissent la jeune fille, et les renfermant bien au fond de son cœur... »

« Je l'ai trop peu vue, » — continue le bon Père — « en sorte que, de *ce Jardin clos*, par une si délicate modestie, il n'est arrivé jusqu'à moi que le parfum de cette pureté angélique qui transpire malgré les barrières de l'humilité.... »

Après un semblable témoignage, ne nous étonnons pas si Marie-Louise parle si peu de ce qui pourrait attirer sur elle l'attention : *secretum meum mihi*... aujourd'hui comme jadis, elle est jalouse de garder pour elle, ou plutôt pour Dieu seul, ce secret qui l'honore infiniment plus que tous les avantages les plus glorieux de la terre.

Cependant on sent bien qu'elle est sur la croix. Mais cette générosité, qui la rend adroite à dissimuler ses souffrances, lui donne en même temps une aisance, une facilité à parler de toutes sortes de sujets — suivant le caractère et les goûts des amies à qui elle écrit, et des personnes avec qui elle se trouve.

Châteauvillain, 20 septembre 1879.

« Ma chère Jeanne,

« Sans plus tarder, je veux te remercier de ta charmante fleur des Alpes et de ta longue épître, que j'ai trouvée plus charmante encore. »

« Je suis heureuse d'apprendre que Saint-Gervais a été pour ma Jeanne un délicieux séjour, et qu'elle a su, là comme partout, se faire aimer. Que n'étais-je dans cette riante vallée, partageant ton enthousiasme et vivant de ta vie comme autrefois. »

« Nous vois-tu, munies d'un Alpenstock, gravissant les montagnes, cueillant des fleurs, chantant, causant et nous aimant en Dieu. . . . . pauvres petites tourterelles que nous sommes ! Après nous être réchauffées au même foyer d'amour, nous vivons bien séparées l'une dé l'autre. — Pourquoi sommes-nous donc ainsi faits, qu'il nous manque toujours quelque chose, et que notre cœur n'est jamais satisfait !. . . . . Mon ciel est celui du Midi, et le tien, celui de la froide Lorraine... mais, n'est-ce pas ? plus tard nous n'aurons qu'un ciel, un ciel sans nuages, où l'amour sera l'unique lien, et où il n'y aura plus d'éloignement ! »

« Ma vie a été pendant ces vacances moins accidentée que la tienne, mais non moins occupée ; car j'ai été bien accaparée par mes petits neveux et nièces, puis par des visites de parents et d'amis. Dans huit jours, nous serons seules, Mère et moi, et alors nous ferons nos malles pour le Midi. Je ne sais encore bien où nous irons ; mais je crois que nous nous déciderons pour Nice, et si le temps est beau, nous irons par Chambéry, le Mont-Cenis, Turin, Milan et Gênes : ce que j'aimerais assez ; mais je ne m'y attache pas davantage, sachant par expérience que rien n'a moins de consistance qu'un projet dans ce bas monde. . . . .

A Dieu, ma Jeanne, veux-tu que je te répète que je t'aime ?... Le Cœur de Jésus te le dira. »

Marie-Louise apportait au milieu du monde la noble indépendance de son esprit. — « Elle y aimait tout ce qui ne pouvait blesser la délicatesse de son âme : les plaisirs intellectuels, les causeries intéressantes et même gaies, le mouvement des idées, les lectures sérieuses, la poésie : mais toujours dans une note grave — tendre et religieuse... Elle n'avait au contraire aucun goût pour les plaisirs bruyants, la danse, les causeries folâtres ; jamais elle n'a cherché à plaire, se tenant même sur une très grande réserve [1]. »

On peut donc dire, en toute vérité, qu'elle n'aimait pas le monde, dans le sens que l'on prête d'ordinaire à ce mot ; elle exprime d'ailleurs souvent sa répulsion à cet égard : — « Le monde..., écrit-elle à l'une de ses amies, — je m'en moque !... Je n'irai pas de sitôt à ses fêtes ; ce n'est pas là mon rêve, ni mon but... »

Elle parle plus volontiers encore des joies que l'on peut goûter loin de lui. Écoutons cette lettre à Cécile.

Châteauvillain, 21 septembre 1879.

« . . . . , ... , ...

« Il est inutile, ma Cécile, de me faire des questions auxquelles tu connais parfaitement la réponse. Tu sais fort bien que la solitude a toujours eu pour

---

1. Lettre de madame Frossard à M. M. Madeleine.

moi un attrait extraordinaire... Oui, j'ai rêvé la Thébaïde, et le récit de la Vie des Pères du désert fait toujours vibrer en moi une corde sensible. — Mais, me diras-tu, ma pauvre Milise, que deviendrais-tu, seule dans ta cabane ? Au bout d'un mois, ta solitude te paraîtrait bien amère, et ta montagne fastidieuse.

Tu as raison ; ayant appris à me connaître davantage, j'ai réfléchi. Ma pauvre nature serait trop faible pour s'absorber dans la contemplation continuelle de Dieu et de la magnificence de ses œuvres ; aussi préférerais-je encore, non plus une solitude à moi toute seule, mais en union avec des cœurs battant à l'unisson du mien : une cellule avec un crucifix, une statue de la sainte Vierge, des livres... et pour les moments où la nature serait plus forte que la grâce, un cœur ferme mais tendre pour dire avec moi : *Sursum corda!* N'est-ce pas la Grande Chartreuse, Cecilia ? Je t'en prie, ne ris pas de ta Milise : je t'ai parlé comme je pensais... — Je suis heureuse de voir que tu as trouvé une amie partageant tes goûts, et j'aimerais à la connaître. Vous discutez, me dis-tu, sur le thème inépuisable de la vie mondaine comparée à la vie religieuse. Veux-tu me faire un plaisir ? Fais-moi connaître ce que vous pensez toutes deux sur ce chapitre. . . Je suis de ton avis : l'imagination est la plus belle faculté dont Dieu ait doué l'esprit humain ; mais aussi qu'elle est difficile à gouverner !... »

Entre toutes les choses qui étonnaient son sens

droit et loyal, rien n'attristait son âme comme tout ce qui pouvait porter atteinte — ne fût-ce qu'indirectement — à la religion, à la sainte Église. Elle touche de temps en temps à ce grave sujet. Voici un passage écrit à peu près à l'époque où nous sommes de ce récit :

« .   .   .   .

« En voyant les tristes événements qui se passent maintenant, l'acharnement qu'on montre envers la religion, envers tout ce qu'il y a de grand, de beau, de noble, on ne peut qu'augurer de tristes choses pour l'avenir, et se munir de toutes les précautions possibles pour s'affermir et se mettre plus à même de se dévouer ; aussi, s'il m'est permis, et si Dieu le veut, je passerai mes examens !.... [1]. »

1. Lettre à Marie, 3 juillet 1879.

III

Comme Marie-Louise l'annonce dans une lettre précédente, Nice devait être cette fois le premier but du voyage. Madame Frossard, se souvenant de l'agréable séjour qu'elle avait fait, pendant les premières années de son deuil, chez les dames du Saint-Sacrement à Paris, résolut de chercher à se procurer à Nice le même avantage, et d'offrir ainsi à sa chère enfant quelques jouissances de plus pour son cœur et surtout pour sa piété.

L'installation se fit donc au couvent du Saint-Sacrement, chemin de Saint-Charles, sur la colline de Cimiez. C'était moins près de la mer, il est vrai, que l'habitation de Cannes ; cependant on pouvait encore la voir des fenêtres, et du côté de la ville on avait une vue charmante : tout était pour le mieux.

L'accueil des saintes religieuses fut des plus aimables, et Marie-Louise fut heureuse de la perspective de pouvoir plus facilement remplir ses devoirs religieux. Elle était toujours bien faible ; cependant il fut possible de faire quelques excursions agréables dans les environs.

Mgr Vigne, évêque d'Oran, puis Mgr Cotton, évêque de Valence, firent à cette époque un court séjour au couvent. Ces augustes visites furent une agréable diversion pour Marie-Louise ; la bénédiction que lui donnèrent les saints prélats, lui apporta une pieuse et douce consolation.

Au milieu de tous les incidents de cette vie voyagère, la meilleure partie d'elle-même restait dans une admirable stabilité. A toutes les occasions elle le témoigne, dans ses lettres surtout. — Le 21 novembre, elle souhaitait la fête à sa chère Cécile.

Villa Marie-Joseph. — Chemin de Saint-Charles.
Nice, 21 novembre 1879.

Malgré l'extrême désir que j'en avais, je n'ai pu t'écrire hier, ma bien chère amie, étant un peu fatiguée ; aussi j'espère que tu me pardonneras d'arriver la dernière sans doute, pour t'offrir les meilleurs souhaits de fête, ou du moins les plus affectueux et les plus sincères. Tu sais comme je t'aime et combien je voudrais te savoir heureuse, jouissant de tout ce que tu peux désirer, et goûtant cette paix intime que procure seule la satisfaction du devoir accompli quel qu'il soit : dans les joies si douces de la famille, ou dans celles plus pures encore de cette vie religieuse, dont nous nous entretenions dernièrement. Suave et noble vie, mais à laquelle, ma chère Cécile, tous ne sont pas appelés !

. . . .

Malgré ces kilomètres qui nous séparent, n'est-ce pas, ma Cécile, nous ne nous en aimerons pas moins, dussions-nous ne plus nous revoir qu'au Ciel ? Écris-moi souvent, puisque tes examens t'ont laissée plus libre ; et moi, je me ferai une joie de te répondre, maintenant que je suis plus forte.

Voilà déjà un mois que nous sommes à Nice, ville charmante, unissant la gaîté, l'entrain et les ressources de Paris à toutes les beautés du Midi : la mer, les montagnes, les fleurs et surtout le soleil ; soleil délicieux qui nous a inondés de ses chauds rayons ; mais qui, depuis hier pour la première fois, s'est laissé couvrir par de vilains nuages et remplacer par une ennuyeuse pluie accompagnée d'éclairs et de tonnerre.

Nous habitons cette année un couvent qui reçoit des dames pensionnaires, pour l'hiver, dans une villa attenante au pensionnat d'élèves.

Je n'ai pu, jusqu'ici, prendre que quelques leçons de dessin, n'ayant pas la permission d'en faire davantage ; un peu plus tard, j'y joindrai l'italien. Je sors beaucoup, lis un peu et fais quelques petits ouvrages à l'aiguille.

« Tu vois, chère amie, que ma vie est paisible et que les plaisirs du monde ne me fatigueront pas ; je souhaite qu'il en soit ainsi pour toi... »

Toutes les lettres à son frère sont charmantes,

et font, du reste, autant d'honneur au cœur et à l'esprit du frère, qu'à la sœur elle-même. Malheureusement nous ne pouvons en citer que quelques fragments. On aime à voir dans la suivante son aimable et affectueuse sollicitude pour ce cher ami d'enfance.

Nice, 14 novembre 1879.

Cher Maxime,

« Si cela ne te déplaît pas trop, c'est moi qui, cette fois encore, répondrai à ta bonne lettre. .. »

« Mais tu nous parais un peu soucieux, préoccupé d'une infinité de détails bien secondaires, comme de l'exigence de ton tailleur, du temps trop long du trajet à l'école, de ton peu de talent chorégraphique, etc. Rassure-toi donc, ami ; tout cela n'est que bagatelles : tu vas bien, tu peux travailler, tu as des amis, que te faut-il de plus ?... Quant à ton lever, bénis la Providence, qui t'empêche de contracter cette mauvaise habitude dont il est presque impossible de se défaire : se lever tard ; puis n'est-ce pas excellent pour la santé d'avoir toujours une marche forcée à faire ?... Je suis sûre que, cet hiver, tu ne t'en porteras que mieux, ayant bien soin toutefois de ne pas négliger les petites précautions, comme un bon cache-nez, des pantoufles à ton retour si tu as les pieds humides, etc... J'espère que tu me pardonneras de te dire toutes ces choses ; la grande affection

que j'ai pour toi, peut seule me servir d'excuse ;
— car j'ai bien l'air d'intervertir les rôles et de me
croire ton aînée. »

« .   .   .   .

« Parmi nos promenades, celle dont j'ai gardé
le plus agréable souvenir et que j'aimerais à recommencer, mène à la grotte de Saint-André, site
pittoresque, et eau d'une fraîcheur délicieuse. »

« Ah ! si tu étais ici, que de jolies excursions tu
aurais à faire dans les montagnes ; vers le col de
Tende, il y a, paraît-il, des paysages ravissants ;
mais, n'est-ce pas ? ce sont vœux superflus ! .. »

Marie-Louise si droite et si ferme lorsqu'elle
avait assis un jugement ou fixé son cœur, ne comprenait pas qu'on pût facilement donner à ses convictions ou à ses affections une direction différente.
Aussi, étonnée des variations qu'elle croyait remarquer dans une de ses amies, écrivait-elle à
une autre : « Que de réflexions philosophiques je
sens venir au bout de ma plume, chère amie ! je
t'en fais grâce ; pourtant, je ne puis m'empêcher
de te dire que je trouve le cœur humain bien mobile et bien inconstant. — Je m'arrête ; il y aurait
trop de variantes à faire sur ce thème, et je ne
m'en sens ni le désir, ni le courage. »

Quant à elle, c'était tout autre chose. Malgré
les distractions et les exigences de sa nouvelle vie,
loin de se replier sur elle-même, elle trouvait sa
plus douce jouissance à vivre par la pensée au
milieu de sa chère famille absente ; à continuer par

lé souvenir la vie qui avait eu tant de charmes pour son âme — et dans cette pensée et dans ce souvenir, s'entretenaient ses généreux sentiments et surtout sa ferveur, comme le montre la lettre suivante.

Villa Marie-Joseph. — Chemin Saint-Charles. — 22 novembre 1879.

Chère petite Jeanne,

« . . . .

« Tu es vraiment heureuse, bien heureuse maintenant, tout embaumée encore des parfums de la retraite, et d'une retraite du R. P. V... — Je vous ai suivies plus d'une fois en esprit dans tous vos pieux exercices, et je me suis rappelé avec émotion cette retraite bénie de 1876, déjà donnée par le même Père. Oh! que n'y suis-je encore! et pourtant je ne puis me plaindre ; car ce soir même, moi aussi je vais commencer une retraite, prêchée, par un Père Oblat, aux élèves du couvent. »

« Sais-tu que je serais heureuse de savoir comment tout est arrangé maintenant : qui est présidente de notre Congrégation d'Enfants de Marie; qui m'a remplacée dans la charge de trésorière ; si vous êtes nombreuses, etc... »

« La fête de sainte Catherine vous apporte en ce moment de nouvelles joies. Il me semble voir mère C. de J. dans sa cellule, remuant tous ses nombreux cartons, et composant les costumes les plus divers. A ce propos, te souviens-tu encore, ma Jeanne, de feu mesdames Cloquet et Gervais de [1] douce mémoire, et du vent dramatique qui donnait alors en plein ? »

« Je viens de recevoir une grande enveloppe à mon adresse, contenant deux jolis petits cahiers ornés de photographies de mon cher couvent. Dis, je t'en prie, à notre si bonne maman Marie Fourier que sa petite enfant gâtée lui en est très reconnaissante ; et, par ton entremise, lui demande un de ses maternels baisers. Surtout n'oublie pas et sois fidèle messagère. . . »

« . . . J'ai encore reçu quelque chose qui m'a fait plus de plaisir : c'est une lettre de mère T. de J. Dis-lui aussi, ma petite Jeanne, comme j'en ai été heureuse et comme je me recommande à ses ardentes prières pour faire une bonne retraite ; mais j'espère lui écrire bientôt. »

.   .   .   .

Quoique éloignée de toi, ma bien-aimée petite Jeanne, je sais toujours te retrouver dans le Cœur de mon bon Maître, et souvent, bien souvent, il m'entend parler de toi, de nous, dans une seule prière. Qu'il est doux de pouvoir se retrouver ainsi avec ceux qu'on aime et qui l'aiment, ce cher Seigneur ! »

.   .   .   .

1. Allusion à une petite chanson comique : « *Les compliments de Normandie* » que les deux amies ont exécutée ensemble avec beaucoup de finesse ; il en est déjà question dans une des premières lettres de Marie-Louise pendant son séjour au couvent.

« Nice est une charmante ville qui dans son immense quartier neuf, a tout à fait de Paris les beaux hôtels, les larges boulevards, les luxueux magasins, l'entrain, la gaîté, les équipages et la foule ; mais en plus un ciel magnifique, une mer ravissante, des jardins, des palmiers, des roses ; au loin, de gigantesques montagnes au sommet desquelles on aperçoit un peu de neige, et le tout illuminé par un radieux soleil. Quant à la vieille ville, quoique toute différente, elle n'en est pas moins curieuse, avec ses rues si étroites, que le soleil n'y pénètre pas, et dans lesquelles se tient un perpétuel marché ; ses vieilles églises malpropres et singulièrement ornées ; le tout habité par une population parlant un patois plus italien que français, et qu'on voit dévorer à belles dents des tomates crues, des courges, etc. — Ma vie est fort paisible : je sors le plus possible, je prends des leçons de dessin, et bientôt je me remettrai à l'italien ; pour les autres études, je n'ai pas encore la permission de les reprendre. . . . »

On le voit, l'étude était toujours son occupation favorite. Elle réclamait souvent quelque nouvel aliment à ce besoin d'apprendre ; un jour, sa mère lui ayant dit : « Je n'aurais pas dû te laisser tant étudier ; c'est cela qui t'a fatiguée. » — « Ah ! » répondit-elle, « quand j'en devrais mourir, je ne pourrais le regretter. » — Outre son ardeur naturelle, elle avait encore un autre motif : « Je travaille l'italien, je vais commencer la peinture à l'huile ; *j'ai mon but !* et nous verrons si ce que femme veut, Dieu le veut... [1] » — et dans une autre circonstance, elle disait encore : « Non, je n'ai pas renoncé à mes examens, s'il plaît à Dieu. » — On sait maintenant ce qu'elle désirait : Dieu a voulu pour elle mieux encore.

Si le Seigneur, en l'attachant à la Croix, avait ralenti son activité, il ne lui avait pas ôté le feu du zèle. Elle ne pouvait rien faire directement pour les âmes ; mais elle s'intéressait ardemment à leur salut, à celui des âmes surtout qui lui étaient unies par quelque lien d'affection.

Cette pauvre X..., écrivait-elle à l'une de ses amies, elle a une vie bien agitée ! Combien je crains qu'elle ne se montre trop souvent au spectacle !... » — « Que devient donc A... ? disait-elle dans une autre circonstance ; la pauvre amie, j'ai bien peur qu'elle ne fasse fausse route, et qu'elle ne soit pas heureuse. » — Et une autre fois : « Tu t'étonnes que je ne suspende pas ma correspondance avec N... ; mais vois-tu, c'est une âme droite ; et quoiqu'elle se laisse un peu étourdir par le monde, et que ses pensées intimes aient bien changé, je ne puis croire qu'elle ne revienne au bon Dieu aussi sincèrement qu'elle s'était donnée à lui jadis... Je prie Dieu qu'elle ne se laisse pas séduire par les plaisirs que le monde lui offre et les compliments qu'il pourra lui faire... » — Dans beaucoup de ses lettres, elle s'informe de sa chère N... Sa sollicitude vraiment touchante la

---

1. Lettre à son frère.

suit de plus près encore. Mais avec le tact qui lui est propre, il n'y a pas à craindre qu'elle ne la heurte ; elle s'insinue doucement, prend le style qui plaît le plus à son amie. Écoutons-la : — « Je ne m'étonne pas, chère N... si Mère *** s'est alarmée ; savez-vous, Mademoiselle, que j'ai bien peur d'être de son avis, en voyant cette grande jeune fille, aux cheveux si gracieusement ondulés, aux traits si charmants et dont le teint doit être de lis et de roses. Je ne parle pas de l'éventail, puisque cette chinoiserie n'avait pour objet que d'occuper vos blanches mains. »

Elle ne s'appesantit pas davantage et se hâte de lui parler de ce qui l'intéresse.

« . . . Croyez-moi, chère N..., ne négligez pas l'italien. Cette langue si harmonieuse est plus douce encore lorsqu'elle est chantée. Cet hiver, alors que j'étais aux pays des Troubadours, j'ai entendu chanter plus d'une fois la Mandolinata et j'ai chaque fois pensé à vous.

« Vilaine, pourquoi me dites-vous que vous abandonnez vos pinceaux ? Vous voulez donc que je vous gronde. Vous savez très bien que le temps où, comme vous le dites, vous salissiez les pierres des plus jolis paysages, est passé et que ce serait vraiment mal de laisser l'art si ravissant, si agréable de la peinture. Malgré tout mon enthousiasme, j'ai moi aussi mis de côté palette et pinceaux ; mais je le regrette beaucoup, et dès que je le pourrai, je m'y adonnerai tout à fait ; car je ne trouve rien de plus beau que de reproduire la nature, dans tout ce qu'elle a de grand, de majestueux, de gracieux et de souriant. . . »

Une autre fois, sous une forme encore plus enjouée, elle lui rappelle le bon temps de sa ferveur où elle avait répété à Notre-Seigneur les serments de Pierre, et peut-être même plus encore. Voici le fragment tel qu'il est, la fin le complète admirablement, en nous remettant en présence de l'âme virile de notre jeune apôtre :

Nice, 24 décembre 1879.

« . . . . . . : Vous en souvient-il ? un jour que toutes deux, pendant je ne sais plus quelle récréation, nous cheminions lentement dans les sentiers du petit bois de Ménil en nous communiquant nos pensées intimes, vous me disiez : « Oh ! Milise, le cœur des blondes ne change jamais ; si celui des brunes » (car je soutenais leur cause) « est plus ardent, celui des blondes est doux et inébranlable ; une fois qu'il a aimé, il ne peut s'empêcher d'aimer toujours.... Vous étiez la blonde et moi j'étais la brune. Eh bien, N.., ma petite chérie, dites-moi, aviez-vous raison ? ou bien nous étions-nous trompées, vous, en vous croyant blonde et moi, brune ? N'avais-je pas plutôt raison en ce jour, où en veine de folâtrer, je vous débitais à vous et à quelques autres préparatoires votre bonne aventure. Je n'ai pas oublié tout ce que je vous avais annoncé [1]. »

« S'il m'en souvient bien, Henriette, cette bonne Yeyette, fut prise d'un fou rire, si bien que ma tante (car c'était pendant l'étude, devant la fenêtre du milieu), vint mettre un terme à mes inspirations divinatoires.

.... — Petite curieuse, vous saurez que moi je suis restée fidèle, fidèle de cœur et de pensées. Je ne sais si jamais le bon Dieu m'appellera dans un cloître ; mais tout ce que je sais, c'est que jamais je ne me marierai, jamais je ne serai une mondaine dans l'acception générale du mot ; car je sens bien que je ne trouverais pas dans le monde ce qui me rendrait heureuse...... »

J'aimerai mon Maître et Seigneur, je le prierai, je tâcherai de le faire aimer, de me dévouer partout où il me placera. S'il demande plus, qu'ai-je à craindre ? ne croyez-vous pas qu'il me donnerait la force, la santé nécessaire !...... »

Comme madame Frossard l'avait espéré, il y avait, pour Marie-Louise au couvent de Nice, plus de jouissances, qu'elle n'en aurait eu ailleurs.

Grâce à la proximité de la chapelle, elle avait la consolation de pouvoir s'approcher plus fré-

---

[1]. Celles de ses compagnes qui assistèrent à cette curieuse séance, ont toujours le même plaisir à en raconter les détails. — C'était une fine et plaisante satire de la vie imaginaire ; chacune suivant la tournure de son esprit avait eu sa part dans une petite histoire très originale... La cloche avait mis fin aux horoscopes... C'était le tour de Marie-Louise : Elle promit d'y revenir, mais jamais malgré toutes les sollicitations, on ne put la décider à parler d'elle.

quemment de la Sainte-Table ; et souvent dans la journée, elle se rendait à la chapelle du couvent à des heures solitaires : tous ceux qui l'ont vue alors, sont restés profondément édifiés du sentiment de ferveur et de foi profonde que révélait son attitude recueillie.

« . . . . . . Je compte aller ce soir à la Messe de minuit du couvent, — écrivait-elle à la même amie, à la suite du fragment cité plus haut, — soyez sûre, amie, que je prierai bien *il divin Bambino* pour vous. Ce bien-aimé Jésus vous dira tout ce que je vous souhaite d'heureux pour cette année qui va commencer. Qu'elle ne vous fasse pas verser de larmes et réalise tous vos bons désirs. »

Lorsqu'une amie tardait trop à son gré à venir lui payer son tribut accoutumé de douce et édifiante causerie, elle la rappelait affectueusement à l'ordre :

« Puisque vous délaissez votre Milise, et semblez ne plus l'aimer, permettez-lui de vous rappeler qu'elle ne vous oublie pas, et serait heureuse de savoir ce que fait sa chère Marie, qu'elle a tant aimée et aime encore. Je ne puis croire que vous oubliiez votre pauvre Milise, à laquelle tant de si bons souvenirs vous rattachent......... »

« Écrivez-moi donc ; racontez-moi ce que vous devenez ; car je suis vraiment inquiète à votre sujet. — *Qui bene amat non dementicat!*.. Avez-vous oublié ce latin-là ?... [1] Dites-le-moi bien vite. »

---

1. C'était, on le voit, un latin de convention.

L'esprit sérieux et observateur de cette jeune fille avait saisi tous les côtés de sa situation. — Elle n'était pas indifférente aux plaisirs des voyages : les beautés de la nature l'enchantaient ; mais elle voyait plus loin et le vide, et l'écueil, et l'épine cachée sous les fleurs. — Jugeons-en par quelques fragments de lettres recueillis sans ordre :

— « Dans le Midi, la paresse est pour ainsi dire une seconde nature.... sans en avoir conscience le moins du monde, on se laisse aller au *far-niente*, et l'on est tout étonné de voir les heures et les jours s'écouler sans avoir fait autre chose que respirer le bon soleil et admirer la nature.... »

« En vérité, — dit-elle une autre fois, — Nice, et en général tout le littoral provençal, est un pays privilégié du Ciel ; il semblerait que le malheur ne dût pas s'y acclimater ; et pourtant les cœurs y souffrent, et peut-être plus qu'ailleurs, le soleil du Midi donnant une ardeur, un enthousiasme que n'ont pas les habitants du Nord.. »

Quoi qu'il en soit, si Marie-Louise ressentait les influences du climat, c'était assurément au profit de sa générosité et de sa ferveur. Ses épanchements intimes la ramènent toujours et de la même façon sur ses sujets favoris, et trahissent en même temps un grand cœur... « Toutes les âmes ne sont pas appelées à des actes héroïques, écrit-elle à Cécile, mais il est une œuvre à la portée de tous et dans laquelle on trouve de la joie : Cette œuvre si simple, mais si étendue, c'est *l'œuvre du bonheur :*

rendre heureux tous ceux qui nous entourent [1]. »

La lettre suivante, à la même amie — malgré les grands désirs qu'elle y témoigne, — est un modèle d'abandon à la volonté de Dieu.

14 janvier 1880.

« . . . . Sais-tu bien, ma Cécile, que ta lettre m'a causé une grande joie. Que je suis heureuse de cette sympathie d'idées, de désirs qui existe entre nous deux !..

. . . . Faut-il donc que nos deux cœurs, que je sens si bien battre à l'unisson, soient pour toujours isolés l'un de l'autre ?... Tiens, vois-tu, j'en suis venue à ce point de ne plus rien désirer, et de dire à Dieu : Me voilà, faites de moi ce qu'il vous plaira, ô mon Seigneur ! placez-moi où vous voudrez, je ne veux rien désirer pour l'avenir ; car vous seul connaissez ce qui m'est bon. Comme le disait la B^{se} Marguerite-Marie : — *En vous seul, je veux me plaire, en tout lieu, ne voir que vous ! —* »

« L'avenir pour moi, c'est ce que Dieu voudra ; je ne le sais pas, et n'en ai pas même idée. Aujourd'hui, je désire beaucoup une chose, c'est d'aller passer un mois à Rome au moment de la semaine sainte. Ce projet que je caresse depuis longtemps se réalisera peut-être cette année, et pourtant bien des choses peuvent venir se mettre en travers. — Rome, illustrée de tant de gloires,

1. Lettre du 9 décembre 1879.

arrosée du sang de tant de martyrs ! voir Rome et mourir, n'est-ce pas un rêve, et quel rêve !... Oh ! mourir ne m'effraye pas : j'ai tant désiré mourir ; et pourtant je sais bien que j'aurai beaucoup à expier, beaucoup à souffrir avant d'être moins indigne de fixer agréablement les regards de Dieu ! La plus grande peine qu'il puisse m'infliger, il me semble, serait de m'oublier ici-bas pendant quatre-vingts ou quatre-vingt-dix ans. »

« Pardonne-moi, chère Cécile, tout ce que je t'écris ; j'ai laissé mon cœur parler, et ce n'est vraiment plus une lettre que je t'envoie. Je t'en prie, après avoir lu ces lignes décousues et sans suite, déchire-les impitoyablement, jette-les à la flamme de ton foyer, et n'en conserve que le souvenir ; encore une fois, je t'en prie... »

. . . .

« Adieu, mon amie, adieu, et toujours en lui aimons-nous tendrement. »

Ta Milise.

Pauvre enfant ! son vœu ne devait pas se réaliser ; mais à l'heure qu'il est, elle a vu mieux que Rome... — Et d'ailleurs ne s'était-elle pas d'elle-même offerte à ce sacrifice ! n'avait-elle pas écrit dans son journal : — « J'aime encore mieux ne contempler jamais que le ciel sous lequel vous m'avez placée, mon Jésus, et pouvoir vous aimer sans limite, sans partage ! » — Jésus l'a exaucée !....

Vers le milieu de janvier 1880, la petite vérole

vint ajouter à l'état de souffrance habituelle de la chère malade ; elle accepta cette nouvelle épreuve avec sa foi et sa patience ordinaires ; et même, il faut le dire, elle s'en réjouit, lorsqu'elle sut qu'ayant été atteinte de ce mal, elle pourrait en pareil cas se dévouer impunément pour les autres. — « C'est bien vrai ? répéta-t-elle plusieurs fois au docteur et à la bonne sœur qui la soignait ; quel bonheur ! Voilà une œuvre qui m'appartient.... » — Elle se voyait peut-être en esprit dans une salle d'hôpital ou d'infirmerie, se livrant sans ménagement à son besoin de dévouement. En attendant, sa sollicitude se portait sur sa bonne Mère. Ayant entendu le médecin dire qu'elle pourrait encore gagner la maladie, la chère enfant la suppliait de ne pas rester constamment auprès d'elle, et l'éloignait sous tous les prétextes. — « Ce qui me tourmentait et me tourmente encore, écrivait-elle à une de ses mères, c'est la crainte de voir ma mère chérie gagner ma vilaine maladie. J'ai bien eu une sœur qui, pendant dix jours, venait me garder deux heures chaque jour ; mais elle est, elle-même, tombée malade, et ne peut plus venir ; aussi, maintenant que je me lève, je fais mon petit ménage, et j'arrange moi-même mes petites affaires, afin que maman me touche le moins possible..... » — « Dans ta prochaine communion [1], pense tout particulièrement à moi, qui, depuis bien longtemps, suis privée de mon Jésus. Demande

---

1. Lettre à Jeanne.

surtout au bon Maître que ce vilain mal n'atteigne pas ma mère tant aimée... »

C'est bien ici le lieu de dire combien cette mère lui était chère. On a pu déjà le comprendre, par le soin qu'elle prenait de lui cacher, autant que possible, toutes ses petites peines, ses inquiétudes. — « ... Je tâche de ne rien laisser paraître, — dit-elle à mère T. de J. —, lorsque j'ai quelque petit chagrin, quelque souffrance de l'âme ; maman en a bien assez d'autres à mon sujet. Le soir alors, quand je suis seule, je pleure et je dis à mon Jésus qu'il me console, qu'il me fortifie lui-même. »

La correspondance, on le voit, fut à peine interrompue ; aussi le 3 février écrivait-elle :

« Chère Marie,

» Ta lettre m'a fait grand plaisir ; il est si bon, si doux, quand on voit autour de soi tant de variabilité, de changements, de bouleversements, de savoir qu'il est des cœurs qui vous aiment, et dont l'affection est à l'abri de toute fluctuation.

Oui, ma petite chérie, resserrons les liens affectueux qui nous unissent, et, comme des sœurs, reprenons ce *tu,* que l'obéissance seule nous avait fait abandonner. »

« Dans dix jours probablement nous ne serons plus à Nice. Le médecin est d'avis que, pour me remettre tout à fait, un changement d'air serait nécessaire ; aussi irons-nous à Menton, et de là à San Remo.

Je n'ai pas, comme toi, fait mon entrée dans le monde ; du reste, je ne m'en soucie pas, je te l'avoue ; et, quoique j'approche à grands pas de mes 18 ans, je ne pense pas aller au bal de sitôt. La danse n'est pas ce que j'aime…. »

« En relisant ta longue dernière lettre, je m'arrête à un passage……. Ah ! je reconnais bien que nos jeunes imaginations n'avaient pas prévu les épines ; nous ne songions qu'aux roses… mais, chérie, Notre-Seigneur, lui, n'a pas eu de fleurs ; mais bien une couronne toute d'épines — et qu'elles étaient douloureuses ! »

« Adieu, ma bonne Marie, je t'embrasse bien affectueusement. »

« Encore un mot. Tu me dis que tu crains la coqueluche pour tes neveux ; j'en ai trois qui ont la rougeole : pauvres petites tantes !….. »

Nice, 15 février 1880.

« Chère Cécile,

» Je n'ai pu répondre plus tôt à ta dernière lettre, étant, lorsqu'elle m'est arrivée, retenue par une bien vilaine, bien ennuyeuse et bien sotte maladie ; la petite vérole. J'ai été fortement prise il y a plus de trois semaines, et je ne suis pas encore complétement débarrassée de rougeurs, quoique pourtant je sorte depuis quelques jours. Enfin, à la volonté de Dieu ! Je n'ai que cela à dire ; mais je t'avoue qu'à un certain moment, j'ai eu peur de rester comme une écumoire percée de mille trous.

Heureusement qu'il n'en sera rien, et, lorsque tu me verras, tu n'auras pas à reculer d'épouvante. »

« J'ai compris ta peine, ma chérie, en voyant cette cousine que tu aimais tant, s'arracher à l'affection des siens pour se donner tout à Dieu. Oh! ne la plains pas; elle est heureuse, bien plus heureuse qu'elle ne l'aurait. été dans le monde peut-être. »

« A propos de retraite, j'ai lu avec grand charme les pages de Lamartine que tu m'as copiées. Quelle délicieuse solitude! Pendant que j'étais malade, je me suis représenté bien des fois, dans cette vallée des saints, une petite grotte percée dans la montagne, et moi, ta Milise, l'ermite de ce poétique ermitage. Rêve de malade, n'est-ce pas? »

« Te parlerai-je de Nice et de toutes ses folies carnavalesques, dont je n'ai pu avoir qu'un petit échantillon, qui m'a pourtant grandement suffi, ayant été littéralement bombardée de *confetti*, dont on est assailli de tous côtés, à la grande joie des Méridionaux. Cette bataille acharnée, dans laquelle on ne respecte personne, est leur *great attraction*. J'ai vu tant de masques, de déguisements, de cavalcades, que j'en suis saturée pour le moment. Notre soleil a manqué de galanterie tous ces jours-ci, en nous faussant compagnie, sans même nous avertir. Tout à coup, les grandes eaux du ciel nous ont inondés pendant deux jours entiers, sans un moment de répit. Comme cela arrive généralement, après cette colère, ce cher soleil est venu, — timidement d'abord, — implorer son pardon, qu'il est en train d'obtenir...... »

« Pendant ma maladie, j'ai eu une sœur de Bon-Secours, comme garde-malade. Par une délicatesse de la Providence, il se trouve que cette chère sœur Hermine, qui est bien bonne, a soigné ta grand' mère pendant la guerre, après une opération qu'on lui avait faite aux yeux. J'ai donc eu le plaisir de parler avec elle de toute ta famille, de laquelle elle a gardé un excellent souvenir. »

« Adieu, ma Cécile...... »

Dans une lettre pleine d'esprit adressée à son frère, elle raconte les folies des jours gras, dont il est déjà fait mention dans la lettre précédente, et continue plaisamment :

« En fait de plaisirs, le seul que j'aie à ma disposition, c'est de me badigeonner tous les jours de glycérine. Encore l'autre soir, n'ai-je pas été assez niaise pour prendre un flacon semblable, mais qui renfermait de l'acide phénique, et de m'en couvrir la figure : ce qui m'a fort brûlée. »

« Tu vois que ma vie n'est pas aussi agitée que la tienne et que mes relations ne sont pas folâtres. Enfin le monde n'est pas fait pour moi, et moi, je ne suis pas faite pour le monde ! »

« Je te quitte là-dessus, en t'embrassant affectueusement, et en te demandant à grandes supplications une bonne lettre bien amusante pour m'égayer un peu. »

A Mère T. de J.

Février 1880.

« Bien chère Mère,

« Je crois décidément, comme je le disais à maman l'autre jour, que le bon Dieu m'aime beaucoup, puisqu'il m'envoie toujours de nouvelles croix. Jeanne a dû vous dire que je viens d'être prise par la petite vérole, dont je ne suis pas remise encore... Le bon Dieu a pourtant eu pitié de la faiblesse de sa petite servante, et après quinze jours, j'ai pu enfin me lever. Depuis, je vais de mieux en mieux.... Rassurez-vous donc, bien bonne Mère, sur la santé de votre petite Milise ; vous savez bien que Jésus veille sur elle, et que, s'il le veut, dans une dizaine de jours, il n'y paraîtra plus rien. Je vous avouerai tout bas, qu'à un moment, lorsque je me suis vue ainsi défigurée, la figure tout enflée, j'ai eu une certaine crainte.... La sainte Vierge m'aidant, j'ai dit à Dieu : Comme vous voudrez, bon Maître, ce sera peut-être un moyen de me guérir de ma vanité. . . . . . . »

« Oh ! bonne Mère, si vous saviez comme je voudrais vous voir. Je ne vous ai pas écrit jusqu'ici, parce que j'avais trop à vous dire. J'ai tant besoin que vous me remontiez un peu le *système intérieur*, comme dans le temps jadis, où j'accourais vous raconter mes petites peines, mes faux-pas, et que toujours vous me soulagiez. Au moral comme au physique, j'ai besoin de stimulant, de fortifiant, je suis trop faible, trop douillette. »

« J'ai trouvé ici pour confesseur un bon vieux Père franciscain, qui s'appelle le P. Fulgence, et qui parle un français un peu italien. Il est d'une bonté parfaite, très saint et d'une simplicité qui me rappelle saint François de Sales. La dernière fois que je l'ai vu à Noël, il m'a appelée : *le brave petit du bon Dieu....* »

J'espère pouvoir y retourner bientôt, car je trouve le temps bien long sans mon Jésus, mon soutien. Mais vous, chère Mère, vous prierez, n'est-ce pas, tout particulièrement pour moi ces jours-ci, afin que je sois bien telle qu'il me veut, et que cette nouvelle épreuve qu'il m'a envoyée, soit salutaire à mon âme . . . . »

La lettre suivante est une longue et intéressante description ; c'est l'enthousiasme d'un cœur pieux. S'il trouve de si ravissantes jouissances dans la vue des beautés de la nature, c'est parce qu'il y sent en quelque sorte Dieu présent.

14 mars 1880.

Chère Cécile,

« Nous quittons Nice, jeudi 18, pour San Remo. La nature y est superbe, le climat d'une douceur exquise et la plage charmante........... Mercredi, nous sommes allées passer la journée à Menton ; le trajet est si pittoresque, que je t'aurais voulue près de moi. Cette route, — qui longe la mer au milieu des masses des rochers granitiques, des pins au feuillage sombre, des aloès, des cactus, — nous fait penser aux paysages d'Afrique ; puis on passe sous un tunnel, le tableau change : c'est une plaine couverte d'oliviers, de citronniers, d'orangers ; çà et là, une villa cachée sous le feuillage et les fleurs, un village qu'on aperçoit de loin perché sur une montagne, puis encore un tunnel, et l'on se trouve dans une gorge profonde : rien que des rochers et quelques plantes sauvages, la mer et le ciel. Voilà ce que, pendant une heure, j'admirais en pensant à toi. Oh ! je voudrais que tu la visses, ma belle Méditerranée si changeante : tantôt d'un bleu sombre et frangée d'écume, tantôt d'un bleu pâle presque vert, doucement agitée ou bien gris fer et furieuse, alors grondant sourdement en se brisant sur les rochers. »

« Tu me demandes de te dire mon goût en fait de paysage. En bien ! mon type, c'est la Provence..... Il me faut du mouvement, de l'espace, des cimes élevées, des rochers.... J'aime la nature telle que Dieu l'a faite, les fleurs sauvages..... J'en reviens à la bruyère. Que me dis-tu donc ? Mais c'est ici que croissent les belles, les vraies bruyères. Je me souviens d'avoir vu à Cannes, au mois de mai, des collines entièrement couvertes de bruyères en fleurs ; que de ravissants bouquets j'en ai faits. Ce que j'aime surtout, c'est cette nature telle que je te l'ai dépeinte, éclairée des reflets dorés du soleil couchant, avec des effets de clair et d'obscur, des nuages aux formes fantastiques, formant de véritables paysages rouges, jaunes, verts, bleuâtres, et avec cela le silence !…. »

« A Dieu, ma Cécile bien aimée, à Dieu ; aimons-nous toujours en l'aimant, lui dont les œuvres sont si admirables. Je l'ai déjà répété souvent, et je me plais à le redire : si la nature est si belle, que sera-ce donc au Ciel !

Ta Marie-Louise.

La petite vérole s'était donc bien terminée ; on crut même un instant qu'elle avait apporté dans la santé générale quelque amélioration : il semblait que Marie-Louise se sentît revenir à la vie. Pour achever sa convalescence, et suivant l'avis des médecins, madame Frossard pensa à un changement d'air et se dirigea vers l'Italie.

Laissons la chère enfant nous communiquer elle-même ses impressions et ses joies.

Villa Saint-Dominique. — Quartier du Rondo.
San Remo, 1er avril 1880.

« . . . . Mais tu ne sais pas du tout où je suis, chère Marie, et je veux t'éclairer à ce sujet. Si tu possèdes encore certain gros atlas, tant de fois illustré par nous de si charmantes vignettes, tu l'ouvriras sur une carte de France, et non loin de la frontière italienne, presque à égale distance de Gênes et de Nice, tu placeras San Remo.

Une vieille ville italienne, perchée sur une petite

colline ; coupée en tous sens de petites ruelles, d'allées étroites et sombres d'où l'on aperçoit à peine un petit coin du ciel ; ici, une voûte, là, une arcade reliant entre elles les maisons ; beaucoup de vieilles églises, de couvents, quelques antiques palais délabrés et; dans tout cela, un peuple italien bruyant et sale. Voilà le vieux San Remo, fort curieux à visiter ; mais impossible à habiter pour des gens civilisés comme nous.

La ville des étrangers s'étend le long de la mer, au pied des collines entièrement couvertes d'oliviers, de citronniers, qui font le pittoresque du pays ; beaucoup de beaux et somptueux hôtels, des villas cachées dans la verdure et une belle rue bordée de boutiques la composent.

Ce qui en fait le charme, c'est la douceur exquise du climat et la grande variété des promenades, des excursions qu'on fait à dos d'âne ou de mulet.

Nous sommes installées dans un couvent de Dominicaines, qui reçoit des dames pensionnaires. La maison est toute neuve, très simple comme construction ; mais admirablement située, dans un champ d'oliviers au bord de la mer ; le chemin de fer, qui coupe leur propriété, les en sépare seul. C'est donc à l'abri de l'un de ces gros arbres que je t'écris.

. . . .

Pourquoi donc, crois-tu, méchante, que je ne m'intéresse pas à ce que tu me dis de tes projets d'avenir, et pourquoi t'imaginer que je ne les comprends pas. Est-ce parce que je ne désire pas unir

ma vie à une autre vie ici-bas par un lien indisso-
luble ? Si je ne veux pas me marier, crois-tu que je
désire voir le monde peuplé de vieilles filles ? Non,
chère Marie ; et je serai très heureuse le jour où tu
me diras que Dieu a fixé ton choix, quoique, ce
jour-là, j'aie bien peur de descendre terriblement
dans ton cœur. Enfin, c'est la loi de la nature,
et je n'ai pas la prétention de bouleverser les lois

. . . .

. . . . »

« Adieu, ma petite amie chérie, que la brise
qui caresse mon papier, te porte mes affectueux
baisers, et que le cœur de Jésus nous trouve toujours unies. »

Ta Marie-Louise,

Enfant de Marie.

Entre toutes les lettres qui parlent du voyage
d'Italie, arrêtons-nous à la suivante :

Florence, 7 mai 1880.

Chère Cécile,

Tu seras sans doute bien surprise de me savoir
à Florence. Eh bien ! oui, mère et moi, nous nous
sommes laissé tenter, et nous n'avons pu résister au désir de faire un pas de plus dans ce beau
pays d'Italie qui offre tant de merveilles. »

« Depuis que je t'ai écrit, nous avons quitté San
Remo pour Pegli, charmante petite station à une
demi-heure de Gênes. Comme tu le penses, j'ai été

à Gênes souvent, et j'ai admiré ses superbes palais, ses églises et surtout son Campo Santo, véritable ville des morts, toute de marbre blanc. »

« C'est alors que l'idée d'aller à Florence nous est venue, laissant de côté le projet que nous avions formé d'aller finir notre saison d'hiver à Milan et aux lacs Majeur et de Côme. Malheureusement la pluie, que nous redoutions en allant plus au Nord, nous a rattrapées dans notre voyage. C'est donc sous nos parapluies que nous avons admiré à Pise — où nous sommes restées un jour — les quatre merveilles du pays : le dôme, le baptistère, le campanile (la tour penchée), entièrement bâtis en marbre de différentes couleurs, et dont l'ensemble est grandiose. »

« L'intérieur, du reste, n'est pas moins curieux, à cause de toutes les richesses qu'on y trouve. La quatrième attraction des étrangers est le Campo Santo ancien, dont les peintures murales, malheureusement détériorées, sont excessivement curieuses à examiner. »

« Toujours avec la pluie nous avons fait notre entrée à Florence. Cette dernière ville m'a véritablement charmée jusqu'ici par la quantité d'objets d'art qu'elle renferme. Grande et très bien bâtie dans les nouveaux quartiers — faits alors qu'elle était capitale — elle s'étend sur les deux rives de l'Arno, fleuve large, mais dont les eaux sont café au lait. »

« Ce qu'il y a d'incomparable à Florence, ce sont les galeries de tableaux, réunions de chefs-d'œuvre de Raphaël, Rubens, Murillo, le Pérugin, le Guercin, le Titien, etc. Je ne puis t'en parler dignement, aussi je me tais. »

« Quant aux églises, — véritables musées elles-mêmes, plusieurs sont belles, très belles, — et quelques-unes même sont magnifiques. »

« Tu me vois donc complètement sous le charme de la belle Florence. Que sera-ce de Rome, si, comme je le désire, nous y allons l'hiver prochain. »

« Adieu, ma Cécile, mille baisers te sont adressés de Florence ; qu'ils arrivent vite et qu'ils te disent mon affection. »

« MARIE-LOUISE.

Marie-Louise, de retour au milieu des siens, suspend un instant les élans de son admiration, pour s'occuper d'un sujet très fécond pour son âme aimante et généreuse. — Une de ses anciennes compagnes, unie à elle par une communauté très intime de pensées, allait faire un premier pas dans la vie religieuse. Voici la réponse :

Versailles, 5 juin 1880.

« Bien chère grande sœur,

« Que vous êtes heureuse ! et combien je prends part à votre bonheur ; car si éloignée que je sois de vous, vous ne doutez pas, j'espère, de mon bien sincère attachement et de ma *communion d'idées...* avec vous. »

« Quand je pense que ma chère Henriette, que j'aimais tant à appeler Yeyette quand elle accédait à l'une de mes fantaisies ; dont j'aimais tant aussi les sages conseils ; quand je pense, dis-je, que dans trois jours, elle revêtira le saint habit religieux, le voile blanc !... Oh ! chère Henriette, faut-il le dire ? il me semble que je rêve, que je suis encore là-bas ; je revois mille choses des yeux du cœur ; j'entends des voix aimées ; je me souviens, en un mot, de tout, et des larmes me montent aux yeux. Oui, Dieu est bon, et son amour pour nous est infini. »

« Vous me demandez une prière pour vous, chère Henriette ; soyez bien sûre que mardi je m'unirai très intimement à vous, et qu'il me sera bien difficile de retenir mon cœur, et de l'empêcher d'aller à Ménil prendre part à votre grande fête... Vous vous souvenez bien que j'avais un certain défaut, (entre cent autres), qui consistait à vouloir toujours des grâces, des faveurs spéciales, des heures saintes, des communions particulières... jamais satisfaite de ce que j'avais. Eh bien ! je n'en suis pas corrigée, et heureusement, car plus que jamais j'en ai besoin. C'est pourquoi, ma grande sœur, je vous demande tout particulièrement, non pas un petit souvenir auprès du bon Maître ; mais bien une grande, une ardente prière pour moi ;- pourrait-il vous refuser quelque chose en ce beau jour ! Non, n'est-ce pas ? — Demandez-lui donc pour votre Milise tout ce qu'il trouvera de meilleur pour elle ; le choix est libre... et surtout n'oubliez pas de demander à ce bon Jésus *ce qu'il y a de meilleur*, entendez-vous! Je suis si difficile ! »

« J'espère bien vous revoir un jour, et je voudrais bien que ce jour fût un de ceux des vacances ; mais je désire tant de choses, que le bon Dieu se lassera d'une pareille *quémandeuse*. »

« Adieu, chère Henriette, soyez bien sûre que votre petite Milise vous conservera toujours son affection de sœur, à laquelle s'ajoute aujourd'hui un nouveau sentiment : le respect. »

« Laissez-moi encore vous embrasser comme j'embrassais Yeyette, bien fort et bien affectueusement. »

« Chère Novice, rappelez-moi, je vous prie, au bon et pieux souvenir de toutes les colombes de votre doux nid, et présentez mes affectueux respects à la bonne mère Maîtresse [1]. »

MARIE-LOUISE.
Enfant de Marie.

Quelques fragments d'une lettre à Louise compléteront le récit des impressions du voyage en Italie.

« .   .   .   .

J'ai vu Milan, et je ne te parlerai pas de sa cathédrale, qui est incomparable, entièrement de marbre blanc, et dont les fines colonnettes, les aiguilles s'élèvent vers le ciel à une très grande hauteur. »

1. La mère maîtresse des novices.

« J'ai vu Venise, enfin, ton rêve. Quelle étrange ville ! il semble qu'on soit transporté dans un autre monde, tant la vie qu'on y mène est singulière. Ville silencieuse, qui ne résonne que des cris des gondoliers, du peuple et des enfants. Que sa place Saint-Marc est belle ! et quel chef-d'œuvre est sa vieille basilique, toute de mosaïques et de marbres précieux à l'intérieur. Et son palais des Doges ! dont j'ai visité les horribles prisons, où Marino Faliero, dépouillé de sa pourpre de doge, a tant souffert, avant d'aller mourir décapité au pied de l'escalier des Géants. . . . . . .

. . . . Qu'ai-je vu encore ? la chartreuse de Pavie, dont les richesses d'ornementation sont extraordinaires, et où fourmillent les pierres précieuses ; bâtie à l'endroit même où en 1525 (est-elle exacte celle-là ?) François Ier écrivait à sa mère : *Tout est perdu fors l'honneur !*...

Turin, belle ville moderne et peu curieuse au point de vue artistique : — il y a pourtant de beaux tableaux dans quelques galeries. — . . . . Après avoir passé le tunnel du Mont Cenis, me voici à Versailles, où, depuis un mois, je savoure les douceurs de la famille, et, tout comme feu Annibal, m'engourdis dans le plus doux *far-niente...* »

Les passages suivants nous la montrent charmante comme toujours au milieu de ses petits neveux et nièces.

Versailles, 14 juillet 1880.

Chère Cécile,

« . . . . . Au retour de mon agréable voyage, j'ai été un peu fatiguée et par là même condamnée au repos. Mais c'était difficile au milieu de ces petits neveux et nièces, dont la voix caressante veut être obéie à l'instant même. Aussi tante Mavouise qui s'était bien promis d'écrire à sa Cécile longuement et intimement, a dû laisser plume et papier et raconter des histoires à Marie, faire sauter Clémence, expliquer des images à Charles. Les petits tyrans ne m'ont pas laissée parler d'autre chose que de les amuser. Aujourd'hui, je m'affranchis de mon joug et, moyennant des bonbons habilement distribués, j'obtiens un calme relatif.... »

— « Je ne t'écrirai pas longuement et pour beaucoup de raisons... la plus valable est que mes neveux m'absorbent à un point tel, qu'aujourd'hui j'ai pour tâche de faire un chapeau de poupée...[1] »

En relisant attentivement la correspondance de Marie-Louise, on est frappé d'un fait : la persévérance avec laquelle Notre-Seigneur semblait contrarier tous ses désirs, tous bons, saints même...

Elle avait une amie, la plus ancienne de toutes, à qui elle disait : — « Il est si doux d'aimer sans

---

1. Fragment d'une lettre à Marie, 14 août 1880.

crainte, sans restrictions. »... — Depuis son entrée au pensionnat, elle la réclamera, fera des projets pour la rejoindre, mais en vain : — « Quand donc nous sera-t-il donné de pouvoir, comme dans ce bon temps où je me reporte souvent, nous épancher un peu dans une longue et douce causerie ?... Que j'ai donc de choses à te dire et qu'il me faut refouler. » — A une autre de ses amies non moins chère : « Sais-tu que j'aurais été bien heureuse de te voir à Versailles ; mais je vois bien décidément que le bon Dieu nous ménage une surprise pour notre revoir, puisqu'il fait ainsi échouer tous nos plans. Dis-moi pourtant, je t'en prie, ce que tu feras en vacances, et quand tu pourrais te trouver à Lunéville ; car je suis tenace dans mes idées, et je n'ai pas perdu l'espoir d'y aller un jour. Plus que jamais je désire revoir mon couvent, mes mères et ma Jeanne... Il ne faut plus que je te dise, ma petite Jeanne, puisque tu es maintenant dans ta dix-huitième année. Qu'elle te soit bonne, chère sœur, c'est mon souhait et mon désir bien sincère. »

Et Lourdes ! et Rome ! ce beau rêve qu'elle nourrit tant d'années, et qu'elle emporta dans la tombe : « Si Dieu veut bien m'exaucer, l'hiver prochain nous verrons Rome et alors je serai contente, je pourrai mourir en paix....[1] »

Mais de tous ses désirs, celui de la sainte communion était le plus véhément.... — « Malgré tout,

1. Lettre du 29 juin 1880.

dit-elle à la suite du fragment précédent, je me sens heureuse... Le temps est superbe, je suis entourée de mes petits neveux et nièces qui sont charmants pour l'instant. Ainsi donc rien ne troublerait ma paix si... il y a toujours des si dans ce bas monde... si donc depuis longtemps je n'étais empêchée d'aller m'asseoir à la Sainte-Table, de me nourrir de ce Pain des forts dont j'ai tant besoin !... Je n'ai donc pas pu, ma Jeanne chérie, être fidèle cette année à mon invitation du Sacré-Cœur, et je t'assure que je l'ai beaucoup regretté... »

Ce regret au sujet de la sainte communion se retrouve bien souvent sous sa plume.

Lettre à Cécile.

Châteauvillain, 22 août 1880.

Je m'en veux considérablement, ma Cécile, d'avoir laissé si longtemps sans réponse ta dernière lettre si gentille et si poétique. Quand elle m'est arrivée, j'étais tout occupée de notre réinstallation à la campagne. Mille choses à arranger, à organiser pour recevoir mes frères et sœurs ; mon rôle de maîtresse de maison à remplir, puisque cette année, pour m'y habituer, Mère m'a légué une partie de ses pouvoirs, en me confiant ses clefs. J'ai donc beaucoup à faire pour n'être pas trop au-dessous de mon importante fonction. Puis mon frère Maxime, avant de partir pour Nancy où il est en mission, est resté quelques jours avec nous, pendant lesquels naturellement j'ai joui de lui sans penser à autre chose. Enfin Blanche et ses deux bébés sont ici depuis quinze jours, et tu comprends, ma Cécile, qu'en bonne sœur et bonne tante, je me laisse facilement absorber par ces êtres qui me sont si chers — au détriment de ma correspondance. »

Pardonne-moi donc, chère amie, si j'ai été silencieuse, et si je n'ai pas répondu à la gracieuse invitation que tu me faisais d'escalader avec toi le sommet du Parnasse. Il me faudrait des ailes, et je n'en ai pas, ou plutôt elles sont si faibles, que je ne leur permets pas de s'élever dans les hauteurs de la poésie. Que d'aspirations vers le beau, le sublime, ne suis-je pas obligée trop souvent de refouler !... et puis, si l'on veut bien remplir ses devoirs, ne faut-il pas savoir journellement faire abnégation de soi-même, et tâcher d'être agréable à tous... Cela avec douceur et patience ; car autrement *on ne retirerait rien des petits ennuis inévitables* qui peuvent se rencontrer, *pas même le mérite de les avoir supportés...* »

« Que je suis heureuse, chère Cécile, de te voir aspirer au beau titre d'Enfant de Marie. Oh ! je lui demande à cette bonne Mère qu'elle te fasse un jour ma sœur ; sœurs chéries, nous l'aimerons mieux à nous deux, n'est-ce pas ? Il est si doux de s'unir pour aimer ! Qu'elle nous protége : nous en avons besoin toutes deux ; qu'elle nous dirige dans la voie que nous a marquée son divin Fils ! et je crois, nous serons heureuses... Qu'importe les qu'en dira-t-on ; il y a tant de choses nobles que le monde ne comprend pas et qu'alors il traite d'absurdes !... »

Cette lettre nous montre comment Marie-Louise continue à comprendre sa mission dans la famille ; quelle place elle y tient dans le cœur de tous ; comment la pensée du devoir et de la vertu l'accompagne dans ses moindres actions ; — elle nous montre encore son âme élevée au-dessus des choses créées. Dans celle-ci et dans celles qui suivront, c'est seulement par des traits rapides, que nous pouvons relier ensemble tous les instants de cette vie intellectuelle, plus angélique que terrestre. Elle ne s'appesantit pas sur ce qui pourrait faire concevoir d'elle une plus grande estime ; et ces traits eux-mêmes s'échappent de sa plume en quelque sorte à son insu. Mais ils suffisent à ceux qui l'ont connue, pour la suivre dans cette course ascensionnelle n'ayant d'autre témoin que Dieu seul.

Les vacances étaient terminées, l'automne commençait à se faire sentir ; il fallut une troisième fois prendre la route du Midi.

IV.

Second séjour de Marie-Louise à Nice. — Leçons d'italien, de peinture.
— Edification qu'elle donne par sa piété et sa vertu. — Sa maladie
fait de rapides progrès. — Elle continue néanmoins ses leçons et sa
vie réglée. — Admiration qu'excite autour d'elle son énergie. — Visite
à dom Bosco. — Dernière communion. — Départ pour Saint-Raphaël.
— Malgré son extrême faiblesse, Marie-Louise veut assister à la grand'
Messe le jour de Pâques. — Hyères. — Dernière lettre. — Recueillement des derniers jours. — L'Ange prend son vol vers le Ciel. — Une
révélation trois mois avant sa mort. — Précieux témoignage du
R. P. Fulgence. — Dernier mot sur son âme.

Le séjour au couvent de Nice avait été si agréable, que ces dames ne cherchèrent pas autre
chose. L'hiver se passa paisiblement, mais sans
amélioration pour la santé de Marie-Louise.

Elle n'en continua pas moins ses études d'italien, et madame Frossard, cédant à ses instances,
lui fit donner des leçons de peinture à l'huile.

Il sembla un instant qu'on voyait la chère petite
malade se reprendre à la vie au milieu de ces occupations si fort de son goût.

Alors, comme toujours, elle fut une remarquable
élève. — Les leçons et les conversations italiennes
étaient dirigées par une jeune religieuse romaine
qu'elle appréciait beaucoup. Trois jeunes filles,
établies aussi au couvent pour l'hiver, partagèrent

avec elle ces études agréables. D'affectueuses relations s'établirent entre elles, et, à son départ de Nice, elle emporta le souvenir de ces charmantes amies qu'elle espérait revoir encore.

Outre ces études, Marie-Louise faisait d'intéressantes lectures; elle était aussi devenue très adroite dans toute espèce de petits ouvrages manuels, auxquels elle prenait plaisir : ajoutons à cela les promenades nécessaires à cause de son état de santé, et nous verrons que ses journées étaient bien remplies.

Cependant le charme qu'elle trouvait dans cette agréable et intelligente activité, ne l'absorbait pas tellement qu'elle oubliât ses anciennes amies.

Ouvrons un instant sa correspondance.

Nice, villa Marie-Joseph.

Ma petite Jeanne chérie,

« . . . . »

« Ah ! si tu savais l'italien, je te dirais de beaux vers sur *la fugacità dei giorni* [1] et tu t'écrierais avec moi: la vie n'est qu'un songe ! Depuis bientôt deux mois, je suis à Nice ; j'ai été continuellement occupée, et pourtant j'ai fait si peu de chose !.... »

« Ma santé n'est toujours pas bien forte ; aussi que de précautions agaçantes, que de soins en-

---

[1] La rapidité du temps.

nuyeux, et surtout que de privations ! Il y a toujours des *si* et des *mais* à m'opposer : ce qui
exerce en moi la sainte vertu de patience et, j'espère, me sera compté plus tard ! »

« Avant notre départ pour Nice, nous avons
passé une quinzaine de jours à Versailles.... Je ne
suis allée à Paris qu'une seule journée. J'aurais tant
voulu te trouver... Quand irai-je maintenant ?...
That is the question.... »

« . . . . Ah !
si j'étais à Paris, comme je serais heureuse de pouvoir m'unir à ces femmes généreuses s'utilisant à
soulager et à soutenir ceux qui sont victimes du
mal !.... »

« La vie que je mène à Nice, est bien calme et
bien sérieuse ; mais c'est celle qui me convient —
d'abord à cause de ma santé et ensuite de mes
goûts. — J'étudie avec assez de suite l'italien, la
littérature ; d'ici à quelques jours, je vais me
mettre à la peinture à l'huile.

« Je me trouverais heureuse pour le moment, si
nous n'étions pas si éloignées de notre chère famille, de nos amis ; si j'avais près de moi ma gentille Jeanne, que personne ne saurait remplacer
pour moi. J'ai fait ici cependant de bien aimables
connaissances : mesdemoiselles Juliette M....,
Marie de T.... et Marie-Louise C..... »

A cette occasion, citons une lettre de madame de P..., la vénérable aïeule de mesdemoiselles de T...

Nous passons sous silence les éloges à l'adresse de la mère de notre chère Marie-Louise — dont la modestie a déjà jeté un voile sur plus d'une page de cette histoire.

« Madame la Supérieure,

« Je vous remercie de m'offrir l'occasion de vous parler de Marie-Louise, dont je conserve le meilleur et plus pieux souvenir. »

« Que de fois n'ai-je pas remercié Dieu de l'avoir fait se rencontrer avec mes petites-filles, pour qui elle fut un exemple si parfait, une amie dont le charme délicat était si attrayant. »

« Je devinai vite cette âme d'élite, dont le parfum caché se révélait dans les actes de la vie intime et journalière que nous menions au couvent du Saint-Sacrement.... »

« A mon arrivée à Nice, le 28 novembre 1880, je trouvai neuf personnes à ce charmant couvent...
.... La politesse exquise et la sage réserve de mademoiselle Frossard attirèrent vite mon attention, et je proposai à mes enfants sa parfaite tenue pour modèle.... »

« L'intimité s'établit peu à peu ; les jeunes filles prirent ensemble des leçons d'italien ; de plus, nos repas étaient communs.... Mais les excursions que je faisais faire à mes petites-filles bien portantes, étaient au-dessus des forces de Marie-Louise, qui leur enviait ce plaisir et ne put que rarement se joindre à nous ; et le soir, à notre grand regret, sa mère nous l'enlevait, ayant remarqué qu'elle toussait pendant la nuit, lorsqu'elle avait causé et ri : car elle était fort gaie, instruite, aimable et spirituelle. — Cependant nous passions encore avec elle plus de temps qu'il n'en fallait pour l'apprécier : plus on la voyait, plus on s'attachait à elle. »

« Elle faisait toutes choses simplement et bien ; était adroite à tout. Mise avec un soin extrême (quoique sans femme de chambre), on voyait que le coup de brosse ne lui coûtait pas plus que les menus détails des réparations à ses vêtements. — Elle apprenait à peindre ; le sentiment du coloris était inné chez elle, et elle fit en quelques leçons des progrès surprenants. »

« Elle chiffonnait avec goût un nœud, une cravate ; garnissait gracieusement un chapeau — et celui de ma petite Henriette pour le voyage d'Italie fut confectionné par elle : c'était en tout la dévote de saint François de Sales, *parée de dignité, de bienséance* — je pourrais même ajouter : *d'amabilité*. »

« Elle était surtout pieuse : elle se donnait avec Marie des rendez-vous à la chapelle ; on l'y voyait toujours profondément recueillie. Son bonheur — lorsqu'elle avait des fleurs — était de les porter au pied de l'autel de la sainte Vierge ; ce que ma petite-fille ayant remarqué, elle ne revenait jamais d'une promenade sans lui rapporter un bouquet. A la Messe de Minuit — quand je la vis si recueillie au pied de l'autel, je demandai à Dieu que mes petites-filles lui fussent semblables. »

« Sa piété ne gênait en rien ses relations : au réveillon qui suivit cette belle solennité, elle était gaie et joyeuse. »

« Elle fut parfaite pour ma petite Henriette qui — par suite d'un reste de maladie — était un peu difficile : Mademoiselle Frossard l'exhortait doucement, affectueusement, et ramenait vite la bonne humeur. »

« Quelquefois je faisais à Marie certains petits reproches, la comparant à Marie-Louise. Elle me répondait : — « Grand'mère, *c'est un ange sur la terre* ; je ne puis être si parfaite.... les ailes lui poussent trop vite : vous auriez peur de me voir ainsi... »

« En effet, pendant ces trois mois et demi — où notre vie s'est trouvée mêlée à chaque instant — je ne lui ai pas vu une imperfection. »

« Lorsque nous partîmes pour l'Italie, elle nous fit notre itinéraire, nous donna les plus précieux renseignements et un *Rendez vous* — qui n'aura plus lieu qu'au Ciel.... — Ces chères enfants, au départ, échangèrent de petits souvenirs ; nous conserverons les nôtres comme de vraies reliques... Enfin je ne tarirais pas sur cette charmante fleur si vite fanée sur la terre, mais qui refleurit maintenant au Ciel et orne le jardin du Paradis... »

« Oui, madame la Supérieure, écrivez cette aimable vie, et je me réjouis à l'avance de tout ce que vous dites de cette âme si pure... »

Reprenons la correspondance.

De toutes les manières, et souvent de la façon la plus gracieuse, Marie-Louise témoignait son affection à ses amies. Un jour, — le 19 septembre, — elle adressait à sa chère Cécile un pieux et touchant symbole qu'elle avait peint elle-même, et l'accompagnait de ces mots :

« Le temps m'a manqué pour t'écrire ; je t'envoie cette simple petite image... Je te demande pardon, ma pauvre Cécile... quel vilain portrait !... pardonne-lui à cette petite colombe — qui devait te représenter — et surtout à son auteur..... »

L'enthousiasme vrai, l'esprit, la raison et surtout la foi brillent dans la lettre suivante à la même amie :

Nice, 14 novembre 1880.

« . . . . »

« Nous voici encore de retour dans ce beau Midi pour lequel je me sens un grand attrait. Tu ne peux t'imaginer quelles douces sensations on éprouve lorsque — ayant quitté le soir un pays froid, brumeux et gris comme l'était Paris au moment de notre départ ; quand, après avoir passé une longue nuit en wagon — on assiste au réveil de cette belle nature, illuminée des rayons du soleil. Le ciel est d'un bleu pâle ; peu à peu les brumes se dissipent et nous laissent apercevoir les cimes des montagnes, dont quelques-unes, déjà couvertes de neige, étincellent au soleil. Oh! c'est bien beau, et je ne sais t'exprimer ce que la vue de ces beaux horizons, de ces paysages grandioses, de cette mer, produit en moi… c'est une renaissance et une dilatation, si je puis dire, et, je l'avoue, il me serait triste maintenant de ne plus voir pendant quatre grands mois qu'un ciel gris, une nature endormie et couverte de neige, quand ici c'est la vie, la couleur, la chaleur. »

« Mais aussi l'on ne peut être parfaitement bien ici-bas ; on ne peut — je crois — jamais jouir pleinement des dons de Dieu. »

« Si nous vivons sous un beau ciel dans un doux climat, nous sommes seules, isolées au milieu de cette foule étrangère avide de plaisirs et de mouvement ; bien loin de tout ce que nous aimons, famille et amis ; nous quittons notre *home* pour vivre dans des chambres banales, où tout le monde passe… nous vivons enfin d'une tout autre vie : voilà l'envers de cette médaille, dont beaucoup de gens ne considèrent que le beau côté. »

« Ne crois pas, après tout ce que je viens de te dire, que je sois triste. Dieu m'a fait une grâce dont chaque jour je le remercie : c'est de ne voir jamais que le bien dans tout ce qui m'arrive — *laissant les épines, je vois tout de suite la fleur.* Et puis quand on a vécu dix-huit ans, il me semble qu'on a eu déjà des occasions de voir combien la douceur de caractère, le calme sont nécessaires… »

« Jusqu'ici j'ai peu lu, quoique j'aie un abonne-

ment, et j'ai peu travaillé, bien qu'ayant dix ouvrages commencés. Ma vie n'est pas encore assise,
et c'est la fantaisie qui m'a dirigée à peu près cette
première semaine. Mais maintenant, les affaires
sérieuses, la règle, sans laquelle les journées
passent inutilisées et paraissent si courtes !... Je
dis cela, et peut-être que demain je me trouverai
en contradiction avec moi-même... je me laisse si
souvent entraîner par cette folle d'imagination, que
je commence à me connaître et à ne pas trop
compter sur moi..... »

Quelle sage appréciation des choses, et quelle
attention sur elle-même !... dans cette vie, rien
n'est livré au hasard.

Cependant — il est temps de le dire — le mal
faisait en secret des progrès rapides ; Marie-Louise
— habituée à souffrir — avait cessé de compter
avec la douleur, et plus d'une fois, à cette époque,
il fut question de projets qui durent singulièrement
navrer la pauvre mère ; car personne ne pouvait
s'y tromper, et la chère enfant elle-même révèle
toute la gravité de sa situation dans le fragment
suivant d'une lettre à son frère :

12 décembre 1880.

« . . . .

« Tu ne peux, Carino, t'imaginer le beau temps
que nous avons... toute poésie et exaltation à part,
c'est délicieux et il fait bon vivre...

Cependant, malgré les énormes tranches de viande saignante que j'absorbe chaque jour ; malgré l'eau-de-vie, dont j'use mais n'abuse pas ; malgré ces promenades quotidiennes de trois ou quatre heures, je suis toujours aussi maigre, toussant chaque matin, et soufflant comme un vieux cheval fourbu, pour monter un étage. Je me soigne, afin de commencer vaillamment l'année. . . .

. . . . »

Sans faire le moindre retour sur elle-même, elle va déployer plus que jamais cette rare énergie qui la caractérise.

« . . . Je me rappelle avec admiration, écrivait au mois de mai suivant, à madame Frossard, une amie, qui avait vu de près Marie-Louise pendant ces derniers mois — je me rappelle avec admiration l'énergie de cette chère enfant... quand on songe que, si près de sa fin, elle se levait encore chaque matin régulièrement, prête à supporter les fatigues du jour; recevait chacun avec son bon sourire et cet air affable et enjoué qui nous trompait un peu tous !... »

Cette faiblesse croissante ne lui faisait pas interrompre sa correspondance, quoique l'application lui devînt pénible. Ne pouvant cependant plus la suivre aussi assidûment que par le passé, elle sent parfois le besoin de s'excuser auprès de ses amies, elle le fait toujours avec une grâce charmante.

26 décembre 1880

« . . . Je sais que tu m'en veux, et beaucoup de t'avoir si longtemps abandonnée ; mais à quoi te servirait d'avoir un grand cœur, si ce n'était pour pardonner davantage. Oublie donc ma paresse, et crois à l'assurance de ma vieille amitié *che non può dimenticare...* »

« . . . . »

« Et toi, chère Marie, dis-moi ce que tu fais : parle-moi de tes plaisirs, de tes occupations, de notre vieille amitié et de nos bons souvenirs. Bien souvent ma pensée se reporte à ces heureuses années, et je me rappelle ces moindres faits qui avaient tant d'importance pour nous. . . »

Dans la lettre suivante, on sent de la fatigue, de la tristesse même ; personne ne s'en étonnera : nous touchons du reste aux derniers jours. Marie-Louise essaye pourtant encore de sourire... Les paroles de la fin expriment le calme et l'abandon qui distinguent les vrais et généreux serviteurs de Dieu.

Nice, 20 mars 1881.

Ma petite Jeanne chérie,

« Je ne veux pas m'excuser près de toi d'avoir tant tardé à répondre à ta dernière longue lettre si charmante ; car tu ne me croirais pas, et j'en serais quitte pour mes phrases. »

« Cet hiver n'a pas été bon... et à force de m'entourer de précautions, je suis devenue plus faible. Force m'a donc été de négliger petit à petit bien des choses que je faisais avant. Maintenant le soleil est revenu, il fait chaud, et je me reprends à la vie. Aussi j'écris à ma Jeanne, et l'étouffant sous mes baisers, j'empêche toute plainte et récrimination de s'échapper de ses lèvres.

J'ai été ébahie de ta science, chère Jeanne, ou plutôt de ton ardeur et de ton assiduité à l'étude ; non pas que je t'aie jamais soupçonnée de paresse — comme tu me fais l'injure de le croire ; — mais parce que je *supicosais* (vieux style) qu'une fois tes bienheureux parchemins gagnés, tu ferais comme tant d'autres, et laisserais de côté l'étude pour le monde ou les arts. Entre nous, je te dirai que je t'envie horriblement cette jouissance, et que je serais ravie d'être près de toi à écouter ces cours qui auraient tant de charmes pour moi.

Mais vois-tu, ma chère petite Jeanne, il faut que tu saches une autre chose qui te paraîtra peut-être bizarre ; mais tant pis. Nous ne nous sommes pas vues depuis trois ans à peu près. Or pendant ce laps de temps, tu as changé physiquement et moralement, et n'es plus telle que je t'ai connue et aimée. Mon imagination est bien là, qui me fait une quantité de portraits de toi, sous tous les aspects, dans toutes les poses ; mais qui m'en garantit la ressemblance ? Rien. Et voilà comme quoi je ne connais plus ma chère Jeanne ; c'est un grand mal auquel je ne sais qu'un remède : dépêche-toi de m'envoyer ta photographie, accompagnée d'une longue épître, qui me montreront que tu es toujours Jeanne, et que, comme telle, tu as conservé un brin d'affection pour *Milise*. »

« Depuis deux mois, je m'adonne avec ardeur à la peinture, et j'y trouve un plaisir extrême ; je désire pousser cet art le plus possible ; sans toutefois avoir la prétention de devenir un Raphaël. — Avec cela l'italien et c'est toute mon étude actuelle.
. . . . »

« Et toi, ma Jeanne, as-tu beaucoup mondanisé cet hiver, aux jours gras ? Nous avons eu, comme tous les ans du reste, un carnaval superbe, auquel il n'a manqué que le soleil — du moins à certains jours. Je te fais grâce de la description de toutes ces folies !... »

J'avais espéré partir d'ici pour Rome et Naples ; mais cette fois encore, mes espérances sont déçues, le médecin ne me trouvant pas assez de forces pour affronter tant de fatigues. Ayant lu quelque part qu'on perd trop à courir le monde, je me soumets et attends patiemment... à la volonté de Dieu ! »

« On sonne le déjeuner, et je n'ai que le temps de t'embrasser 999 fois. »

Ta Milise.

Une des amies que la Providence lui avait fait rencontrer à Nice, mademoiselle de T..., était partie pour l'Italie. Peu de temps après — selon les conventions faites entre elles, — Marie-Louise reçut une aimable lettre. Voici quelques passages de sa réponse.

Nice, 28 mars 1881.

Chère Mademoiselle,

« Je ne veux pas attendre davantage pour vous dire combien votre charmante lettre m'a fait plaisir et comme j'ai été sensible à tous vos gracieux et pieux souvenirs. Je ne vous ai pas oubliée non plus, soyez-en bien sûre, et bien des fois, j'ai partagé en imagination toutes les jouissances que vous goûtez dans cette belle Italie que j'aime tant..... »

« La chaleur commence à être assez forte ici, et déjà bien des étrangers quittent les rives niçoises. Du reste, depuis l'affreuse catastrophe [1] qui vient de frapper la ville et dont vous devez avoir eu connaissance par les journaux, la consternation et le deuil ont pris la place de la gaîté et de l'insouciance habituelles au pays. Devant un pareil sinistre et un si grand nombre de victimes, toutes les fêtes ont été décommandées, et l'argent a été réservé pour ces malheureux qui ont perdu là un père, une mère, une famille entière même. »

« J'espère que vous aurez pu obtenir une audience du Saint-Père, et recevoir sa bénédiction. A ce propos, je vous dirai que, ce matin, je suis allée demander une bénédiction, moins recherchée sans doute que celle qui vous sera donnée ; mais

____

[1] L'incendie du théâtre de Nice.

qui n'est pas sans prix, car c'est celle d'un saint. Je veux parler de dom Bosco, dont le nom doit vous être connu. Il m'a promis de prier Dieu pour moi, et j'ai foi en ses prières [1].

Etes-vous allée à Naples ? Avez-vous visité Pompéi, le Vésuve et la grotte d'Azur ?... J'aimerais à me retrouver encore avec vous le soir, comme nous le faisions il y a bien peu de temps, causant de l'emploi de nos journées, et échangeant toutes nos impressions. Comme je jouirais de votre enthousiasme et avec quel intérêt j'écourais vos descriptions ! . . .

« La Chartreuse dont je vous ai parlé, et qui est bien remarquable, est celle de Pavie, à une heure de Milan. »

« Je vous quitte pour répondre au coup de cloche de sœur Charlotte. Merci encore de votre aimable lettre et de la médaille de Mater Admirabilis, que je porterai maintenant. Merci aussi à cette bonne Henriette de ne m'avoir pas oubliée près du divin Bambino, et deux affectueux baisers pour elle de ma part. . . . . . »

---

[1] Dom Bosco, fondateur des *Œuvres Salésiennes* — qui se dévouent à la jeunesse, surtout à la jeunesse pauvre et abandonnée, — est le Vincent de Paul et le thaumaturge de l'Italie et de la Savoie. Par ses maisons, nombreuses déjà, qui étendent leur action bienfaisante dans le midi de la France, en Espagne et jusqu'en Patagonie, il donne l'éducation, l'instruction et jusqu'au pain matériel à plus de cent mille enfants qu'il ne rend à la société qu'après les avoir mis à même de s'y faire une position. — Voir pour plus de détails l'intéressante brochure intitulée *Dom Bosco, par le docteur Ch. d'Epiney.* — *Nice.*

« Permettez moi de finir par une vieille formule qui est toujours jeune : je vous embrasse de tout mon cœur. »

MARIE-LOUISE FROSSARD,
Enfant de Marie.

Cetté entrevue avec dom Bosco, dont parle Marie-Louise, l'avait remplie de consolation. Que s'est-il passé entre ces deux âmes, l'une et l'autre — quoi qu'à un point de vue différent — si près du Ciel ?... Madame Frossard, fidèle à ses habitudes de réserve, ne questionna pas. Profondément touchée elle-même de l'impression que lui avaient laissée la bonté et la simplicité de cet homme de Dieu, elle se contenta de jouir en silence du bonheur céleste que sa chère enfant semblait avoir rapporté de ce court entretien.

Marie-Louise lui dit seulement que le bon Père lui avait conseillé de réciter chaque jour, jusqu'à la Fête-Dieu, une prière qu'il lui indiqua. Elle fut, jusqu'à son dernier jour, fidèle à cette pieuse invitation.

Dieu, qui lève si souvent les voiles de l'avenir devant les yeux de son humble serviteur, n'avait-il pas jugé utile de lui accorder cette grâce en faveur de Marie-Louise ?... ou lui avait-il inspiré de tromper le regard de la jeune malade, de manière à ce qu'aucune appréhension ne troublât la sérénité de son âme innocente ?... Mais bien plutôt n'entrevoyait-il pas déjà pour cet ange l'aurore de la Fête-Dieu éternelle ?...

Non, ce n'était plus sur la terre qu'elle devait célébrer cette fête si chère à son cœur : quoique rien dans la lettre précédente ne le fasse pressentir, l'heure du sacrifice approchait. Marie-Louise se faisait-elle illusion, ainsi qu'il arrive fréquemment dans ces sortes de maladies, ou voulait-elle comme toujours éloigner tout ce qui pouvait attrister son excellente mère ?... Quoi qu'il en soit, elle redoublait d'efforts pour être courageuse, aimable et gaie.

Elle sentait le besoin de changer de place ; ce besoin bientôt devint si violent, qu'il fallut le satisfaire : c'était d'ailleurs l'opinion du médecin.

La chère enfant avait fait ses pâques au couvent le dimanche des Rameaux. Le mardi suivant fut fixé pour le départ. La seule lettre que nous ayons datée de Saint-Raphaël, nous dira comment elle se trouvait à ce moment. — A Saint-Raphaël devait avoir lieu une courte station, avant d'aller à Hyères où ces dames se proposaient d'attendre que le retour de la belle saison leur permît de rejoindre la famille.

Saint-Raphaël, 14 avril 1881.

Cher Maxime,

« Nous avons quitté Nice mardi, et après deux heures de route, nous sommes arrivées à Saint-Raphaël, où nous avons trouvé à nous installer très bien, dans une famille bourguignonne très convenable qui reçoit des pensionnaires. Nous avons une chambre à deux lits au rez-de-chaussée, entre le salon et la salle à manger, et ouvrant sur une vaste terrasse couverte d'une tente, d'où l'on contemple la mer, qui est tout près. En descendant six marches, on se trouve dans un grand jardin bien dessiné, jouissant d'une belle vue et d'un air exquis. Le service est bien fait et la nourriture excellente. Comme nous sommes seules pour quelques jours encore, on fait du reste suivant nos désirs. Dans d'aussi bonnes conditions, je reprends un peu d'appétit; mais je n'ai pas encore retrouvé mes jambes et ma respiration. En allant pianissimo, j'y arriverai, je pense, car l'air me paraît bien tonique. Saint-Raphaël, que je n'ai pas vu, est, au dire de Mère, un médiocre village; ce qu'il y a de joli, c'est la partie nouvelle en formation, où sont éparpillés hôtels, villas, chalets; le port et les bords de la mer sont aussi très jolis. »

«   .   .   .   .   »

« Les bonnes religieuses niçoises ont vu notre départ avec peine; de même, les quelques dames qui restaient encore, nous ont témoigné un vif regret de nous quitter. Nous emportons de cette maison un bien excellent souvenir; cependant, je l'avoue, j'avais hâte de partir, car je commençais à péricliter, et du reste la chaleur était déjà fatigante. »

Ta Marie-Louise.

La chère enfant paraissait donc se plaire dans sa nouvelle installation, et vivre encore d'espérance. Le jour de Pâques, elle voulut assister avec sa mère à la grand'messe du village, et, comme on lui objectait sa grande faiblesse et les difficultés de la route... *« Les souffrances et la maladie, répondit-elle, ne sont jamais une raison pour s'exempter de ses devoirs quand on peut les remplir. »* — Pendant ces trois années, des paroles semblables se trouvèrent bien des fois sur ses lèvres... Elle devait montrer jusqu'au bout cette rare énergie qui était un des traits saillants de son beau caractère — trait de famille d'ailleurs.

Cependant le vent était très vif à Saint-Raphaël ; trop vif pour un pareil état de faiblesse ; il fallut donc penser à un nouveau changement. Dix jours après, nous retrouvons notre petite malade à Hyères : c'était le 22 avril. Le 30, elle eut encore le courage d'écrire une lettre ; ce devait être la dernière. Cette lettre, à sa belle-sœur, madame Henri Frossard, fut le dernier témoignage d'affection à un membre très cher de sa famille, qu'elle aimait tant.

Hyères, 30 avril 1880.

Ma chère Émilie,

« Ta bonne grande lettre m'a fait tant de plaisir, que je ne veux pas attendre plus longtemps pour t'en remercier. Tout d'abord je te prierai d'excuser mon griffonnage ; je t'écris sur mes genoux, au jardin, n'ayant qu'une main libre (l'autre tient mon ombrelle). Le temps est admirable, presque sans vent, et très doux ; aussi j'espère me remettre ; car je dois te dire que je suis arrivée ici dans un état de faiblesse extraordinaire, respirant très difficilement, ne marchant plus, enfin bien mal à mon aise. »

« Le médecin nous a dit que c'est une crise, et m'a ordonné un changement de régime et excessivement de repos. J'ai confiance et j'espère pouvoir être en état de partir d'ici à trois semaines. Nous avons à l'hôtel un charmant jardin rempli de parfums et d'oiseaux, et j'y passe le plus de temps que je puis, étendue dans un bon fauteuil. Hier j'ai fait une agréable promenade de deux heures, au milieu des bois de pins sur les hauteurs, dans une petite voiture tirée par un brave homme : c'est un mode de locomotion très usité ici, où il n'y a que des voitures de remise qu'on paye fort cher. »

« Le pays est très joli en ce moment ; on voit partout d'énormes champs de fraisiers couverts de fruits, qui exhalent une odeur délicieuse. Des femmes les cueillent tous les jours, et on les expédie à Marseille, à Paris surtout. »

« J'envie les jambes et les poumons de tes deux bandits (comme tu les appelles), qui escaladent la tour de Notre-Dame ! Je donnerais bien des choses pour être en état de le faire, va ! — Les voilà maintenant rentrés en classe à de nouveaux succès. »

« Et la *Boule* et *Bébert* ?... Quant à ma petite [1], je la crois déjà gentille. A propos, je n'avais pas fait bénir la médaille que je lui ai envoyée. »

« J'ai bien peur qu'avec ma fatigue, (qui rendra tout voyage pénible), nous n'allions tout droit à Châteauvillain : ce qui serait déjà bien long ; et que nous ne soyons privés du bonheur de cette réunion désirée. Enfin je veux espérer. »

« Adieu, chère Emilie, je m'arrête brusquement, car j'ai les mains pleines d'encre. Maman et moi nous vous envoyons à tous nos plus tendres baisers. »

Ta petite sœur affectionnée,
Marie-Louise.

Arrivée à Hyères, Marie-Louise devint plus calme ; elle semblait jouir avec satisfaction du repos que lui offrait ce nouveau séjour. — Satisfaction, repos qui devaient être les derniers en ce monde.

Elle passa les dix jours qui suivirent, le plus souvent assise sous ces beaux ombrages parfumés — « calme, recueillie, » nous dit sa mère, qui a bien voulu nous communiquer ces détails, — « parlant peu, priant silencieusement. Dieu seul sait ce

---

[1] C'était sa filleule qu'elle aimait déjà tendrement, quoiqu'elle ne la connût pas encore. On attendait son retour pour les cérémonies du baptême.

Quelques mois plus tard cette enfant, à qui l'on avait donné le nom de Marie-Louise, retournait au ciel, et son petit cercueil était pieusement apporté par son père près de celui de sa chère et angélique tante.

qui se passait dans ce cœur !... Elle pensait sans doute à sa famille bien-aimée, à son cher Couvent de Lorraine, à ses amies. » — Elle repassait bien sûr aussi dans son cœur les grâces de choix que lui avait faites son Jésus, elle le remerciait, lui répétait ses protestations d'amour, lui renouvelait ses serments... Résignée, confiante en la bonté du divin Maître, elle attend : il peut l'appeler quand il voudra, elle est prête.

Cependant ni la chère enfant, ni sa bonne mère ne pouvaient prévoir que la dernière heure fût si proche.

Ce mois qu'elle aimait entre tous, venait de commencer, et la sainte Vierge, se souvenant du désir de sa fidèle et généreuse enfant, voulut le lui faire finir au Ciel.

Le 2 mai s'était passé d'une manière particulièrement agréable. Vers 6 heures, Marie-Louise avait pris volontiers son repas, dans sa chambre avec sa mère, et la soirée s'était prolongée un peu plus que de coutume dans de douces et agréables causeries.

Elle était au lit, quand, vers 10 heures, se sentant prise de vives douleurs, elle appela sa mère — couchée près d'elle. Celle-ci lui donne les soins ordinaires, et au moment où elle allait pour la seconde fois lui présenter un cordial, que la chère enfant avait réclamé, elle entend un profond soupir : c'était le dernier... — « douce victime, qui ne s'est jamais plainte !... elle s'est fanée comme une fleur, éteinte comme une lampe sans huile et sans les horreurs de la séparation et la tristesse des adieux [1]. »

Madame Frossard eut le courage de prendre elle-même toutes les dispositions nécessaires en ce triste moment, de garder, d'ensevelir, ensuite de ramener seule son précieux trésor : c'est donc réellement à la façon des anges que cette chère enfant s'envola de la terre au ciel... ne laissant d'autre trace de son passage que celle de ses angéliques et précoces vertus.

Ne nous affligeons et ne nous étonnons donc pas si elle ne nous a rien dit à cette heure suprême... Fleur du Ciel, ne semble-t-il pas qu'elle ait voulu, jusque dans cet instant solennel se dérober aux hommages de la terre ? Ils ne pouvaient plus cependant ternir en rien le pur éclat qu'elle avait été si jalouse de conserver intact pour son Époux céleste !...

Elle ne nous a rien dit !... Mais ne lisons-nous pas dans ses souvenirs de première communion, à l'avant-veille du grand jour, ces paroles prophétiques : — **« La mort, elle ne me surprendra jamais, car je l'attendrai... »**

Elle l'avait pressentie cette heure solennelle, et prédite en quelque sorte, — on s'en souvient, — dans les dernières notes qu'elle nous a laissées ! — Elle avait, trois ans d'avance, **« entendu comme le premier murmure qui annonce l'arrivée du Bien-aimé. »** ... Rien,

---

[1] Fragment d'une lettre de madame Frossard à M. M. Madeleine.

maintenant, non « *rien jamais ne pourra la séparer de Lui.* »

Elle ne nous a rien dit ! Mais n'est-ce pas une dernière protestation de constance et d'amour envers son bon Maître qu'elle déposa, le 24 janvier de cette même année, dans le cœur d'une amie digne d'elle ! Recueillons-nous et lisons encore :

Ma Cécile bien chère [1].

« . . . .

Le temps est sombre aujourd'hui, et j'en ai profité pour rester seule au coin du feu ; et si tu le veux, *Carina*, nous causerons un peu maintenant seule à seule et *di tutto cuore.* — Laisse-moi d'a-

---

[1] Mademoiselle C. L. joignit à l'envoi des lettres de Marie-Louise à madame Frossard, les lignes suivantes :

14 octobre 1881.

Madame,

Permettez-moi de vous offrir tout ce qui me reste des lettres de Marie-Louise. Je regrette vivement d'en avoir brûlé quelques-unes : c'était d'ailleurs pour répondre au désir qu'elle-même m'en avait exprimé. J'espère, Madame, que vous me pardonnerez d'avoir conservé la dernière, plus intime que toutes les autres, et que je porte toujours sur moi comme un souvenir bien cher. Je l'ai copiée textuellement, en supprimant seulement quelques passages qui me concernent. Je puis dire que je n'aimerai jamais aucune amie comme j'aimais Marie-Louise, et je crois qu'elle laisse dans le cœur de tous ceux qui l'ont connue un souvenir que le temps n'effacera pas. C'était une nature vraiment idéale, une âme si pieuse, qu'à peine peut-on prier pour elle. C'est plutôt elle qui prie au ciel pour ceux qu'elle aime ici-bas.

Veuillez agréer, Madame, etc.

CÉCILE L...

bord te dire de ne pas faire attention à la mélancolie qui me tient aujourd'hui. J'ai parfois de ces accès de tristesse vague qui proviennent, je le pense, d'un peu de fatigue physique, et qui passent avec un rayon de soleil...

J'ai entrevu parfois dans un rêve une vie presque angélique, où tout ce qui n'est pas Dieu et à Dieu n'est rien ; vie sublime de renoncement, de sacrifice et surtout d'amour, de cet amour ardent, exalté, tout puissant, puisque saint Augustin disait : *Ama et fac quod vis !* — et fort comme la mort. Oh ! moi, à qui Dieu a donné un cœur si bien fait pour aimer beaucoup et toujours, j'ai rêvé de vivre de cette vie pour Dieu seul ! — Mais chaque âme ici-bas a sa voie que Dieu a tracée lui-même, et où il l'appelle et la veut. A toutes, il ne fait pas les mêmes dons, et il n'exige pas la même chose de chacune d'elles.

Tu veux une confidence entière ; et comme tu es l'amie que j'aime le plus au monde, je te dirai que je ne me marierai jamais ; je le sens, et je l'ai toujours senti : je ne suis pas faite pour le mariage, et jamais je ne pourrais donner tout mon cœur ; car je ne trouve que Dieu seul qui possède tout ce que je voudrais trouver en celui en qui j'aurais placé mon amour. Et puis, qu'est-ce donc que les choses de la terre ? Comme tout y est mesquin, frelaté, dissimulé ! Que de jalousies et que de haines ! Et puis... tout ce qui finit est si court ! et Dieu seul est éternel ! Voilà où j'en suis, ma Cécile.

Je voudrais passer sur cette terre en faisant le bien, en attirant des cœurs à Dieu, en me dévouant à tout ce qui souffre, à tout ce qui est pauvre, triste, délaissé ; à tout ce qui est petit et innocent, rapportant tout à mon Dieu : honneur, reconnaissance, affection. Dans la souffrance et la dépendance s'il le veut ; dans la santé et la liberté, si tel est son bon plaisir. Et puis un jour, n'étant retenue par aucun lien, m'envoler vers lui pour l'éternité.

J'aurais voulu pouvoir prolonger cet épanchement avec toi ; mais il se fait tard, et ma lettre ne partirait pas. Déchire-la, cette lettre, et ne m'en parle pas : mon cœur s'était ouvert et je l'ai refermé, et *mon secret est à Dieu...* »

Nous n'avons pas placé cette lettre à sa date, parce que nous avons voulu la réserver comme le dernier mot de cette « simple et courte vie plus angélique qu'humaine, qui restera pour les siens et pour ceux qui l'ont connue et aimée un souvenir ineffaçable, une touchante et pieuse légende... [1]. »

Tous les amis de Marie-Louise ont regretté bien vivement qu'une photographie ne leur eût pas conservé les traits de cet ange terrestre, aux derniers temps de sa vie. Avec la pieuse mère, ils auraient désiré surtout qu'une absolution, tout proche du moment suprême, leur eût laissé l'assurance qu'aucun fil, aucune poussière de la terre n'avait

---

[1] Dernières paroles des notes de madame Frossard.

ralenti son élan vers le Ciel... Et voilà que Dieu lui-même vient répondre en quelque sorte à l'un et à l'autre par la bouche d'un vénérable Père Franciscain, qui, depuis deux ans, avait toute la confiance de notre chère enfant ; de celui qui, quinze jours avant sa mort, lui avait au nom de son bon Maître, donné, avec de paternelles et divines consolations, la dernière parole de pardon.

Nous insérons ce précieux témoignage du saint religieux, sans en modifier la teinte locale, tout imprégnée de grâce naïve.

« . . . .

« Mademoiselle Marie-Louise Frossard, c'était d'abord une enfant très intelligente : son coup d'œil était juste, son jugement droit, sa parole posée, sa tenue grave ; mais tout cela couvert d'un voile, d'une grâce et d'une modestie ravissantes. »

« On y voyait une belle âme, une âme qui pensait à Dieu sérieusement ; un cœur qui aimait Dieu avec réflexion et ferveur ; enfin une enfant qui tenait plus au ciel qu'à la terre. »

« Elle avait une nature vraiment faite pour les grandes vertus : vous l'auriez dite passionnée pour l'humilité, pour la modestie, pour la patience, pour la résignation. »

« Elle aimait la piété, la pratiquait avec ferveur, et, lorsque sa santé le permettait, elle pouvait faire ses délices avec le bon Jésus ; approchant de la sainte Table, on l'aurait dite un petit ange. »

« Toujours égale à elle-même, toujours souriante et toujours résignée à la volonté de Dieu. »

« La dernière fois que j'essayais de la consoler et de l'encourager, à son départ de Nice, il me sembla la voir partir pour la patrie céleste!... En lui donnant ma bénédiction, je sentais dans mon cœur comme une voix qui me disait : Elle part pour le Paradis !... Au reste vous me dites, ma Révérende Mère, qu'elle a passé ses derniers jours dans le *silence*, le *recueillement* et la *priére*... qu'il en soit béni, le bon Dieu ! Voilà encore de beaux arguments pour nous confirmer dans l'espérance qu'elle a — en mourant — quitté la terre de l'exil pour entrer dans les joies du Paradis, où elle priera pour nous... »

La famille n'avait pu être prévenue à temps, et nous avons vu madame Frossard, dans un pays éloigné, sans amis, seule pour rendre à sa fille chérie les derniers devoirs. Elle fut cependant entourée des sympathies et des respects que méritait une telle affliction. Un prêtre vint bénir la dépouille virginale et l'accompagna jusqu'à la gare... C'était le 4 mai.

C'est alors que commença pour l'héroïque mère la voie douloureuse. Dieu seul a le secret des mystères de douleur, de courage et de généreuse résignation qui se croisèrent dans ce cœur crucifié, pendant ce long voyage... il ne nous appartient pas d'essayer de les rendre.

Quand le funèbre convoi arriva à Châteauvillain, le clergé attendait à la gare, suivi d'une procession de jeunes filles en blanc portant des couronnes, et d'une foule considérable, qui semblait s'être fait comme un devoir de donner cette preuve de sympathie à la pauvre mère tant éprouvée déjà. Tous les membres de la famille qui avaient pu arriver à temps, étaient là dans le recueillement d'une douleur profonde et silencieuse... Quelle plume pourra dire ce qui se passa dans ces cœurs de fils et de frères au moment d'une pareille rencontre !...

Bientôt le cercueil disparut sous les fleurs : c'était une marche triomphale ; le temps était radieux, et il semblait que le ciel, s'unissant à la terre, la conviait à l'une de ses fêtes.

La précieuse dépouille de Marie-Louise fut déposée dans le tombeau de famille, trop tôt, hélas ! auprès de son père bien-aimé...

Du sein de votre bonheur infini, souvenez-vous, chère enfant, de ceux qui vous ont tant aimée sur la terre : soyez toujours le céleste génie de ces chers petits anges sur le berceau desquels vous veilliez avec une si tendre sollicitude ; conservez à votre famille ses traditions de loyauté et d'honneur chrétien ; envoyez au cœur de votre mère affligée, quelque ineffable écho de la céleste Patrie.

Enfin pensez à tous ceux qui vous ont porté intérêt et vous ont fait quelque bien. N'oubliez pas votre famille d'adoption; vos mères, vos compagnes d'études, vos amies, vos sœurs les Enfants de Marie, afin que tous comme vous, qui nous avez si heureusement devancés, nous nous trouvions un jour au céleste rendez-vous.

FIN

TABLE DES MATIÈRES

3146. — ABBEVILLE TYP. ET STÉR. A. RETAUX.

LIBRAIRIE DE BRAY & RETAUX, ÉDITEURS
82, rue Bonaparte, à Paris.

NOUVELLES PUBLICATIONS

EXTRAIT DU CATALOGUE COMPLET

MARIE, NOTRE GLOIRE & NOTRE ESPÉRANCE

OU

PARAPHRASE DES LITANIES DE LA T. S. VIERGE

PAR L'AUTEUR DE « ALLONS AU CIEL »

1 joli vol. in-16... 3 50

Les approbations les plus élogieuses, les suffrages les plus flatteurs ont salué cet ouvrage dès son apparition.

Ils sont pour ainsi dire résumés dans les lignes suivantes, que nous empruntons à la *Bibliographie Catholique* et à la *Revue mensuelle du Culte de Marie.*

« Sous le rapport du fond et de la forme, nous le recommandons tout particulièrement. L'on n'attend pas de nous que nous analysions ce volume ; qu'il nous suffise de dire que nous l'avons lu avec une attention aisément soutenue par le charme du style ; que nous avons reconnu, en toute sincérité, combien sont vrais les éloges déjà accordés à l'auteur. Nous affirmons qu'ils sont la traduction fidèle de notre appréciation. Quelle source inattendue de considérations et de conclusions morales dans les invocations : *Vas spirituale, vas honorabile !* etc. Quelle piété, quels accords de reconnaissance, quelles applications pratiques dans la paraphrase des titres: *Mater purissima, Mater Salvatoris, Virgo clemens, Refugium peccatorum !* Ici c'est un aperçu du dogme mis à la portée de l'intelligence la moins ouverte ; là, c'est comme un hymne qui s'exhale de l'âme à la gloire de la meilleure des mères ; ailleurs, les motifs de la confiance en Marie sont établis si solidement que le courage et l'espoir renaissent dans les cœurs les plus désolés.

« Il est donc à désirer, dit la *Revue mensuelle du culte de Marie,* après un éloge complet et détaillé des qualités de l'ouvrage, que *Marie, notre gloire et notre espérance,* œuvre aussi sérieuse par l'élévation des pensées qu'attrayante par le charme incomparable du style, trouve sa place dans toutes les bibliothèques pieuses; car s'il est un monument glorieux élevé en l'honneur de Marie, il sera aussi pour les fidèles une source d'enseignements, de lumières, de consolations et de joies. »

REVUE MENSUELLE
DU CULTE DE MARIE

SOUS LA DIRECTION

Du R. P. PETITALOT

DE LA SOCIÉTÉ DE MARIE

Propager le culte de Marie, si plein de douceur et de charmes ;

L'étudier à tous les points de vue, de la doctrine, de l'histoire, de la liturgie ;

Rappeler les enseignements de la tradition catholique sur l'auguste Mère de Dieu, réunir les pensées les plus frappantes des saints Pères, reproduire les pages les plus remarquables des anciens écrivains ecclésiastiques, quelquefois les discours des orateurs modernes ;

Fournir aux prédicateurs, aux pasteurs des âmes, aux directeurs et aux directrices d'associations pieuses, des sujets d'instructions et de lectures, surtout à l'époque du mois de Marie et du mois du Rosaire ;

Rendre compte des principales manifestations du culte de la sainte Vierge ;

Choisir, parmi les faits édifiants qui viendront à notre connaissance, ceux dont l'exactitude nous semblera indubitable ;

Proposer comme modèles aux chrétiens de nos jours, les serviteurs de Dieu qui se sont le plus distingués par leur dévotion envers la sainte Vierge ;

Montrer les arts eux-mêmes, tributaires de notre grande Reine, servant à l'exalter et lui devant leurs plus nobles inspirations ;

En un mot, parler sans cesse des vertus de Marie, des exemples qu'elle nous donne et des offices qu'elle remplit si charitablement envers nous, de sa gloire et de sa puissance, de son amour et de sa compassion pour les hommes :

Voilà notre but, voilà notre programme.

La *Revue* paraît le 15 de chaque mois. Les abonnements partent du 15 mars de chaque année.

PRIX DE L'ABONNEMENT POUR L'ANNÉE :

FRANCE.. 4 fr.

UNION POSTALE............................... 4 fr. 50

A L'ASSAUT DES PAYS NÈGRES

JOURNAL DES MISSIONNAIRES D'ALGER DANS L'AFRIQUE ÉQUATORIALE

Un magnifique volume in-8°, avec illustrations et carte, 6 fr.
franco **par la poste, 7 fr.**

SEPTIÈME ÉDITION DE :

MGR DE SÉGUR

SOUVENIRS ET RÉCIT D'UN FRÈRE

Par le Marquis DE SÉGUR

Deux magnifiques volumes in-8 raisin, imprimés par Desclée et de Brouwer ; caractères elzéviriens, têtes de chapitres, culs-de-lampe, lettrines, encadrement rouge, titre et couverture rouge et noir, papier teinté, deux photogravures de Goupil représentant l'une Monseigneur de Ségur en 1860, l'autre un grand dessin fait par Monseigneur de Ségur en 1847.

Prix : broché, 13 fr. ; relié dos et coins maroquin du Levant poli, plats papier, tranche dorée ou tranche supérieure seule dorée, 25 fr.

MGR DE SÉGUR

SOUVENIRS ET RÉCIT D'UN FRÈRE

Par le marquis DE SÉGUR

12ᵉ édition. 2 vol. in-18 jésus.................... 6 fr.

LETTRES DE MGR DE SÉGUR

PUBLIÉES AVEC UNE INTRODUCTION ET DES NOTES

Par le Marquis DE SÉGUR

4ᵉ édition. 2 jolis vol. in-18 raisin, caractères elzéviriens. Chaque volume se vend séparément .... 3 fr. 50

M. le marquis de Ségur a eu la pensée de présenter aux innombrables amis du vénérable prélat, au clergé et au peuple catholique, un recueil de lettres de son saint frère où ceux qui l'ont connu le retrouveront tout entier. Quoique son infirmité l'obligeât de dicter, et que sa pensée écrite dût nécessairement passer par un intermédiaire, sa simplicité était telle que ces lettres dictées semblent couler de source et sont d'un naturel, d'un entrain, d'un abandon incomparables. Nulle correspondance, que nous sachions, ne reproduit à un égal degré l'esprit, le cœur, le tout de l'écrivain. Mgr de Ségur est là, plus vivant que dans le plus vivant des portraits, avec son zèle de feu, son âme sacerdotale, sa bonté sans limite, sa tendresse paternelle, son enjouement, son inaltérable gaieté, ses charmantes audaces et sa naïveté. Son style change suivant les personnes auxquelles il s'adresse, et, à l'exemple de l'apôtre, il se fait tout à tous pour donner Jésus-Christ à tout le monde et tout le monde à Jésus-Christ.   (*La vraie France.*)

LA PRATIQUE

DE

L'ENSEIGNEMENT CHRÉTIEN

D'APRÈS LES VRAIS PRINCIPES

FAISANT SUITE A LA PRATIQUE DE L'ÉDUCATION CHRÉTIENNE

Ouvrage dédié aux maisons d'éducation et aux familles chrétiennes

Par le P. A. MONFAT, S. M.

GRAMMAIRE ET LITTÉRATURE

1 fort vol. in-18 jésus .... 3 fr. 50

Ce livre annoncé dans les précédents ouvrages de l'auteur, applique à l'enseignement les *Vrais Principes de l'Education chrétienne.*

L'enseignement, éducation de l'esprit, doit faire de l'enfant un homme ; et il devient tel, en prenant possession de sa raison. Mais la raison n'est parfaite qu'autant qu'elle cherche son achèvement dans la foi : d'où il suit que la formation de la raison, les facultés de l'esprit étant ses tributaires, elle-même aspirant à la foi, est le terme de l'enseignement bien compris et coordonné.

Tels sont les principes que l'introduction expose par une déduction claire, ferme et pressante. L'ouvrage en est le développement pratique, appliqué successivement à la grammaire et aux belles-lettres.

Sur le premier chef : qu'on oblige l'enfant à tout comprendre, à tout lier, à se rendre compte de tout, l'auteur ouvre sur la grammaire des vues aussi intéressantes que profondes : le langage et ses lois portent le sceau d'une puissance surhumaine, du *nescio quid divinum,* Il fait pénétrer et goûter les règles, les constructions, la traduction. etc... On remarquera surtout un riche et logique aperçu sur l'étymologie. — Une fois établi que Dieu est présent dans l'origine et les lois de la grammaire, rien de plus facile que de tourner cet enseignement à élever l'âme vers lui : l'auteur en expose les moyens.

Même procédé pour les belles-lettres. Ce qu'il y a d'essentiel et d'expérimental dans les règles, la nature et la puissance de l'Image et de l'Harmonie, la raison de la loi éminente de l'Unité, ce qui constitue le Beau, la nécessité rigoureuse de la Moralité: telles sont les questions que l'ouvrage approfondit et expose sous un jour tout nouveau. Il ouvre ensuite des horizons à peu près inexplorés sur l'étude des modèles et la composition.

Puis, à la suite de saint Augustin, il montre que laisser l'enseignement étranger à la foi, c'est en faire un grand danger pour la jeunesse et un grave outrage à Dieu ; que c'est d'ailleurs priver les lettres de leur nécessaire et glorieux achèvement.

L'auteur termine par un exposé net et modéré de la grande question des classiques chrétiens.

Il ne cesse, comme dans les précédents ouvrages, de s'appuyer sur les plus compétentes autorités, sacrées et profanes, anciennes, modernes et contemporaines. Sortant des voies battues, il s'attache à ce que Joubert appelle « le dessous des choses, » et qu'on peut appeler aussi le reflet sur ces questions, ainsi élevées et agrandies de l'éternelle vérité.

CONFÉRENCES

HISTORIQUES, DOGMATIQUES, MORALES & LITURGIQUES

Mises à la portée de la jeunesse, et en rapport avec les exigences de l'époque

Par M. l'Abbé MOUSSARD

Aumônier du Sacré-Cœur de Besançon

ANCIEN PROFESSEUR D'ÉCRITURE SAINTE AU GRAND SÉMINAIRE

3 vol. in-18 jésus.................. 10 fr. 50

Extrait du journal le *Monde*, qui a consacré à cet ouvrage une longue et consciencieuse étude dans son numéro du 25 octobre 1882.

... Les dix-neuf *Conférences historiques* offrent un précis de l'histoire du monde au point de vue religieux, depuis la création jusqu'aux temps modernes. Huit époques divisent l'histoire biblique : la création, le déluge, la vocation d'Abraham, Moïse et sa mission, Josué et la terre promise, Saül ou la royauté, la captivité de Babylone, la conquête de la Judée. Cinq époques partagent l'histoire de l'église, ce sont: les persécutions, les hérésies, le moyen-âge, la renaissance, les temps modernes.

Après ce préambule, l'auteur aborde le dogme et lui consacre soixante-sept conférences qu'il range sous les deux titres de : *Dogmatique générale* et *Dogmatique spéciale*. La première a pour objet les sources de la foi, qui se résument dans la révélation, dont le Christianisme a seul le dépôt. Mais le vrai christianisme est dans l'Eglise romaine, que l'on reconnaît aux quatre marques qui la caractérisent: unité, sainteté, catholicité, apostolicité. *La dogmatique spéciale* donne l'ordre et la suite de la doctrine : Dieu, son existence et ses attributs, ses actes intérieurs, le mystère de la Trinité, ses actes extérieurs, la prédestination, la création, la providence, l'incarnation, la rédemption, la résurrection, le jugement général, le bonheur des justes et le malheur des réprouvés.

La Liturgie comprend l'ensemble des cérémonies du culte. Dans cette partie de son œuvre, l'auteur traite des rites de la messe et des sacrements ; de l'année ecclésiastique, bénédictions, processions, de l'office des morts, des ornements sacerdotaux, des vases sacrés, etc., etc.

Pour tout dire en un mot : abondance de matières, sûreté de doctrine, simplicité de style, clarté de méthode, telles sont les qualités de ces conférences qui forment une *Petite somme théologique* à l'adresse des jeunes gens. Toutefois c'est surtout aux maîtres, aux catéchistes et aux pasteurs des âmes que nous en conseillerons la lecture et l'étude. Ils y trouveront la matière d'une solide instruction et le plus souvent dans chacune de ces pages le canevas fécond d'une allocution utile.

L'Univers, dans sa Revue littéraire du mois d'octobre, apprécie en ces termes les *Conférences* de M. l'abbé Moussard :

Il ne s'agit pas ici d'un livre écrit à la hâte et pour le besoin de la publicité. Il est le fruit du travail d'une vie déjà longue et des plus laborieuses. On ne peut le lire sans admirer l'érudition de l'auteur, ses connaissances profondes et variées, son intelligence pour les coordonner.

L'ouvrage répond aux besoins et aux erreurs du temps. On y remarque à chaque page le vrai mot de l'apologétique chrétienne aux prétendues difficultés que les erreurs modernes opposent aux christianisme. Il est à désirer qu'il soit dans les familles chrétiennes dont il accroîtrait les connaissances religieuses et affermirait la foi.

LE DIRECTEUR DES CATÉCHISMES

DE PREMIÈRE COMMUNION ET DE PERSÉVÉRANCE

Par M. l'Abbé R. TURCAN

Vicaire général de Monseigneur et Supérieur du grand Séminaire de Séez.

NOUVELLE ÉDITION REVUE ET AUGMENTÉE

3 vol. in-18 jésus...................................... **12 fr.**

Ce livre a reçu l'accueil le plus favorable de la presse religieuse. Bien qu'écrit spécialement pour les prêtres chargés des délicates fonctions de catéchistes, il sera très utile aux instituteurs, aux institutrices, aux mères de famille, à tous ceux qui préparent les enfants à la première communion. Cet ouvrage, et le grand nombre de ceux qui l'ont pratiqué le reconnaissent, tient le premier rang parmi ceux qui sont destinés à enseigner la religion à l'enfance et à graver dans le cœur des jeunes chrétiens l'instruction sans laquelle, de nos jours, la foi est bien facile à ébranler. L'auteur a suivi la méthode des admirables catéchismes de Saint-Sulpice Il procède par un *avis* au catéchiste lui-même, avis qui mérite d'être lu et médité et qui tend à rendre celui qui enseigne maître de la matière qu'il doit exposer. Après vient *l'instruction*, c'est un petit discours, net et rapide, sur le sujet que l'on va traiter ; puis vient le *catéchisme* même, c'est-à-dire les questions posées aux enfants, questions et réponses qu'ils ont dû apprendre par cœur. Une ou deux *histoires* tirées de la Bible ou de la Vie des saints, une *pratique* à observer et la prière terminent chaque chapitre. Sous le titre de *bons points*, l'auteur présente, ou plutôt fait faire à l'enfant lui-même un résumé rapide de la précédente leçon.

Rien de plus complet que ces belles instructions où la science de la religion comprenant le dogme, la morale, l'histoire de l'Église est résumée et rendue accessible à l'intelligence des enfants.

APPROBATION DE Mgr L'ÉVÊQUE DE SÉEZ.

Nous sommes heureux de renouveler l'approbation que donnait naguère notre vénérable Prédécesseur au *Directeur des Catéchismes*, publié par M. l'abbé Turcan, vicaire général honoraire et supérieur de notre Grand Séminaire.

Cet ouvrage a obtenu un grand succès en France et à l'étranger. Puisse cette nouvelle édition se répandre de plus en plus parmi les prêtres, les maîtres et les parents chrétiens, pour leur faciliter leur mission à l'égard de l'enfance et de la jeunesse auxquelles il importe aujourd'hui plus que jamais de donner une solide instruction religieuse !

FRANÇOIS-MARIE,

Évêque de Séez, le 4 février 1882.

LE PETIT DIRECTEUR DES CATÉCHISMES

Par M. l'Abbé R. TURCAN
Vicaire général et Supérieur du grand Séminaire de Séez.

1 vol. in-18 jésus .... 3 fr. 50

Cet ouvrage n'est qu'un abrégé du précédent.

L'auteur l'a composé pour les pères et les mères qui ne veulent pas que leurs enfants soient élevés sans principes et sans foi ; pour les religieux et les religieuses qui se vouent à l'enseignement primaire ; pour les catéchistes volontaires, qui se lèvent de toutes parts afin de venir en aide au clergé ; enfin pour tous les fidèles qui s'occupent de l'instruction religieuse des enfants.

ESSAI DE SCIENCE SOCIALE

OU

ÉLÉMENTS D'ÉCONOMIE POLITIQUE

NOTIONS FONDAMENTALES A L'USAGE DES ÉTABLISSEMENTS D'ÉDUCATION

PAR

P. GUILLEMENOT

1 vol. in-18 jésus .... 2 fr. 50

Vrais (les) principes de l'éducation chrétienne, rappelés aux maîtres et aux familles ; dispositions requises pour en faire une heureuse application et devoirs qui en découlent par le P. A Monfat de la Société de Marie. 2ᵉ édit. revue et augmentée. 1 v. in-18 jésus 3 50

Pratique (la) de l'éducation chrétienne, d'après les vrais principes. Ouvrage dédié aux maisons d'éducation et aux familles chrétiennes, par le P. A. Monfat, de la Société de Marie. 1 vol. in-18 jésus 3 50

Œuvres pastorales de Mgr Turinaz, évêque de Tarentaise Œuvres oratoires. Tome Iᵉʳ. 1 vol. in-8 .... 3 50

Apparitions (les) de Knock (Irlande) traduit de l'anglais, par M. L. Nemours Godré. 1 vol. in-32 .... 1 »

Cours complet d'instruction chrétienne, ou *Exposition et preuves de la doctrine chrétienne*, à l'usage des maisons d'éducation, des catéchismes de persévérance et des familles chrétiennes, nouvelle édition, *revue, corrigée et augmentée conformément aux canons du concile du Vatican*. 1 vol. in-8, de 584 pages .... 4 »

Abrégé du même ouvrage, nouvelle édition. 1 vol. in-18........ 1 60

DÉMONSTRATION CATHOLIQUE

CONTRE

Le Positivisme, le Matérialisme et la Libre pensée

DE MM. LITTRÉ, ROBIN, RENAN, TAINE, SOURY, ABOUT, MOLESCHOTT, BUCHNER, VOGT, DARWIN, TYNDALL, SPENCER, HAECKEL, DRAPER, etc.

Par M. l'Abbé PERNET

Chanoine de Belley, ancien professeur de dogme.

2 beaux vol. in-8.. 15 fr.

CHARLES-FÉLIX DE SAVOIE

ROI DE SARDAIGNE, RESTAURATEUR D'HAUTECOMBE

SA VIE INTIME

Par un Religieux de cette abbaye

Ouvrage orné d'une belle gravure

1 vol. in-18 jésus... 3 fr.

HISTOIRE POLITIQUE

ET

RELIGIEUSE DE LA FRANCE

DEUXIÈME ÉDITION

ENTIÈREMENT REFONDUE ET CONSIDÉRABLEMENT AUGMENTÉE

4 beaux vol. in-18 jésus...................................... 14 fr.

PETITE ANNÉE ECCLÉSIASTIQUE

PAR M. LE CHANOINE ANT. RICARD

Professeur de dogme à la faculté d'Aix.

2 vol. in-18 jésus... 5 fr.

Ce nouveau travail sera bien venu auprès des fidèles, et les pasteurs ne le dédaigneront pas pour les catéchismes et les prônes.

On y trouve en effet des notions générales sur la liturgie, une histoire du bréviaire et du missel romain, l'enchaînement raisonné des temps et des fêtes liturgiques, et une courte instruction sur l'esprit de chacune de ces fêtes de chaque dimanche, et même de chaque jour de carême; une place importante a été ménagée à l'explication des cérémonies de la sainte messe.

Le second volume se termine par un sujet que nous félicitons l'auteur d'avoir traité : l'archéologie chrétienne et le symbolisme des églises.

En somme livre bon, intéressant, pieux, appelé à édifier et à instruire.   (*Bibliographie catholique*).

51ᵉ ÉDITION

DES

MÉDITATIONS SUR L'EUCHARISTIE

Par Mgr de LA BOUILLERIE

1 joli vol. petit in-32 avec encadrement..........   **2 fr.**

Le même ouvrage, relié toile, tr. rouge............   **3 fr.**

Chagrin, premier choix, noir, lavallière, ou grenat tr. dorée... 4 50
Chagrin poli, tr. dorée étui............................. 6 »»
Maroquin du Levant poli, tranche marbrée dorée, gardes soie,
  étui.. ...... 10 »»

LE MÊME OUVRAGE :

Magnifique volume in-32 grand Jésus de 480 pages, riche encadrement
  bistre. Broché...................................... 3 »»
Chagrin, premier choix, tranche dorée..................... 6 50
Maroquin du Levant poli, tranche dorée, étui............... 12 »»
Maroquin du Levant poli, tranche dorée, gardes soie ; étui..... 18 »»

Nos lecteurs connaissent sans doute ces fortes et charmantes méditations de Mgr de la Bouillerie qui ont rencontré auprès du public catholique un si légitime succès. C'est la moelle, pour ainsi parler, des divines Écritures que l'éminent coadjuteur de Bordeaux nous offre dans ces méditations, avec des commentaires, des conseils et des élévations tout à fait dignes de cette haute source d'inspiration.

L'ouvrage est aujourd'hui parvenu à sa 51ᵉ édition, ce qui dit assez le bien qu'il a fait et la fortune qu'il a rencontrée dans le monde chrétien. MM. Bray et Retaux ont eu l'excellente idée de nous le donner en tout petit format, imprimé en caractères très fins, mais nets et lisibles et formant ainsi un aimable et léger volume, qu'on peut aisément mettre dans sa poche comme l'inséparable compagnon des heures de loisir.

(*Revue littéraire de l'univers.*)

ADOREMUS

RECUEIL DE 30 MOTETS ET CANTIQUES

au très Saint-Sacrement et au Sacré-Cœur

PAROLES NOUVELLES

Musique de M. l'Abbé **S. NEYRAT**

Maître de Chapelle de la Primatiale de Lyon

1 beau vol. gr. in-8 .... **8 fr.**

Ouvrage approuvé par Son Éminence le Cardinal Archevêque de Lyon et NN SS. les évêques de Soissons, Grenoble et Autun.

ENTRETIENS AFFECTUEUX
DE L'AME AVEC DIEU

OUVRAGE TRADUIT DE L'ESPAGNOL DU R. P. B. DE VILLEGAS

Par M. l'Abbé J. D.

1 joli vol. petit in-32, orné d'un encadrement rouge.......   1 fr. 50
Relié toile, tranche rouge...............................   2 fr. 50

Ce petit ouvrage a eu en Espagne beaucoup de succès, et nous souhaitons pour le bien des âmes, qu'il soit accueilli non moins favorablement en France. Ces entretiens sont pleins d'effusion et de piété. Ils peuvent être une excellente lecture au pied du Saint-Sacrement, et les éditeurs ont donné à cet opuscule un format à la fois élégant et d'un usage très commode.   (*Le Monde.*)

LA LÉGENDE DES AMES
SOUVENIRS

DE QUELQUES CONFÉRENCES DE SAINT-VINCENT-DE-PAUL

Par Eugène ALCAN

2 vol. in-18 jésus..   6 fr.

VIE DE MGR DAVELUY

ÉVÊQUE D'ACONES, VICAIRE APOSTOLIQUE DE CORÉE

Mort pour la Foi le 30 mars 1866

Par Charles SALMON

1 vol. in-8 de xx-647 pages, ornée d'un portrait.............   6 fr.
Le même ouvrage. 2 vol. in-18 jésus ....   4 fr

VIE
DE LA TRÈS RÉVÉRENDE MÈRE MECTHILDE
DU SAINT-SACREMENT

FONDATRICE DE L'INSTITUT DES BÉNÉDICTINES
DE L'ADORATION PERPÉTUELLE DU TRÈS SAINT-SACREMENT

Par M. HERVIN
Chanoine, aumônier du Saint-Sacrement d'Arras

ET M. MARIE DOURLENS
Curé d'Haravesnes

1 fort vol. in-8 orné d'un portrait...........................   8 fr.
Abrégé du même ouvrage. 1 vol. in-8.......................   5 fr.

LIVRE DE PRIÈRES

A L'USAGE DES HOMMES

RÉDIGÉ, AVEC APPROBATION DE L'AUTORITÉ ECCLÉSIASTIQUE

Par M. l'Abbé RICHE

Prêtre de Saint-Sulpice.

4e édition. 1 joli vol. avec encadrement en couleur, cart. toile,
tr. rouge.. **2 fr.**

STÉPHANETTE

PAR

BERNARD SEIGNY

1 vol. in-18 jésus..................................... **2 fr.**

Stéphanette est le dernier roman qu'ait publié l'*Union*. On le lira
comme on a lu *Jean de Lizardière* et *l'abbé Constantin*, parce qu'il est
bien écrit, parce que l'action y marche bien, toujours vive et touchante, parce qu'il s'échappe de toutes les pages de ce volume comme
un parfum de fraîcheur et d'honnêteté.

On s'attache tout de suite à ce jeune chevalier de Trémière. Il
ignore quel rôle odieux le père de Stéphanette a joué sous la Révolu-
tion. La jeune fille l'ignore aussi. Ils s'aiment. Quelles jolies pages sur
cet amour si pur qui se déclare sous les ombrages de la Merlinière !
Hélas, le jour même où le marquis de la Hansaye va demander pour
son neveu la main de Stéphanette, il apprend l'infamie du père.
Adieu les rêves d'amour. Jean de Trémière s'enfuit, désespéré. Il prend
du service dans la maison du Roi. Deux ans se passent, et tout change
de nouveau : Stéphanette n'est pas la fille de l'homme qui l'a élevée
et qui meurt en révélant la vérité ; elle est noble, elle est digne du
jeune chevalier qui n'a pu l'oublier. Et la Merlinière est témoin de
leurs fiançailles.

Stéphanette qui est le premier roman d'un auteur nouveau, dénote
un véritable écrivain. Ce n'est pas seulement une idylle charmante,
pleine d'observations fines, de sentiments élevés et chrétiens, c'est
l'œuvre d'un homme qui possède des qualités maîtresses de style et de
pensée.

L'AMBITIEUSE

PAR

MICHEL AUVRAY

1 vol. in-18 jésus..................................... **2 fr.**

LE
SECRET DE LA CHAMBRE VERTE

PAR

MICHEL AUVRAY

1 vol. in-18 jésus... 2 fr.

Ce roman est, à notre avis, le meilleur que Michel Auvray ait encore produit ; il est écrit dans une note discrète, émue, il ressemble à une touchante confidence faite à demi voix.

(Bibliographie Catholique.)

TOUT POUR LA PATRIE

PAR

TONY LIX

1 beau vol. in-18 jésus............................., ... 2 fr. 50

LA LOI SCÉLÉRATE

PAR

Auguste ROUSSEL

Une brochure in-18 jésus. — Prix : 30 cent. l'exemplaire. Pour la propagande : 12 exemplaires, 3 francs ; — 25 exemplaires, 6 francs ; 140 exemplaires, 30 fr.

HISTOIRE
DE SAINTE THÉRÈSE

D'APRÈS LES BOLLANDISTES, SES DIVERS HISTORIENS

ET L'ÉDITION COMPLÈTE DE SES ŒUVRES

Publiée par Dom Vicente de LA FUENTE

2 vol. in-8, ornés d'un portrait de sainte Thérèse............ 10 fr.

VIE
DE
M. L'ABBÉ BERNARD
VICAIRE GÉNÉRAL DE CAMBRAI
PAR
le Marquis DE SÉGUR
1 fort vol. in-18 jésus, orné d'un portrait.................... 3 fr.

Voici la conclusion de l'article que **M.** Advénier a consacré à cet ouvrage dans la *Bibliographie catholique* du mois de décembre dernier :

« Voilà un court et très imparfait résumé du beau livre de Mgr de Ségur : il a bien parlé de son parent, il en a parlé en connaissance de cause, mettant au service de cette sainte mémoire tout son talent et toute son âme ; tous le liront avec édification : les prêtres y trouveront un modèle de vie sacerdotale, les laïques y verront des vertus tout ensemble admirables et praticables, les parents, les amis et tous ceux à qui sa biographie aura fait connaître M. Bernard y puiseront un sujet de consolation et d'espérance. Trop souvent, on est tenté de désespérer du monde, mais de tels exemples, une telle vie rassurent : il se trouve des justes dans Sodome, et enfin apaisé par leurs prières, le Ciel se laissera encore fléchir. »

BIBLIOGRAPHIE CATHOLIQUE
REVUE CRITIQUE
DES OUVRAGES DE RELIGION, DE PHILOSOPHIE, D'HISTOIRE, DE LITTÉRATURE D'ÉDUCATION, ETC.

Destinée à toutes les personnes qui aiment à bien connaître les livres qui paraissent, soit pour les lire elles-mêmes, soit pour en permettre, en conseiller ou en défendre la lecture.

Cette revue qui a pour directeur le R. P. Bonniot, S. J., compte, parmi ses rédacteurs ordinaires, des bénédictins de Solesmes et de Ligugé, plusieurs membres de la Compagnie de Jésus et des professeurs de nos Universités catholiques.

La *Bibliographie Catholique* paraît le 25 de chaque mois, par numéros composés de 5 feuilles 1/2 d'impression (88 pages), grand in-8, et d'une couverture.

Elle forme chaque année 2 volumes de 500 à 600 pages, terminés chacun par deux tables, l'une des ouvrages, l'autre des auteurs.

L'abonnement est annuel : il part du 1er janvier ou du 1er juillet : France, 15 francs ; Union postale, 18 francs.

Prix de la collection des 72 volumes, y compris les 3 tables générales : 425 francs.

Bref du Saint-Père, encouragement de l'épiscopat, accueil favorable du public depuis quarante ans : voilà les titres de la *Bibliographie Catholique* à la confiance du public.

Demander un numéro spécimen.

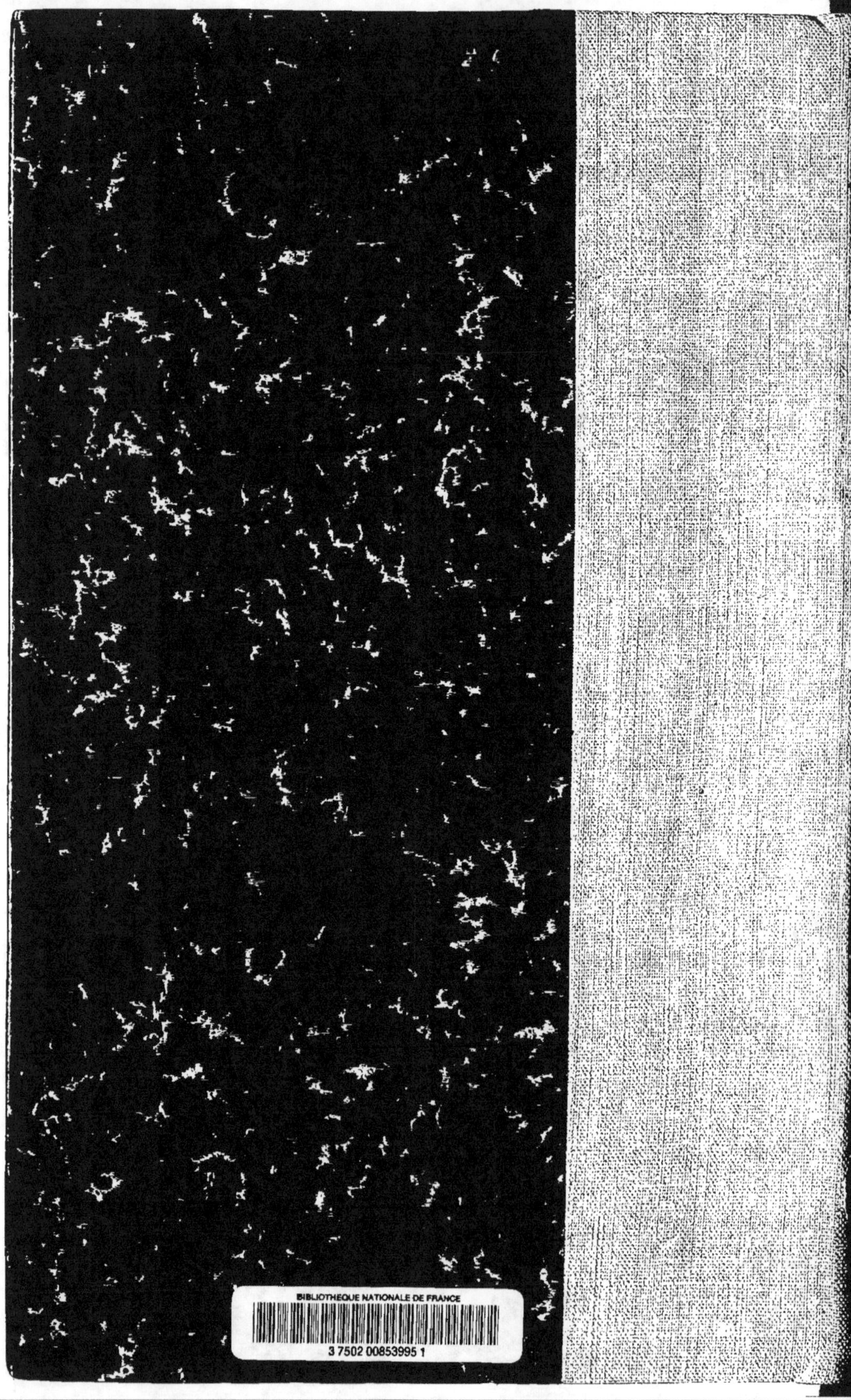